KB102307

융복합 기술과 미래사회

4차 산업혁명의 이해

윤경배 · 조휘형 · 권혁중 · 김남근 · 김선희 · 김치곤 · 류구환
박경북 · 백영태 · 신길만 · 양승돈 · 오정아 · 이종원 · 전형도 공저

UKP 미래경영연구소 감수

일 진 사

새로운 기술은 인류의 역사와 우리의 삶을 바꾸는 엄청난 동력이다. 특히, 현대사회에서의 신기술은 기업의 승자와 패자를 가르는 척도이기도 하다. 기술은 승자를 꿈꾸는 누군가에 의해 끊임없이 발전하고 있으며, 이를 통해 인류는 지속적으로 진화하고 있다. 그리고 급격한 기술의 변혁은 산업혁명을 촉발한다. 그동안 인류는 세 번의 산업혁명을 경험하였다. 증기기관의 발명과 공장 체계의 도입, 전기의 발명과 대량생산 체계의 시작, 그리고 정보기술의 비약적인 발전은 사회 전반의 급격한 변화를 가져왔다. 이제 우리는 네 번째 산업혁명을 시작하고 있다.

2016년 다보스포럼에서 크라우스 슈밥 세계경제포럼 회장은 4차 산업혁명이 쓰나미처럼 덮칠 것이라며 세상에 화두를 던졌지만 당시 이를 이해하거나 수긍하는 사람은 많지 않았다. 하지만 너무나 짧은 시간에 4차 산업혁명은 이미 우리의 중심에 자리잡고 있다. 주요 언론매체에서 연일 4차 산업혁명에 대한 담론을 쏟아내며 미래의 사회, 경제, 노동 등에 미칠 영향을 앞다투어 예측한다.

지금까지 우리나라는 자타가 인정하는 ICT 강국이다. 남보다 먼저 정보화시대를 준비하고 대처하였기 때문에 가능한 일이었다. 그러나 국제사회의 경쟁은 치열하여 최근 독일과 같은 인더스트리 4.0 계획과 방향을 우리는 아직까지 제시하지 못하고 있음도 인정해야 한다. 다시 말해 4차 산업혁명의 주도권을 선점하지 못하고 있다는 의미이다. 그러나 정보화시대에 축적한 경험과 지식을 디딤돌 삼아 이제부터라도 4차 산업혁명의 주요 기술인 빅데이터, 인공지능, 사물인터넷, 자율주행차, 가상·증강·혼합·확장현실, 드론, 3D프린팅, 헬스케어, 블록체인, 클라우드 컴퓨팅 등을 잘 응용한다면 선진국들과의 경쟁에서 우위를 확보할 것이다.

이 책을 크게 둘로 나누어 살펴보면, 첫째는 4차 산업혁명 관련 자료를 분석하여 핵심 기술을 선정하고 그 기술을 이해하는 데 필요한 기초 지식을 살펴보았고, 둘째는 기술의 진보가 우리의 삶과 사회에 어떠한 변화를 가져올 수 있는지에 대하여 이야기 하였다.

과거의 산업혁명은 그 대상이 기계 또는 기계와 기계 간의 일이었다면 4차 산업혁명은 인간 또는 인간과 기계를 대상으로 한다. 이러한 차이로 기술의 성과나 영향력은 이전과는 다른 양상을 보일 것이다.

이 책의 독자는 대학생과 직장인 뿐만 아니라 전국민 모두가 될 수 있다. 다시 말해, 특별한 기술을 기반으로 제품이나 서비스를 개발하는데 필요한 전문서적은 아니다. 하지만 내용 중에 일부 전문용어가 등장하고 통계 숫자와 그래픽이 나타나는데, 이는 4차 산업혁명의 실체를 온전히 이해하는 데 필요한 정보라는 점을 밝혀둔다.

이 책의 목차는 모두 4부로 구성되어 있다.

제1부에서는 4차 산업혁명의 개요와 새로운 산업혁명이 가져올 도전과 기회는 무엇인지 살펴본다. 그리고 4차 산업혁명을 주도할 기술 트렌드를 크라우스 슈밥의 분류기준에 따라 물리학기술, 디지털기술, 생물학기술 차원에서 분류하고 해당 기술을 소개한다.

제2부에서는 4차 산업혁명을 주도하는 핵심 기술 10가지에 대해 알아본다. 빅데이터(big data), 인공지능(AI), 사물인터넷(IoT), 자율주행차(self-driving car), 가상·증강·혼합·확장현실(VR·AR·MR·XR), 드론(drone), 3D프린팅(three dimensional printing), 헬스케어(health care), 블록체인(block chain), 클라우드 컴퓨팅(cloud computing)에 대해 세부적으로 살펴본다. 기술 중심의 지식전달보다는 기술의 이해를 위한 최소한의 필수 지식을 습득하고 일상생활에서 어떻게 사용되고 활용 가능한지에 대해 설명하였다.

제3부에서는 4차 산업혁명과 비즈니스에 대해 알아본다. 특히, 최근에 국제적으로 주목 받는 신재생에너지, 한류와 대중문화를 분석하고, 그것들이 플랫폼 비즈니스에 끼치는 영향에 대하여 살펴본다. 또한 전통적 비즈니스와의 차이를 분석하고 그 결과를 제공한다.

제4부에서는 4차 산업혁명이 가져올 미래 사회 변화를 알아본다. 아놀드 토인비는 인류의 역사는 도전과 응전의 역사라고 하였다. 우리의 삶과 밀접한 관계가 있는 스마트 홈, 스마트 워크, 스마트 시티, 스마트 팜, 스마트 팩토리에 대해 살펴보고, 4차 산업혁명으로 인해 사회, 노동, 산업구조는 어떻게 변화하는지, 무엇을 준비해야 하는지에 대해 알아본다.

마지막으로, 바쁜 강의일정과 학사업무에도 불구하고 시간을 쪼개어 집필 작업에 참여해주신 여러 교수님들과 부족한 원고를 기꺼이 감수 해주신 UKP 미래경영연구소와 도서출판 **일진사** 편집부 직원 여러분에게 지면을 빌어 깊은 감사를 드린다.

문수산이 보이는 대학연구실에서

저자 일동

차례

제3부 4차 산업혁명과 비즈니스

4차 산업혁명 시대의 미래사회변화

제 1 부

개요

제 1 장

4차 산업혁명의 개요

1-1 4차 산업혁명의 이해

'혁명'은 이전의 관습이나 제도를 단번에 깨뜨리고 새로운 것을 급진적으로 세워 구조를 근본적으로 변화시키는 것을 의미한다. 혁명은 하루아침에 완성되는 것이 아니라 수년에 걸쳐 진행된다는 사실이다. 돌이켜 보면 산업혁명도 기존의 경제체제와 사회구조를 근본적으로 변화시켰다.

4차 산업혁명의 물결은 지금 당장 우리에게 다가오는 것이 아니며, 전 세계가 일시에 동일한 수준을 경험하지도 않을 것이다. 지구촌 어느 곳에서는 지금 이 순간에도 이전의 산업혁명이 일어나고 있을 것이다. 3차 산업혁명은 고사하고, 2차 산업혁명도 경험하지 못한 사람이 세계 인구의 17%에 달한다. 오늘날 인터넷 혁명을 촉발한 월드와이드웹(WWW)은 우리에게 인터넷을 선 보인지 30년이 지났다. 유엔 국제전기통신연합(ITU)이 공개한 '디지털 개발 측정 2021' 보고서에 따르면 전 세계 인구 78억 명 가운데 29억 명(37%)은 인터넷을 사용한 적이 없으며 이들 중 96%는 개발도상국에 살고 있다.

인류는 기원전 7000년 전 수렵·채집 생활에서 곡류 재배와 가축 사육에 성공하여 농경생활로 전환되는 첫 번째 큰 변화를 맞게 되었다. 농업혁명이 일어남에 따라 농업기술, 농업경영방식에 급격한 변화가 발생했다. 식량 생산이 나아지면서 인구가 늘어났고, 많은 사람이 정착하면서 점차 여러 도시가 생겨났다.

농업혁명 이후 18세기 중반부터 영국에서 발생한 산업혁명은 유럽, 미국, 러시아로 확산되었다. 기계의 힘이 인간의 노동력을 대체하는 엄청난 변화를 경험하였으며, 인류는 농업중심사회에서 공업중심사회로 진화하였다. 이러한 변화는 일련의 과정을 거쳐 오늘날 생산성을 증대시키는 4차 산업혁명으로 발전하고 있다.

1차 산업혁명은 1760~1840년경에 걸쳐 발생하였으며, 이는 증기기관의 발명을 통한 기계화 혁명으로 대변될 수 있다. 이를 통해 대량생산체제에 돌입하였으며, 생산성이 비약적으로 발전하여 농경사회가 산업화사회로 전환되는 시기이다.

2차 산업혁명은 1870~1914년경에 걸쳐 발생하였으며, 전기와 생산 조립 라인의 출현으로 대량생산체제가 본격화되었다. 컨베이어벨트 시스템의 등장으로 대량생산이 가속화되어 비약적으로 생산성이 향상되었다.

3차 산업혁명은 1960년대에 시작되었다. 시대별로 살펴보면 1960년대는 반도체와 메인프레임 컴퓨터, 1970~1980년대는 PC, 1990년대는 인터넷이 발달을 주도했다. 이와 같은 IT 산업의 발전 때문에 제3차 산업혁명은 정보화 혁명[1] 혹은 디지털 혁명이라고도 불린다.

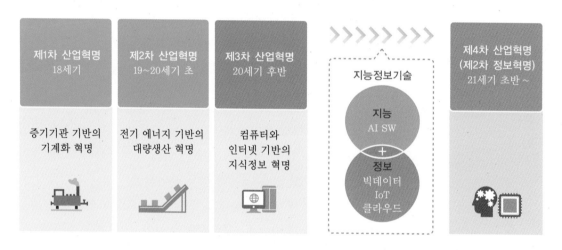

그림 1-1   제4차 산업혁명

4차 산업혁명은 2000년대에 나타났으며 지능과 정보가 융복합된 새로운 방식의 디지털 혁명 위에 구축되었다. 기술 측면에서 빅데이터, 인공지능, 로봇공학, 모바일 인터넷, 강력해진 센서, 생명공학 등이 4차 산업혁명을 대표하는 기술이다. 4차 산업혁명의 핵심인 디지털 기술은 3차 산업혁명 이후 더욱 정교해지고 통합화되었다. 한 단계 더 진화한 기술혁명은 우리 사회와 경제의 변화를 주도하고 있다. 앞서 세 번의 경험을 통해 알 수 있듯이 경제혁명인 산업혁명은 생산성에서 질적인 변화를 일으키고 있다. 4차 산업혁명은 그 규모와 속도에서 다른 산업혁명보다 더 큰

---

1   1980년대에 미래학자 엘빈 토플러는 '정보화 혁명'이라는 개념을 대중화시켰다. 그의 저서 '제3의 물결'에서 제1의 물결을 농경기술의 발견, 제2의 물결을 산업혁명, 그리고 제3의 물결을 고도의 과학기술에 의한 변혁이라고 지칭하였다.

영향을 미쳐 우리의 삶을 크게 바꿀 것으로 전망한다.

　4차 산업혁명의 개념은 2010년, 독일에서 나타났다. 독일은 사물인터넷을 기술 제조업에 적용한 제조업 전략을 '인더스트리 4.0(industry 4.0)'이라 명명하고, 국가전략으로 채택하기 시작하였다. 그리고 산업현장에 있는 센서와 기기들을 연결하고 지능을 부여해 제조업의 생산성을 향상시키는 계획을 구상하였다. 이는 기존 생산체계와 정보통신기술을 결합해 지능형 공장(smart factory)으로 진화하자는 것이 주요 내용이다. 인더스트리 4.0은 제조업의 완전한 자동생산체계를 구축하고 전체 생산과정의 최적화를 중심으로 하고 있다. 공장의 기계장치, 부품, 제품들은 정보통신기술을 통해 서로 정보를 주고받을 수 있으며, 기계마다 센서, 사물인터넷과 인공지능이 설치되어 작업과정을 통제한다. 또한 장애 발생 전에 이를 예측하고 부품의 교체시기를 알려주며, 무인으로 수리도 가능하다.

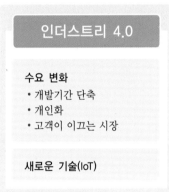

그림 1-2 독일의 4차 산업혁명 정책 '인더스트리 4.0'

　독일은 인더스트리 4.0을 통해 생산에서 노동자의 역할과 비중을 줄이고, 창의적인 기술 혁신이 제조업의 경쟁력을 좌우하도록 만들어 낮은 인건비를 기반으로 한 신흥국과의 경쟁에서 우위를 점하는 전략을 세웠다.

　4차 산업혁명은 제조업의 기반 시스템과 가상 시스템이 센서, 인터넷, 인공지능을 통해 유기적으로 협력할 수 있는 환경을 구축하고, 제품의 완전한 맞춤 생산과 새로운 운영 모델을 가능하게 한다. 좀 더 확장하면 4차 산업혁명의 본질은 제조업과 정보통신기술의 결합이다. 다시 말하면, 제조업체는 정보통신 기업화될 수 있고 반대로 정보통신 기업 또한 제조업화될 수 있는 것이다.

대통령직속 4차산업혁명위원회에 따르면, 4차 산업혁명을 '인공지능, 빅 데이터 등 디지털 기술로 촉발되는 초연결 기반의 지능화 혁명'이라고 정의하고 있다. 이제 4차 산업혁명은 기기와 시스템 간의 연결을 뛰어넘어 나노기술, 생명공학, 재생에너지, 자율주행차, 인공지능 등 다양한 분야에서 변혁을 일으키고 있다. 이 모든 기술이 융합하여 상호 교류하는 4차 산업혁명은 이전의 산업혁명과는 근본적으로 다르다.

4차 산업혁명은 모든 면에서 더욱 강력한 영향력을 행사하며, 인류의 역사에 큰 의미를 지니게 될 것이다. 세계경제포럼 회장인 크라우스 슈밥(Klaus Schwab)은 4차 산업혁명을 충분히 효과적으로 실현하는데 우려되는 두 가지를 아래와 같이 제시하였다.

첫째, 4차 산업혁명에 대한 리더십과 이해력 수준이 낮다. 이로 인해 변혁을 관리하고 혼란을 해소시키는데 필요한 제도적 체계가 부족하다. 성큼 다가온 4차 산업혁명에 대비하여 경제·사회·정치 체제 등 전 분야에 걸쳐 요구되는 수준이 필요하다.

둘째, 긍정적인 담론이 필요하다. 4차 산업혁명이 가져다 줄 기회와 도전의 기틀을 형성하고 다양한 개인과 집단에게 힘을 실어줘야 한다. 근본적이고 급격한 변화에 대한 대중의 불안과 반발을 방지하기 위한 담론은 반드시 필요하다.

1-2 새로운 세상의 도래

혁신적인 과학기술이 전세계에 일으킬 중대한 변화를 앞두고 있다. 거대흐름은 피할 수 없는 현실이며, 이에 따른 변화 혹은 혁신의 영향력은 이전보다 훨씬 클 것으로 보인다. 새로운 개념의 비즈니스 모델을 운영하는 에어비앤비(Airbnb), 우버(Uber), 알리바바(Alibaba) 등과 같은 기업들은 이전까지는 크게 주목받는 기업이 아니었지만, 지금은 세계적으로 주목받는 기업이 되었다. 2010년에 자율주행차를 처음으로 선보인 구글은 2018년 미국 애리조나주(Arizona) 피닉스(Phoenix)에서 세계 최초로 상용 자율주행차 운행서비스를 실시했다. 우리나라는 세종시를 자율주행차 규제 자유 특구로 지정하고, 간선급행도로와 도심 공원 내에서 자율주행 서비스를 실증할 계획이다.

혁신은 속도뿐만 아니라 그 규모에도 주목할 필요가 있다. 기업의 생산과 운영 방식의 디지털화는 자동화를 의미하는데, 이는 더 이상 '수확체감의 법칙'[2]이 유효하지 않다는 뜻이다. 일례로 1990년 당시 전통산업의 중심지였던 디트로이트(Detroit)와 2014년 실리콘밸리(Silicon Valley)를 금액으로 환산해 살펴보자. 1990년 디트로이트 3대 대기업의 시가총액의 총합은 약 360억 달러이고, 매출은 약 2,500억 달러에 이르며, 근로자 수는 약 120만 명에 달했다. 반면에, 2014년을 기준으로 살펴보면 그 당시 실리콘밸리에서 가장 큰 기업 세 곳의 경우, 시가총액의 총합은 약 1조 900억 달러로 훨씬 높았고, 매출은 약 2,470억 달러로 디트로이트와 비슷했으나, 근로자 수는 10분의 1 정도인 약 13만 7,000명에 불과했다. 근로자 1인당 생산성은 비약적으로 발전하였다[3].

디지털 제품의 경우 한계비용[4]이 제로에 가까워지면서 과거보다 적은 노동력과 비용으로 더 많은 수익의 창출이 가능하게 되었다. 1990대 중반 이후, 인터넷을 기반으로 하는 디지털 경제로의 급속한 변화가 진행되었다. 디지털 경제는 전통적 경제와 대비되는 신경제로서, 많은 기업이 사실상 생산·저장·운송·복제에 드는 비용이 없다고 봐도 무방한, 정보재(information goods)[5]의 제공이 가능하다. 디지털 경제와 정보재는 파괴적 기술과 혁신기업의 탄생을 촉진하며, 실제 일부 기업은 소자본으로 큰 성장을 이루어냈다. 인스타그램(Instagram)[6]이나 왓츠앱(WhatsApp)[7]과 같은 기업은 4차 산업혁명 시대에서 자본과 사업 규모의 낮은 상관관계를 잘 보여주는 사례이다.

---

[2] 자본과 인력 등 생산 요소를 계속 투입해 나갈 때 어느 시점이 지나면 새롭게 투입되는 요소로 인해 수확의 증가량이 감소한다.

[3] 클라우스 슈밥의 제4차 산업혁명(2016), 클라우스 슈밥 저, 송경진 역, 새로운 현재

[4] 생산물 한 단위를 추가로 생산할 때 필요한 총비용의 증가분을 말한다.

[5] 0과 1의 비트 형태로 운송, 저장할 수 있는 제품을 말한다. 책, 음악, 소프트웨어, 데이터 서비스 등이 이에 속한다. 정보재산업은 원본을 제작하는 데 비용이 발생하지만 추가적인 생산비용은 거의 들지 않는다.

[6] 사진이나 동영상을 공유하는 소셜미디어로 2010년 10월 개시 이후 2011년 9월에 이용자 1000만 명을 확보하였으며, 2012년 페이스북에 인수되어 운영되고 있다.

[7] 메신저 애플리케이션으로 2009년 출시 이후 2016년 1월 기준 전 세계적으로 약 10억 명의 사용자를 확보하였으며, 특히 북미지역에서 인기를 끌고 있다. 2014년 2월에 페이스북에 인수(약 20조원에 인수)되었으며, 페이스북 메신저, 왓츠앱, 인스타그램을 독립 앱으로 사용하지만 기능을 연결하는 통합작업에 나설 계획이다.

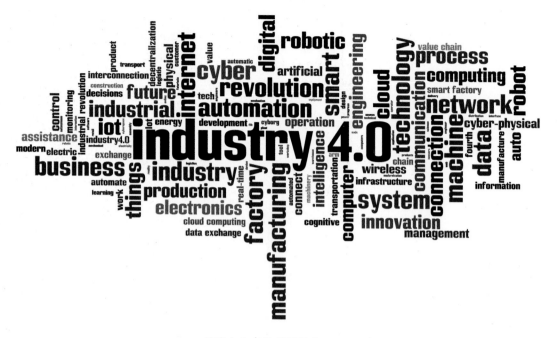

그림 1-3   4차 산업혁명 키워드

자율주행차와 드론에서부터 가상비서와 통번역 소프트웨어에 이르기까지, 인공지능은 우리의 의지와는 관계없이 생활 속에서 쉽게 찾아볼 수 있다.

그리고 우리의 삶의 방식과 태도를 서서히 바꾸고 있다. 인공지능은 비약적으로 발전한 연산력과 데이터처리 능력의 눈부신 성장으로 유전자 검사 소프트웨어부터 사회·문화적 이슈를 예측하는 알고리즘 개발까지 가능하다. 그리고 우리가 디지털 공간에 남기는 데이터 흔적들은 이 알고리즘을 개발하는 데 중요한 단서가 된다.

애플의 시리(Siri)나 구글의 어시스턴트(Assistant)는 음성인식 인공지능 비서 서비스라 불린다. 얼마 전까지 인공지능 개인비서는 초보 단계였지만, 최근 음성인식 기술, 인공지능, 빅 데이터 기술이 빠르게 발전하고 있어 머지않아 컴퓨터와 일상적인 대화가 가능할 것으로 예상된다. 더 나아가 최근에는 사용자의 요구나 의도를 파악하여 스스로 실행하는 '앰비언트 컴퓨팅(ambient computing)'기술이 주목을 받고 있다. 즉, 컴퓨터가 사용자와 상호작용 없이도 스스로 실행하는 환경이다. 사용자의 실질적인 조작이나 도움이 없이 백그라운드에서 작동하므로 사용자는 컴퓨터 사용을 인식할 수 없다. 미래 컴퓨터는 일상 속에서 우리의 요구를 예측하고, 이를 원하는 시간에 정확하게 충족시킬 것이다. 마치 공기처럼 인간과 함께 공존하는 것이다.

1-3 4차 산업혁명의 기회와 위기

지난 1, 2, 3차 산업혁명에서 혁신적 변화를 주도한 기술은 제조방식의 변화를 이끌었고, 우리 삶의 방식에도 영향을 주었다. 4차 산업혁명은 이제 시작하는 혁명이다. 과거보다 강력한 혁신적 기술을 통해 기업의 생산성은 비약적으로 향상되고, 사람들의 소득 수준은 증대되어 삶의 질이 향상될 것이다. 혁신적 기술은 세상에 없는 새로운 상품과 서비스를 만들어 생활의 즐거움과 편익을 가져다 줄 것이다. 건강상태를 실시간으로 확인하고, 운전으로부터 자유롭고, 로봇이 경비업무를 수행하고, 드론이 물류업무를 대신하는 이 모든 일들이 가능하다.

새로운 기술은 모든 산업의 변화를 주도할 것이다. 특히, 기업 운영에서 중요하게 다루는 효율성과 생산성이 비약적으로 향상되면서 비즈니스 차원에서 놀라운 변화가 나타날 것이다. 운송과 물류 체계는 획기적인 변화를 겪으면서 물류비용이 절감되고, 글로벌 시장을 대상으로 한 비즈니스는 더욱 용이하고 더 효율적으로 작동되며, 거래비용은 획기적으로 줄어들 것이다. 이 모든 일을 기반으로 지금까지 경험하지 못한 새로운 시장이 열리고 경제 성장을 촉진할 것이다.

다른 한편으로, 혁신적 기술은 사회 불균형을 초래할 수 있다는 점에 주목할 필요가 있다. 특히 기술혁신은 기존 노동 시장을 붕괴시킬 가능성이 높다. 인간을 따라하는 로봇은 경제 전반에서 인간의 노동을 대체할 것이며, 이는 고용 감소와 실업 증가 현상을 초래할 것이다. 생산과 서비스 현장에는 로봇이 배치되어 인간의 단순 작업은 사라질 것이다. 반면에 기술이 인간의 노동을 대체하므로 높은 보수의 안정적 일자리를 만들어낼 수도 있다. 결국 생산 자본과 노동 간에는 수입의 차이가 심화될 수 있다.

미래의 노동 시장이 유토피아일지 아니면 디스토피아일지 예측하기는 어렵다. 지금까지 존재하지 않던 어떤 일자리가 생겨날지 예측이 간단하지 않다. 하지만 재능을 가진 인간이 어떠한 자본보다 더 영향력을 갖는 생산 요소가 될 것이다. 노동 시장에서 저기술 저부가가치의 저임금 직업과 고기술 고부가가치의 고임금 직업 간에 소득 양극화가 더욱 두드러질 수 있다. 이런 상황에서 저임금 노동자들은 평생 동안 소득을 높일 수 없다거나 더 나은 삶을 기대할 수 없다는 데에서 좌절할지도 모른다.

디지털 기술의 진화와 보급으로 정보공유 플랫폼의 역동성은 더욱 커지고 전례 없던 사회적 이슈들이 등장할 것이다. 예를 들면 프라이버시, 정보 접근, 민주적 절차 등 다양한 사안에 대해 찬반 논란을 불러일으킬 것이다. 나스미디어 리포트[8]에 따르면 글로벌 SNS 월간 활성 이용자 수는 약 34억 9,900만 명으로 전세계 인구의 약 45%가 SNS 서비스를 이용하고 있고, 모바일 SNS 이용자 수는 약

의료 분야

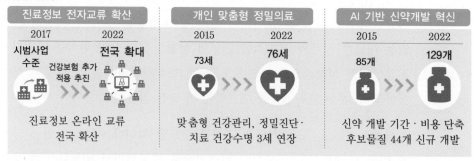

제조 분야

이동체 분야

그림 1-4 4차 산업혁명의 미래모습

8 나스미디어 295호 [Global Trend] 글로벌 SNS 이용 및 매체별 오디언스 현황. 2019. 08. 07. 나스미디어.

3,432,900만 명으로 SNS 이용자 대부분이 모바일을 통해 서비스를 이용하는 것으로 나타났다. 사용자가 급증하면서 그로 인한 파급 효과도 지속적으로 커질 것이다. SNS의 역동성은 다양한 문화와 세대를 이해하고 공동체 의식을 강화하는 계기가 될 수 있다. 하지만 개인이나 집단에 극단적인 철학이나 사상을 유포하거나 강요하는 역할을 할 수도 있다.

1 4차 산업혁명과 우리의 삶

우리는 스마트폰이 자기 몸에서 멀어지면 불안감을 느낀다. 외출할 때 가장 먼저 챙기는 것이 스마트 폰이다. 출근할 때, 식사할 때, 잠을 잘 때도 곁에 두어야 마음이 편하다. 모바일 기기가 가지는 속성, 즉 연결성, 즉시성, 휴대성 관점에서 보면 우리는 항상 누군가와 연결될 수 있어야 심리적 안정감을 느낀다. '내 손안의 작은 컴퓨터'인 스마트폰을 통해 우리는 세상과 온종일 연결되는 '초연결', '초지능'의 환경에서 시간을 보내고 있다.

4차 산업혁명은 우리의 삶과 인간에 대한 인식도 바꾸게 된다. 사생활에 관한 생각, 소유의 관념, 소비 방식, 학습 방법, 경력 개발과 사람 간의 만나는 방식 등 우리의 정체성과 삶 등 전반에 영향을 줄 것이다. 혁명은 이미 우리의 건강 상태를 변화시키고 인간을 측정하며 수치화하고 있다. 더 나아가 기대했던 것보다 더 이른 시기에 우리는 증강인간[9]을 만들어낼지도 모른다. 인간의 능력은 어디까지 확장될까? 새로운 한계는 우리가 상상하는 그 지점이 될 것이다.

혁신적인 정보기술은 개인의 사생활 보호에도 심각한 문제를 일으킬 것이다. 지극히 사적영역인 개인정보는 신산업의 발전과 첨예하게 대립하고 있다. 이에 산업혁명시대의 핵심 기술이 사생활 정보를 추적하고 공유한다는 점을 주목할 필요가 있다. 사적 데이터에 대한 통제권을 잃게 되면 이것이 우리 삶에 어떤 영향을 미치고 어떤 문제가 발생할지에 대한 논란은 앞으로 당분간 지속될 것이다. 헬스케어, 생명공학, 인공지능 분야에서 혁명은 건강, 생명 연장, 인지 능력 등에서 인간의 경계를 확장하고 있다. 혁명적 기술은 인간이 의미하는 바를 재정의하라는 숙제를 남겼으며, 인간의 윤리와 도덕의 한계에 관해 재설정할 것을 요구할 것이다[10].

---

9 나노기술(NT), 바이오기술(BT), 정보기술(IT) 등을 융합한 첨단 장치를 이용해 인간의 신체 및 인지 능력을 향상시키는 '인간 능력 확장'을 의미한다.

10 4차 산업혁명의 충격(2016), 클라우스 슈밥 외 저, 김진희 외 역, 흐름출판

② 4차 산업혁명의 미래 모습

기술이나 기술과 함께 오는 질서가 인간이 통제할 수 있는 영역의 밖에 있다고 보지는 않는다. 따라서, 우리는 새로운 혁명을 인도할 책임이 있고 우리에게 주어진 역량 속에서 4차 산업혁명을 계획하고 이행하며, 인류 모두가 추구하는 공공의 가치와 목표를 반영해야 한다. 이를 위해 우리는 새로운 기술이 어떻게 우리의 삶과 인류에 영향을 주고, 경제적 · 사회적 · 환경적으로 어떠한 변화가 있을지 모두가 공유할 수 있는 관점에서 살펴 볼 필요가 있다.

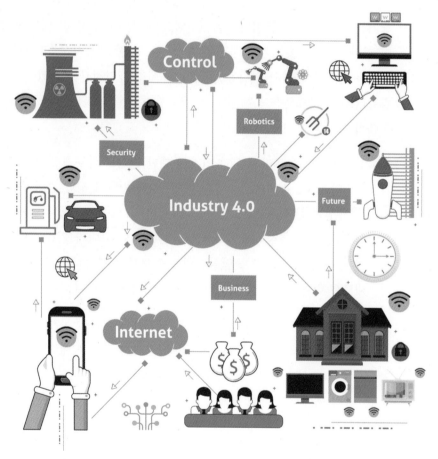

그림 1-5   4차 산업혁명 시대 달라질 생활상

오늘날 주요 의사 결정권자들은 관행적이고 틀에 박힌 사고에 몰입하거나, 당장 급한 문제에만 신경을 쓴다. 기술의 변화가 적은 기존 패러다임에서는 가능하다. 과거의 관행과 사고의 흐름이 시차에 관계없이 어느 정도 유효하기 때문이다. 그런

까닭에 파괴적 혁신이 가져다 줄 우리의 미래가 어떠한지, 변화를 예견하고 대비하는 전략적 사고를 못하고 있다.

과거의 산업혁명을 이끈 패러다임은 이제 수명을 다 했다. 이는 과거의 방식이 더 이상 통하지 않는다는 것을 의미한다. 새 술은 새 부대에 담아야 한다. 새로운 혁명을 이야기하면서 사고의 틀과 추진체계가 기존에 머물러서는 안 된다. 정부는 개발자나 혁신 사업가들이 4차 산업혁명을 안정적이며 도전적으로 이끌 수 있도록 규제와 제도를 정비하고 재정립하는 데 집중해야 한다.

4차 산업혁명의 목표는 궁극적으로 사람의 가치를 고양하는 것이다. 우리가 만드는 미래는 사람을 제일 우선으로 하고, 우리 모두를 위한 세상이 되도록 해야 한다. 긍정적인 시선에서 4차 산업혁명은 인간 본성의 핵심인 창의성·공감을 보완하는 기능을 수행하며, 우리의 인간성을 공동 운명체라는 새로운 집단적 윤리의식으로 배양시킬 수도 있다. 반면에 부정적인 시선에서는 4차 산업혁명이 가진 혁신적 기술 때문에 인간의 본성과 존엄이 로봇화되고, 더 나아가 인간의 정신, 영혼도 박탈당할 것이라는 위험성이 제기되고 있다.

4차 산업혁명은 지금 초기단계이다. 개인, 기업 그리고 사회에 가져올 파괴적 혁신과 변화의 속도는 매우 빠르다. 적극적으로 대처하는 노력이 필요하다. 그리고 4차 산업혁명의 급진적 변화가 가져올 미래의 모습이 어떠할지 전문가들 사이에서 의견이 분분하다. 하지만 분명한 것은 과학기술의 혁신은 더 나은 인간의 삶을 위한 것이어야 한다는 점이다. 더 나은 미래는 인공지능이 아니라 우리가 만들 것이다.

1-4 4차 산업혁명을 이끄는 기술 트렌드

많은 기업 및 기관 등에서 4차 산업혁명 시대를 주도할 과학기술을 선정했다. 지금도 다양한 분야와 영역에서 기술의 발전과 진화가 전개되고 있어 경계와 미래를 예측한다는 것이 무의미하다. 하지만 세상에 이미 선보인 기술이나 미래에 소개될 기술은 공통적으로 디지털화에 기반한 정보통신기술의 힘을 활용한다는 점에 주목할 필요가 있다. 일례로 나노기술이나 유전자 공학은 데이터 분석 기술의 발전과 궤를 같이하고, 인공지능이나 자율주행차는 빠른 연산력에 기반하고 있다.

4차 산업혁명을 이끌 주요 기술을 조망하고 기술 발전의 주류를 이해하기 위해 본서는 크라우스 슈밥의 기술 분류 및 해당 내용을 중심으로 소개한다. 그는 4차 산업혁명을 주도할 기술을 디지털기술, 물리학기술, 생물학기술로 분류하고 이 기술들은 모두 서로 관련되어 있으며, 각 분야에서 이루어진 발견과 진화를 통해 서로 이익을 주고받는 관계라고 하였다.

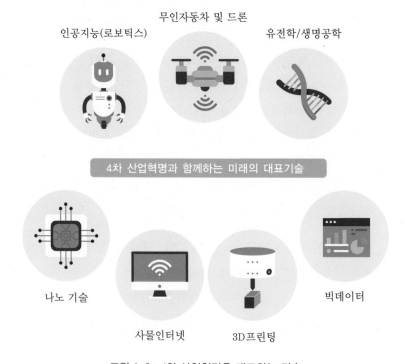

그림 1-6   4차 산업혁명을 대표하는 기술

1 디지털기술

(1) 빅데이터

'빅데이터'란 기존의 관리 및 분석 체계로는 감당할 수 없을 정도의 거대한 데이터의 집합을 지칭한다. 그 규모가 방대하고 생성주기가 짧으며, 수치 데이터뿐만 아니라 문자와 영상 데이터를 포함하는 대규모 데이터의 형태이다.

ICT(Information & Communication Technology)의 일상화가 이루어지는 스마트 시대에는 소셜, 사물, 라이프로그(life-log) 데이터 등이 결합되며 '빅데이터'의 영향력이 증대하게 되었다. 실시간의 연결과 소통의 '스마트 혁명'으로 데이터는 폭증하고, 기존의 데이터 저장·관리·분석 기법은 한계와 도전에 직면하게 되었다. 데이터는 정보사회를 움직이는 핵심 연료인 만큼 '빅데이터'로의 환경 변화는 정보사회의 패러다임을 견인할 정도의 큰 힘을 발휘하게 되었다.

(2) 인공지능

인공지능은 인간의 지능적인 행동을 모방할 수 있도록 컴퓨터 프로그램으로 실현한 기술을 의미한다. 즉, 컴퓨터가 인간과 같이 사고하고 학습하고 판단하고 자기 개발하는 등을 수행하게 하는 일종의 소프트웨어, 컴퓨팅, 시스템, 기술요소를 의미한다. 오늘날 인공지능은 과학기술의 다른 분야와 직간접적으로 관계를 맺고 있다. 특히, 정보기술의 다양한 분야에서 인공지능적인 기술요소를 도입하여 제반 문제를 해결하거나 해소하려는 시도가 활발하게 진행되고 있다.

(3) 사물인터넷

사물인터넷(internet of things)은 '사물들(things)'이 '서로 연결된(internet)' 것을 말한다. 다시 말해 세상에 존재하는 모든 물건에 통신 기능이 장착되어 객체들이 다양한 방식으로 정보를 교환하는 인프라를 뜻한다. 이 용어를 처음 사용한 미국 P&G사의 연구원 케빈 애쉬톤(Kevin Ashton)은 1999년에 RFID(Radio Frequency IDentification, 무선인식)와 센서를 이용하면 사물인터넷을 구축하고 정보를 수집할 수 있을 것이라고 하였다.

실제 사물과 디지털의 연계를 가능하게 한 '사물인터넷'은 상호 연결된 기술과 플랫폼을 기반으로 사물과 사물, 사물과 인간의 관계를 설명할 수 있다. 더 작고 저렴하게 스마트해진 센서들은 제조 공정뿐 아니라 가구, 의류부터 도시, 운송망과 에너지 네트워크 분야에까지 내장되어 활용되고 있다. 오늘날 전 세계적으로 스마트폰, 컴퓨터, 가전기기, 기계장치 등 인터넷과 연결된 기기들은 무수히 많아졌다. 사물이 반드시 무생물일 필요는 없다. 소, 강아지, 고양이 등 동물들도 사물처럼 연결될 수 있다. 바이오칩을 이용하여 농장에서 가축의 건강상태를 확인하고 물리적 위치를 추적할 수 있다.

전문가들은 향후 몇 년간 사물인터넷이 양적·질적으로 급속히 진화되어 가면 결국 IoE(Internet of Everything) 시대가 될 것이라고 예측한다. 사물들로부터 양질의 데이터를 수집하고, 가공 및 분석해 예측하는 일이 더욱 중요해질 것이다. 반면에 데이터의 수집과 배포 과정에서 악의적인 헤커의 침입을 방어하기 위해 정보보안에 대한 중요성도 더욱 커지고 있다.

(4) 블록체인

2016년 세계경제포럼은 4차 산업혁명을 이끌 핵심 기술 중 하나로 블록체인(blockchain)을 선정하였다. 암호화폐인 비트코인을 구현하는 블록체인 방식은 금융산업을 중심으로 전통적인 비즈니스 프로세스를 대체할 새로운 패러다임으로 등장했다. 블록체인은 기술측면에서 분산원장 방식의 데이터베이스이며, 비즈니스 측면에서 개인간에 가치, 자산, 소유 등을 상호 이동시킬 수 있는 교환 네트워크이다.

블록체인은 특정인에 의한 시스템 통제가 불가능하고, 모든 참여자에게 검증을 받아야 한다. 따라서 기존의 중앙집중식 통제방식보다 신뢰할 수 있는 거래 방식이다. 지금은 이 기술을 통해 암호화폐의 금융거래가 가능하지만, 앞으로는 출생·사망증명서, 소유권, 학위 등의 증빙관련한 문서 발급은 물론, 부동산 계약, 의료 기록, 투표에 이르기까지 블록체인 시스템을 통해 가능해질 것이다.

세계경제포럼이 블록체인에 주목하는 이유는 데이터의 위변조 방지와 신뢰성을 보장하는 특성이 4차 산업혁명 주요 기술의 기반이 되기 때문이다. 4차 산업혁명 시대에는 초연결 및 초지능 사회가 도래할 것이다. 수많은 데이터와 정보는 사람과 사람, 사람과 사물, 사물과 사물 간의 실제 세상과 가상 세상을 넘나들며 유기적으로 긴밀하게 연결될 것이다. 여기에 가장 부합하는 기술이 블록체인이다.

2 물리학기술

(1) 로봇공학

로봇은 인간과 유사한 모습과 기능을 가진 기계 또는 스스로 보유한 능력을 갖고 주어진 일을 수행하는 기계를 말한다. 로봇은 얼마 전 까지만 해도 자동차 생산 등 특정 산업의 업무 수행에 국한되어 있었다. 그러나 오늘날 농업에서 간호까지 광범위한 업무를 처리할 만큼 활용도가 높다. 로봇공학의 급속한 진화는 인간과 기계의 협력을 일상화할 것이다. 다양한 분야의 기술 발전에 힘입어 로봇의 구조 및 기능성은 더욱 뛰어난 적응력과 유연성을 갖추어가고 있다.

로봇 도입은 산업현장에서 활발하다. 이는 생산능력과 비용경쟁력이 우수하다는 데에서 그 원인을 찾을 수 있다. 제조업체들의 로봇 채택비율이 높아지는 이유는 생산성과 인건비측면에서 로봇이 상대적으로 더 우수하기 때문이다. 인건비 때문에 해외로 생산시설을 이전한 기업들은 로봇의 원가가 일정 수준 이하로 내려가면 생산시설을 다시 본국으로 가져오게 될 것이다. 즉, 오프쇼어링(off-shoring)[11]은 사라지고 리쇼어링(reshoring)[12]이 등장할 것이다.

로봇은 센서 기술의 발달로 주변 환경을 더 빠르고 정확하게 이해하고, 가사, 의료, 농경, 금융 등 폭넓은 업무의 수행이 가능해졌다. 로봇은 클라우드 서비스와 연계를 통해 원격으로 정보를 접근하고, 로봇들 간에 네트워크로 연결이 가능하다. 외국 연구기관의 보고서에 따르면 20년 내에 모든 산업이 로봇화될 것이며, 신성장동력의 핵심 산업인 로봇 산업에서 경쟁우위를 점하는 국가만이 다가올 기술경쟁 시대에 생존할 수 있을 것이라고 전망하였다.

(2) 드론

다양한 무인운송수단은 자율주행차 외에 트럭, 보트, 드론, 항공기 등 육해공에서도 등장한다. 더욱 민감한 센서 기술, 인공지능, 빅데이터 기술의 발달로 기계의 능력은 더욱 정교해지고 빠른 속도로 향상되고 있다.

4차 산업혁명 기술 중 가장 흥미롭고 관심 높은 분야인 자율주행차는 역사상 가장 파괴적 기술로 자동차 이용에 대한 인식을 완전히 바꾸어 놓을 것이다. 일반적으로 자율주행차란 운전자가 운전하지 않아도 주변 환경을 인식하고 차량을 제어함으로써 스스로 목적지까지 주행하는 자동차를 말한다. 이와 같은 기술의 혁명적 변화는 개인차원에서 운전하는 방식은 물론, 산업차원에서 원유 산업, 기존 자동차 산업, 금융 및 보험 산업 등 기존의 관련 산업까지 엄청난 변화를 예고하고 있다.

드론은 조종사 없이 지상에서 무선전파를 이용한 원격 조정기나 프로그램된 항로에 의해 비행하거나 인공지능에 의해 스스로 비행하는 무인비행장치를 말한다. 드론은 인공지능, 5G, 사물인터넷 등 기술발전에 발 맞춰 더욱 광범위한 분야에서 다양한 가치를 창출할 것이다. 외국의 한 분석회사에 따르면, 비군사용 드론 시장 매출액은 2019년, 약 5조 7702억 원(49억 달러)에서 2030년, 3배 증가한 약 16조 8396억 원(143억 달러) 규모로 성장할 것으로 전망하였다.

---

11 기업들이 경비를 절감하기 위해 기업업무의 일부를 해외로 내보내는 현상을 말한다.

12 각종 비용 절감을 이유로 해외에 나간 자국기업들을 각종 세제혜택과 규제 완화 등을 통해 자국으로 불러들이는 정책을 말한다. 싼 인건비나 판매시장을 찾아 해외로 생산기지를 옮기는 '오프쇼어링(off-shoring)'의 반대 개념이다.

현재 드론은 사회의 환경 변화를 감지하고 이에 적절하게 대응하는 기술을 갖추었다. 곧 전력·통신선 점검이나 유지보수는 물론 전쟁이나 분쟁 지역에 긴급 의료용 물품을 전달하는 일 등의 수행이 가능하다. 고령화로 일손이 부족한 농촌지역에 드론이 해결책을 제시하고 있다. 예를 들면 병충해 방제, 종자파종 등 다양한 농사일에 활용 가능하고, 더욱이 데이터를 분석하여 물과 비료 등을 보다 정밀하고 효율적으로 사용할 수 있다.

(3) 3D프린팅

3D프린팅은 3차원 입체물을 만들어 내는 프린터로, 입체적으로 형성된 디지털 설계도나 모델에 기초하여 원료를 층층이 쌓아 물체를 만드는 기술이다. 입체 형태를 만드는 방식에 따라 크게 적층형과 절삭형으로 나룰 수 있다. 적층형은 한 층씩 쌓아 올리는 방식이며, 절삭형은 큰 덩어리를 깎아가는 방식이다. 적층형은 파우더나 플라스틱 액체 또는 플라스틱 실을 얇은 층으로 겹겹이 쌓아 형상을 만드는 방식이다. 레이어가 얇을수록 더 정밀한 형상을 만들 수 있고, 채색을 동시에 진행할 수 있다. 반면, 절삭형은 커다란 덩어리를 조각하듯이 깎아내 입체 형상을 만들어 내는 방식이다. 적층형에 비하여 재료 소모가 많고 컵처럼 안쪽이 파인 모양은 제작하기 어렵다는 단점이 있다[13].

3D프린팅 기술은 대형 주택 건설부터 소형 의료 임플란트에 이르기까지 다양한 산업과 분야에서 광범위하게 활용되고 있지만 주로 자동차, 항공우주, 의료산업을 중심으로 사용 중이다. 3D프린팅 제품은 쉽게 개별화나 맞춤 생산이 가능하며 소량 다품종 생산 방식에 적합하다. 3D프린터 산업의 발전을 저해하는 크기와 가격, 속도라는 제약 요소가 빠르게 개선되고 있으며, 가까운 미래에 교육은 물론 인간 세포 및 장기까지 적용 범위가 확장될 것이다.

앞으로는 4D프린팅이 보급될 전망이다. 기존의 3차원 입체(3D)에 시간이라는 1개의 차원이 추가된다. 즉, 환경 조건에 따른 변화의 모습을 특정 재료 안에 프로그램으로 입력한다. 4D프린터로 만든 물체는 외부에서 사람의 조작 없이 열이나 진동, 공기 등 환경 변화나 자극을 받아 스스로 변화할 수 있다. 4D프린터가 응용될 수 있는 분야는 항공우주, 자동차, 의류, 국방, 헬스케어에 이르기까지 매우 광범위하며, 소재분야에도 적용되어 다양한 산업에 영향을 미칠 것이다.

---

13 네이버 지식백과, https://terms.naver.com/entry.nhn?docId=1978613&cid=40942&categoryId=32374

(4) 자율주행차

자율주행이란 교통수단이 운전자의 그 어떤 개입이 없이 스스로 판단해 이동하고 장애물을 피하여 운행할 수 있는 기능이다. 운전자의 아무런 조작 없이 자동차 스스로 통제 및 운행하는 자동차의 시스템을 말한다. 자율주행의 개념은 1960년대에 벤츠를 중심으로 제안되었고, 1970년대 중후반부터 초보적인 수준의 연구가 시작되었다. 초기 기술 개발 시에는 운행에 장애 요소가 없고 시험주행장에서 중앙선이나 차선을 넘지 않는 수준이었으며, 1990년대에 컴퓨터의 판단 기술 발전과 전후방의 장애물 감지 및 주변 환경 조건을 고려할 수 있는 자동차의 자율주행 분야가 본격적으로 연구되기 시작했다.

(5) 가상 · 증강 · 혼합 · 확장현실

가상현실은 가상에 대한 사전적 의미는 어떤 특정한 환경이나 상황을 컴퓨터로 만들어서, 그것을 사용하는 사람이 마치 실제 주변 상황 · 환경과 상호작용을 하고 있는 것처럼 만들어 주는 인간–컴퓨터 사이의 인터페이스를 말한다. 다른 의견으로는 가상현실을 사용자가 HMD(Head Mounted Display, 머리에 쓰는 방식의 디스플레이 장치)라는 기기를 얼굴에 착용하고 이를 통해 3차원 현실과 가상의 상호작용을 하는 시뮬레이션이라고 한다.

증강현실(Augmented Reality)이란 현실(reality)에 기반을 두어 정보를 추가 제공하는 기술이다. 즉, 현실 세계의 이미지나 배경에 가상의 이미지를 추가하여 보여주는 기술이다. 현실 세계의 실제 모습이 주가 된다는 점이 가상현실과 차이가 있다. 증강현실은 현실세계와 가상세계를 잘 조화시켜 사용자가 실제 및 가상 환경이 분리되었는지 인지하지 못하고 사용자와 가상세계 간의 실시간 상호작용이 가능한 몰입감을 제공한다.

혼합현실(Mixed Reality)이란 '증강현실과 가상현실을 통합하고 사용자와의 상호작용을 더욱 강화한 방식'을 말한다. 즉 현실과 증강현실, 가상현실의 요소가 모두 혼합된 상태를 구현하는 것이다.

확장현실(XR)은 가상현실(VR)과 증강현실(AR)을 아우르는 혼합현실(MR) 기술을 망라하는 초실감형 기술 및 서비스를 일컫는 용어다. VR, AR, MR뿐만 아니라 미래에 서비스로 등장할 또 다른 형태의 현실도 다 포괄할 수 있다.

현실과 가상 간의 상호작용 더 강화된 현실 공간에 배치한 가상의 물체를 만지는 것과 같은 개념이다.

③ 생물학기술

(1) 생명공학

생명(bio)을 다루는 기술(technology)인 생명공학(biotechnology)은 유전자를 인위적으로 재조합, 형질 전환하여 생명체의 특성을 목적에 맞게 응용하는 기술이다. 즉, 생물체가 가지는 유전 · 성장 · 자기제어 · 물질대사 · 정보인식 등의 기능과 정보를 이용하여 인간의 삶에 필요한 물질과 서비스를 만드는 기술을 말한다.

1960년대까지는 발효 공업과 같은 식품, 조미료, 알코올의 공정과 생산 및 의약품을 개발하는 분야로 제한되었으나, 1970년대 이후부터 생명공학 기술은 대상과 영역이 급속히 확대되기 시작하였다. 생명공학의 기본적인 핵심 기술로는 유전자조작기술, 세포융합기술, 세포배양기술, 바이오리액터기술 등으로 정리할 수 있다. 이 기술의 특성은 다음과 같다.

첫째, 생물의 유전 정보를 바꾸는 육종기술이다. 유전자조작기술이나 세포융합기술이 여기에 속하며, 최근에는 특정부위 돌연변이기술이 가능하게 되어 원하는 유전자의 기능을 덧붙이거나 잃게 할 수도 있다.

둘째, 육종한 고기능 생물을 대량으로 증식하거나, 그 기능을 최대한 발휘시키는 프로세스기술이다. 바이오리액터기술과 세포배양기술이 여기에 속하며, 육종기술과 프로세스기술을 조합하여 바이오상품을 만들어 낼 수 있다[14].

유전자기술이란 생물의 유전자를 조작하여 실생활에 적용하는 기술이라고 할 수 있는데, 유전이란 어버이가 가지고 있는 특징이 다음 세대의 자손에게 전달되는 현상을 뜻한다. 현재 유전공학은 유전자재조합식품(GMO), 인간 게놈 연구, 줄기세포 연구, 수명 및 노화에 대한 연구, 병충해 예방 식물 연구 등에 응용되고 있다.

줄기세포기술이란 여러 종류의 신체 조직으로 분화할 수 있는 세포를 이용하여 수명을 연장하는 기술을 뜻한다. 피부를 재생하거나 마비된 신경을 재생, 화상 치료 등에 활용할 수 있다. 이러한 줄기세포 치료는 난치병 치료에 있어서 무한한 가능성을 지니고 있으며, 현재 우리나라는 임상적용 및 중개연구에서 선두를 나타내고 있다.

---

14 제4차 산업혁명 시대의 주요 기술(2019), 이상수, 바른북스

생명공학은 현재도 급속히 발달하고 있고, 그 범위도 더욱 넓어지고 있다. 생명공학의 발달은 인간의 건강과 생명 연장을 위한 의학적 효용성이 강조되지만, 그에 비례하여 다양한 사회 · 윤리적 문제를 야기한다. 예를 들면 인간의 존엄성 문제, 신체 및 건강 정보 남용으로 인한 인권 문제, 유전정보의 산업화, 우생학적 차별, 유전자 코드 조작 권리 등에 관한 새로운 숙제들이 우리 앞에 놓여 있다. 과연 우리는 난제를 해결할 준비와 능력을 갖고 있는지, 이에 대한 사회적 합의가 필요하다.

(2) 나노기술

나노기술(nano technology)은 10억분의 1미터인 나노미터 단위 수준의 정밀도를 요구하는 극미세가공 과학기술을 의미한다. 물체를 원자, 분자 수준에서 합성 · 조립 · 제어하며 그 성질을 규명하는 기술을 말한다. 나노기술은 의학, 전자공학, 생체재료학 등 다양한 산업분야에서 폭넓은 적용 범위를 갖는 새로운 물질과 기계를 만들 수 있으며, 다양한 분야에 포함되어 이용되는 범위가 매우 광범위하다. 나노계측기술(scanning probe technology)은 나노기술 분야에서 핵심이 되는 기술로 나노미터 수준의 구조 및 성분을 계측하고 분석해내는 기술이다.

한편, 나노기술은 다음과 같은 문제를 일으킬 수 있다.

첫째, 나노입자의 독성이다. 석면이 폐에 흡입이 되면 폐암 및 각종 질병을 유발하는 것과 같이 훨씬 더 작은 나노 입자가 인간에게 유해하지 않다고 확신할 수 없다.

둘째, 나노입자도 세포막을 자유자재로 투과할 수 있다. 따라서 폐나 심장 등 여러 기관에 영향을 미칠 수 있다. 더 나아가 DNA까지 파괴할 수 있는 위험성이 제기되고 있다[15].

---

15 위키피디아, https://ko.wikipedia.org/wiki/%EB%82%98%EB%85%B8_%EA%B8%B0
%EC%88%A0

사례연구 1   5~10년 이내, 위기를 맞을 직업은?

▶ 한국고용정보원이 작성한 '4차 산업혁명 시대 신직업'보고서에 따르면 치과기공사, 의료진단전문
  가, 물품 이동 장비 조작원 등 5개 업종은 향후 5~10년 사이에, 콜센터 직원, 생산 · 제조 관련 단
  순 종사원은 5년 이내에 고용이 줄어든다고 분석했다.

▶ 자동화 공정이나 스마트 공장이 등장하면서 고용은 이미 줄어드는 추세다.

▶ 인공지능(AI)이 인력을 대체할 수 있는 직업일수록 사라질 가능성이 커진다.

▶ IBM의 AI 왓슨은 인간 의사보다 더 빠르고 정확하게 CT나 MRI 자료를 분석할 수 있고, 유통회사
  인 아마존의 로봇 '키바'는 물류창고에서 물품이동 장비조작원보다 더 효율적으로 일을 한다.

▶ 클라우드, 사물인터넷(IoT), 빅데이터 등 기술이 널리 활용되면서 소프트웨어 개발자나 정보보안
  전문가, 로봇공학자, 드론-3D프린팅 전문가, 생명과학연구원, 가상현실(AR)전문가, 빅데이터 전
  문가 등의 일자리는 늘어날 것으로 보인다.

참조 • 4차혁명 직업 명암… 5~10년 내 위기 맞는 직업은?, e경제뉴스
      http://www.e-conomy.co.kr/news/articleView.html?idxno=22578

함께 생각해 봅시다

　4차 산업혁명이 일어남에 따라 설 자리가 줄어들 수밖에 없는 직업들이 생겨나고 이전에 없
던 새로운 직업이 생겨날 것이다. 없어지는 직업들은 보호해야 할까 아니면 자연스럽게 사라지
도록 해야 할까?

"직업이 사라지는 것은 어쩔 수 없다 vs 기존 직업을 보호해야 한다"

사례연구 2 5G 시대, 융합보안 분야도 세계 최초 꿈꾼다

▶ 정부가 민간과 함께 힘을 합쳐 5G 시대 융합서비스 보안강화 기반 조성을 위한 융합보안 모델 개발, 융합보안 리빙랩 구축 등에 나선다.

▶ 우리나라가 5G 시대를 세계 최초로 열었던 것처럼 융합보안 분야도 세계 최초로 육성해야 한다는 취지다.

▶ 핵심 목표는 융합서비스 선도 분야 보안모델 개발 · 실증, 융합보안 리빙랩 구축, 융합서비스에 특화한 보안강화 협업체계 구축, 융합보안 선도기술 개발, 핵심인력 양성 등이다.

▶ 정부는 융합보안산업 경쟁력 강화방안과 함께 5G 시대에 맞는 융합보안 제도 정비에도 나설 계획이다.

참조 • 정부가 내놓은 5G시대 보안 위협 대비책은, 전자신문
http://www.etnews.com/20190708000234

함께 생각해 봅시다

4차 산업혁명 기술은 아직 완전성을 확보하지 못해 사이버 공격에 취약한 경우가 많다. 그럼에도 몇몇 기업들은 4차 산업혁명의 주요 기술들을 앞 다투어 도입하길 희망한다. 과연 완전하지 못한 기술을 먼저 도입하는 것이 옳은 방향일까?

"시장 선점을 위해 기술을 서둘러 도입 한다 vs 안전성 확보가 먼저다"

사례연구 3   위치정보산업의 10대 키워드는?

▶ 한국인터넷진흥원(KISA)이 발표한 '2019년 위치정보산업 10대 키워드 전망'은 '인공지능'과 '빅데이터' 등을 중요한 화두로 보았다.

▶ '사물인터넷(IoT)', '5G', '블록체인'도 10대 키워드에 이름을 올렸다. IoT과 5G 이동통신이 위치정보 기반 융복합 서비스로 성장할 것이라는 전망에 따른 것이다.

▶ 그밖에 '자율주행차', 'AR/VR/MR', '스마트물류 · 유통', '증강현실 · 가상현실 · 혼합현실', '스마트헬스케어'도 중요한 사안이다.

참조 • 위치정보산업 올해 주목할 10대 키워드, 동아사이언스
　　　http://dongascience.donga.com/news.php?idx=26611

함께 생각해 봅시다

　　위치정보산업의 규제 완화를 주요 내용으로 하는 '위치정보의 보호 및 이용 등에 관한 법률' 개정안이 2018년 10월 18일부터 시행되었다. 서비스 제공자의 개인 위치기반 정보에 대한 수집 및 접근은 개인정보보호 관점에서 논란이 예상된다.

"산업의 발전을 위해 위치정보산업 규제는 완화해야 한다 vs
사생활 보호를 위해 규제는 강화해야 한다"

▌ 토의 주제

1. 독일 인더스트리 4.0의 개념 및 주요 특징이 무엇인지 조사해 보자.

2. 인더스트리 4.0은 2010년 독일에서 탄생한 개념이다. 세계 여러 국가에서 이 개념을 어떤 방식으로 도입하고 있는지 조사해 보자.

3. 4차 산업혁명 시대에 사라질 직업과 생겨날 직업을 조사해 보자.

▌ 동영상 학습자료

제목	출처(URL)
1. 당신이 알아야 할 4차 산업혁명 (YTN사이언스)	https://www.youtube.com/watch?v=6VYascb96cI
2. 포노 사피엔스가 만드는 일상 혁명 (세바시)	https://www.youtube.com/watch?v=VULRSpF49Yk
3. 4차 산업혁명 페스티벌 2020 '인공지능과 21세기 산업의 혁신' (YTN사이언스)	https://www.youtube.com/watch?v=gZvxMzGx1vg&t=7s

제 **2** 부

4차 산업혁명의 주요기술

제 2 장

빅데이터

2-1 빅데이터의 이해

빅데이터(big data)란 기존의 관리 체계 및 분석 방법으로는 해결이 불가능한 막대한 데이터의 집합을 말한다. 그 규모가 방대하고 생성기간이 짧으며 수치 데이터, 문자와 영상 데이터를 총괄하는 대규모 데이터의 형태이다.

미국의 시장조사회사인 가트너(Gartner)[1]에 의하면 빅데이터는 21세기 원유라고 불릴 정도로 ICT(Information & Communication Technology) 환경에 주요한 핵심 중에 하나가 되었다. 글로벌 시장조사기관인 IDC의 보고서에서는 디지털 전환이 빠르게 전개되는 가운데, 세계 데이터의 양은 2016년 16ZB[2]에서 2025년 163ZB로 10배 이상 증가할 것이라고 전망하였다. 한편, 글로벌 시장조사기관 위키본(Wikibon)에 따르면 세계 빅데이터 시장규모는 2018년 420억 달러에서 2027년까지 1,030억 달러에 달할 것으로 전망되었다.

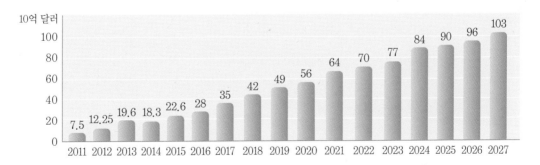

그림 2-1 빅데이터 세계시장 규모 예측(단위 : 10억 달러)

---

1 미국의 정보 기술 연구 및 자문 회사
2 ZB(zeta byte): 10^{21}Byte

이는 그림 2-1과 같이 연평균 10.48%의 빠른 성장 속도를 보여주고 있다[3].

기업들의 빅데이터에 대한 관심과 투자도 꾸준하게 증가하고 있다. 세계적인 기업들은 빅테이터를 적극적으로 활용하고 있는데, 대표적인 기업으로 구글, 아마존, 마이크로소프트, IBM 등이 총력을 기울이는 중이다.

ICT가 일상화되는 스마트 시대에는 인간, 사물, 생활 데이터 등이 네트워크화 되어 빅데이터의 영향력이 증가할 수밖에 없게 되었다. 표 2-1과 같이 실시간 연결과 소통의 '스마트 혁명'으로 데이터는 폭증하고, 기존의 데이터베이스 분석 기법으로는 대량의 데이터 분석을 하는 데 있어 한계에 봉착하게 되었다. 정보사회를 움직이는 데 있어 데이터는 필수 요소이다. 빅데이터의 출현은 데이터 패러다임을 변화시킬 정도로 커다란 변혁을 가져왔다[4].

표 2-1 정보화 세계의 패러다임의 흐름

구분	PC 환경	인터넷 환경	모바일 환경	스마트 환경
시대별	디지털 시대	온라인 시대	모바일 시대	사물지능 시대
주요 환경	전산, PC통신	웹네트워크(WWW), 웹2.0	스마트기기, 모바일인터넷	인공지능(AI), 사물인터넷(IoT)
핵심 서비스	운영체제(OS), 응용프로그램(APP)	포털(검색엔진), 전자상거래(EC)	SNS 플랫폼, 스마트폰	무인자동차, 로봇 시스템
대표기업	마이크로소프트, IBM 등	네이버, 다음, 야후 등	애플, 페이스북 트위터, 카카오 등	구글, 아마존, 삼성 등

빅데이터 기반은 스마트 단말과 각종 기기의 확산, SNS(Social Network Service) 활성화, 사물인터넷(IoT) 확산으로 더욱 확대되고 있다. 이러한 빅데이터를 위한 고급 분석 등 관련 기술은 현재 기술 발생단계이며, 향후 2~5년 동안 성숙될 것으로 평가된다.

정보화 사회에 핵심 키워드로 등장한 빅데이터는 이제 새로운 개념이 아닐 정도로 여러 분야에 활용되고 있다. 인터넷이 등장했던 1990년 이후로 정형화된 정보와 비정형화된 정보의 홍수 속에서 정보 폭발(information explosion)이라는 개념

---

3 2018_국가정보화백서(2019), 한국정보화진흥원

4 빅데이터 개론(2016), 한국소프트웨어기술인협회 빅데이터전략연구소, 광문각

으로 논의가 계속 되어왔고, 오늘날 빅데이터라는 개념으로 확장, 발전하게 된 것이다. 인터넷에서 생성된 수많은 정보는 주로 인터넷 서비스 업체가 보관하였거나 일부는 상업적으로 이용되기도 하였다. 더 나아가 모바일 스마트 기기의 보급으로 개인의 비정형 데이터까지 축적되면서 데이터는 더욱 폭발적으로 증가하게 된다. 특히, SNS의 증가는 공적 정보뿐만 아니라 사적 정보까지 생성하게 함으로써 빅데이터의 서막을 알리는 계기가 되었다.

위키피디아(Wikipedia)[5]는 빅데이터를 '기존 데이터베이스 시스템의 데이터 수집 → 저장 → 관리 → 분석 기능을 넘어서는 정형과 비정형 데이터 세트로부터 가치를 추출하고 결과를 분석하는 기술'로 정의하였다. 한편, 국가전략위원회에서는 빅데이터를 '대용량 데이터에서 가치 있는 정보를 추출하고 생성된 지식을 능동적으로 대응하거나 변화를 예측하기 위한 정보화 기술'이라고 정의하고 있다. 또한 삼성경제연구소는 '빅데이터란 기존의 관리 및 분석 체계로는 감당할 수 없을 정도의 거대한 데이터 집합으로 대규모 데이터와 관계된 기술 및 도구(수집·저장·검색·공유·분석·시각화 등)를 모두 포함하는 개념'으로 정의하였다. 결국 빅데이터를 종합해 보면 단순히 데이터의 양적인 의미를 강조하는 것이 아니라 수많은 데이터 중에서 질적인 데이터로 추출·갱신할 수 있는 혁신 도구라 할 수 있다.

빅데이터의 구성은 표 2-2와 같이 정형화(structured)된 데이터뿐만 아니라 반정형화(semi-structured) 데이터, 비정형화(unstructured) 데이터 등이 복합적으로 이루어진다[6]. 이를 잘 활용하게 되면 빠르게 변화하는 현대 사회를 더욱 정확하게 예측할 수 있고, 개개인의 맞춤형 정보까지 제공할 수 있다.

정형화 데이터는 일정한 규칙에 따라 체계적으로 정리된 데이터이다. 예컨대, 통계청의 연간 통계자료, 각종 과학적 데이터, 기업의 고객, 매출, 재고, 회계 데이터 등이 있다. 이렇게 정형화된 데이터는 자체로도 의미 있는 데이터가 되며, 바로 활용 가능한 정보가 된다. 반정형화 데이터는 문서 프로그램(아래한글, MS워드) 등의 응용 소프트웨어로 작성된 데이터로 볼 수 있다. 반정형화 데이터는 표나 그림이 될 수도 있지만 일반적으로 문자로 서술된 정보를 말한다. 이에 반해 비정형화 데이터는 동영상, 음악, 메시지 등이 있는데, 보통 스마트 기기 등을 통하여 형성되는 데이터이다. 그 외 SNS라고 일컬어지는 페이스북, 트위터, 카카오톡, 라인 등의

---

5 온라인 백과사전(2001), 지미웨일스
6 경영정보시스템(2017), 김승욱, 무역경영사

네트워크가 이에 해당한다. 비정형화 데이터의 주목적은 사용자의 공유, 상호 정보 교환에 있다. 특히 오늘날 빅데이터는 비정형화된 데이터에 중점을 두고 있다.

표 2-2 기존 데이터 환경과 빅데이터 환경 비교

구 분	기존 데이터	빅데이터
데이터	• 정형화된 수치자료 　(통계자료)	• 비정형 데이터 　(SNS, 모바일자료)
하드웨어	• 파일 저장장치 • 데이터베이스	• 클라우드 컴퓨팅 　(컴퓨터 자원의 효율적인 제공, 활용)
소프트웨어	• 관계형 데이터베이스(SQL) • 통계SW 툴 • 데이터마이닝	• 개방형 소스 • 버즈분석 및 감성분석 • 텍스트마이닝

이러한 빅데이터는 해당 데이터를 분석하고 처리함으로써 기존의 데이터에서 볼 수 없었던 새로운 의미를 산출하게 한다. 이러한 빅데이터의 효용성은 수많은 데이터에서 사용자에게 유용한 정보를 제공해야만 가능하다. 결국 빅데이터의 과제는 정형적인 데이터 소스 내에서 외부로 새로운 가치를 창출할 수 있는 데이터를 얻을 수 있느냐 하는 것이다. 새로운 가치와 의미를 산출하기 위해서는 축적된 데이터를 가지고 분석할 데이터가 무엇인가에 대한 문제 제기가 필요하다. 이러한 문제를 해결하기 위해 등장한 것이 마이닝(mining)기법이다. 빅데이터에서 마이닝은 데이터마이닝(data mining)[7], 텍스트마이닝(text mining), 웹마이닝(web mining), 소셜마이닝(social mining) 등이 있고 이를 통하여 현실 마이닝(reality mining)에 도달하게 된다. 빅데이터의 현실 마이닝은 미래를 예측할 수 있는 데이터를 추출하여 사후 대책을 결정하기 보다는 오히려 미리 방지할 수 있는 사전방지시스템을 작동시키고자 하는 것이다.

초기에 기업들은 '빅데이터 솔루션'과 같은 단순한 서비스 마케팅으로만 이해하여 데이터의 사이즈, 대용량 데이터 자체로 의미를 부여하여 빅데이터의 본질을 놓치게 되었다[8].

---

7 대용량의 데이터에서 유용한 정보를 추출하는 소프트웨어 시스템
8 IT 기반 미래사회 기반연구(2012), 행정안전부

데이터 크기의 증가, 빨라지는 데이터 처리 속도 등은 컴퓨팅 기술의 발전과 센싱 인프라 축적에 따라 지속적으로 처리되며, 빅데이터의 규모도 계속 증가할 것이다. 그러다보니 기업들은 빅데이터 수집을 위한 기술 개발비에 투자를 많이 하고 있으며 빅데이터를 수집하여 판매하기도 하고, 광고나 마케팅에 활용하기 시작하였다. 구글은 고객 키워드에 따른 검색 결과가 많으면 많을수록 검색하고자 하는 고객에게 제공되는 정보의 퀄리티가 좋아질 수 있다는 결론을 얻었다.

그림 2-2에서 볼 수 있듯이, 빅데이터는 대용량의 데이터를 분석·처리·관리할 수 있는 컴퓨팅 인프라를 갖추어 폭증하는 데이터를 고객이 원하는 스마트한 데이터로 서비스 해주는 구조이다[9]. 이를 관할하는 빅데이터 플랫폼은 빅데이터 컴퓨팅 인프라와 빅데이터 처리 플랫폼의 애플리케이션과 소프트웨어를 포함한다.

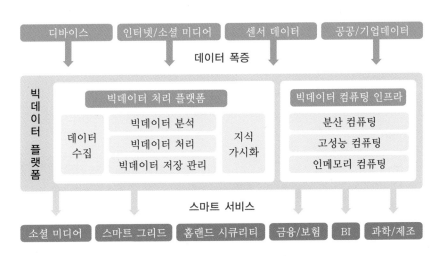

그림 2-2 빅데이터 플랫폼

2-2 빅데이터의 특징

데이터의 양적 팽창과 데이터 범람은 새로운 기회와 편익을 창출해내는 기회가 되었고, ICT 패러다임의 변화를 가속시켰다.

---

9 빅데이터 플랫폼 전략(2013), 황승구 외, 전자신문사

일반적으로 빅데이터의 활성화 요인을 세 가지로 요약할 수 있다.

첫째, 모바일 기기로 대변되는 스마트폰 보급의 활성화이다. 모바일 스마트 기기에 탑재된 하드웨어인 센서 기술, 원격제어 기술, 애플리케이션, 플랫폼 소프트웨어, RFID 리더 장치, 기타 카메라 기술 등을 통하여 비정형화된 데이터를 손쉽게 접근, 수집하게 됨으로써 데이터가 폭발적으로 증가하게 되었다.

둘째, 클라우드 서비스이다. 클라우드 서비스를 통하여 서버를 이용한 사용자의 데이터가 한 곳으로 축적되고, 이렇게 저장된 데이터를 분석하여 업그레이드한 정보로 재활용하는 요구가 증대하였다.

셋째, SNS 등의 소셜 미디어의 일상화이다. 소셜 미디어는 정보 유통 구조를 새롭게 재편하였다. 소셜 미디어의 주요 특징은 양방향 커뮤니케이션을 통한 상호작용으로 정보 교류가 활발해지면서 데이터 증가를 가져왔다. 비즈니스 측면에서도 이러한 상호작용 데이터가 적극적으로 활용되고 있다.

빅데이터의 세 가지 요인 분석에 의하면 잠재적 가치와 위험이 공존할 수 있다는 것이다. 사회 · 경제적으로 성패를 좌우하는 핵심 원천이 되는 이 문제도 빅데이터의 올바른 활용에 따라 해결이 가능해진다.

그림 2-3은 빅데이터 출현에 의한 신가치 창출의 관련도이다.

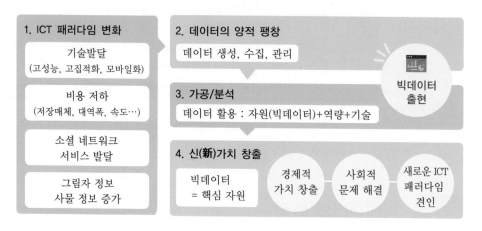

그림 2-3 빅데이터의 출현과 신가치 창출의 의미

빅데이터는 용량성(volume), 다양성(variety), 정확성(veracity), 가치성(value), 신속성(velocity)등 5V로 대표되는 다섯 가지 구성 요소를 갖춘다[10]. 최

---

10 빅데이터 개론(2016), 한국소프트웨어기술인협회 빅데이터전략연구소, 광문각

근에는 신뢰성(validity), 휘발성(volatility) 등 두 가지를 추가하여 7V라 부르기도 한다. 최근에 빅데이터의 정의를 '빅데이터는 그것을 다루기 위해 병렬 컴퓨팅 툴이 필요할 정도의 데이터로서 특정 규모 이상을 칭하는 것을 넘어서 원하는 가치를 얻을 수 있어야 한다.'고 해석하기도 한다. 비즈니스 솔루션 업체인 SAS는 어떤 정보에 가치가 있는 것인가에 분석 관점을 두고 그 가치를 창출하기 위한 비즈니스 예측 및 최적화 주제를 선정하기도 한다.

표 2-3 빅데이터의 5가지 특성과 내용

구 분	주요 내용
용량성(volume)	기하급수적으로 증가하는 디지털 정보량 → 제타바이트(ZB) 시대
다양성(variety)	비정형화된 데이터의 증가 → SNS, GPS(위치정보), IoT(사물인터넷), AI 데이터 등
신속성(velocity)	실시간성 정보 요구 및 증대 → 사물 정보(센서, 모니터링), 스트리밍 정보, 모바일 정보의 실시간 처리
정확성(veracity)	정밀한 정보 처리를 위한 빅데이터 분석 → 무인화와 로봇 시스템의 질 높은 데이터 필요
가치성(value)	창조와 가치 창출 → 기업과 사회의 문제 해결을 위한 유용한 가치를 제공

2-3 빅데이터의 활용

빅데이터의 가치 창출 방식은 경제·공공·사회 부문 등 다양한 분야에 영향을 미치고 있다. 빅데이터를 통해 창출된 가치는 산업과 기업에 있어서는 혁신의 원동력을 제공할 수 있고, 이를 통해 경쟁력을 향상시킬 수 있으며, 나아가 생산성 향상을 통해 기업 전반의 효율성을 높여주는 역할을 한다. 정부 및 지자체에는 빅데이터를 통해 국가의 전반적인 환경을 탐색하고, 이를 통해 새로운 가치를 분석하여 기존의 방식으로는 해결을 하지 못했던 다양한 문제점들을 쉽고 빠르게 대응할 수 있도록 해준다.

1 국내 업종별 정책 현황

향후 1~2년 내에 빅데이터 산업을 주도할 것으로 계산되는 업종은 금융 및 공공 서비스 분야인 것으로 나타났다. 이 업종들은 타 업종 비해 기존에 축적된 데이터가 풍부하여 상품개발 및 마케팅 활용, 리스크 관리, 신용평가 등을 통한 연구 및 경영활동에 필요한 긍정적인 효과를 단기간에 거두기 용이하기 때문이다. 반면 대부분의 유통업, 서비스업, 통신 및 미디어 관련 업체는 빅데이터 시스템의 도입 시기를 2020년이나 그 이후로 계획하고 있어 전체 업종과 비교하여 연도별 도입률이 가장 완만하게 상승할 것으로 예상된다[11].

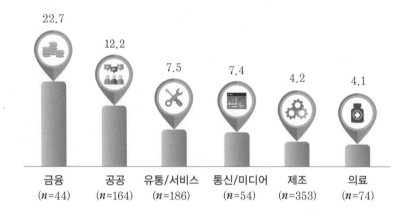

그림 2-4   산업별 빅데이터 도입률

(1) 경제 부문

과거에는 생산 과정에서 발생하는 데이터 양이 적었을 뿐만 아니라 축적된 데이터의 분석 능력도 부족하여 활용도가 떨어지고 사장되는 기술이 많았다. 하지만 현재는 데이터 분석 기술의 발달에 힘입어 손실을 줄이고, 생산성을 높이는 데 데이터 분석 기술이 일조하고 있다. 또한, 이전부터 기업에서 보유하고 있던 ERP(Enterprise Resource Planning)[12], SCM(Supply Chain Management)[13], CRM(Customer Relation Management)[14] 시스템에서 생성되는 비즈니스 데이

---

11 2018국가정보화백서(2019), 한국정보화진흥원
12 경영활동 프로세스들을 통합적으로 관리해 주는 전사적 자원 관리 시스템이다.
13 부품의 공급, 생산, 유통과정을 통합망으로 관리해 주는 공급망 관리 시스템이다.
14 고객 자료를 분석해 고객특성에 맞는 마케팅을 지원해 주는 고객 관계 관리 시스템이다.

터를 빅데이터 기법과 접목하여 원가 절감, 제품 차별화를 이루었다. 기업에서는 빅데이터를 활용함으로써 소비자의 행동 패턴을 분석하고, 이를 통해 시장의 동향을 예측하는 것이 가능하다. 그리고 기업이 기존에 가지고 있던 비즈니스 프로세스의 문제점을 파악하는 데도 용이하므로 기업 업무 혁신에 많은 기여를 하고 있다.

(2) 공공 부문

정부는 공적 데이터에 빅데이터를 활용하기 위하여 노력을 기울이고 있다. 공공 데이터 탐색과 상황에 따른 분석을 통하여 사회적인 중점 현안을 분석하고 미래에 대한 대응 등을 실현하기 위해 정부는 많은 투자를 하고 있다. 공공데이터인 기상 데이터, 인구 데이터, 각종 통계지표 등을 수집하고 이를 토대로 하여 전반적인 재난 및 재해에 대한 정보를 추출할 수 있게 된다. 또한 수집된 데이터를 바탕으로 복잡계 이론, 시스템 다이내믹스 등과 같은 분석을 통해 미래 전략을 수립하기도 한다. 빅데이터는 현재 빠르게 대두 되고 있는 환경 문제에도 유용한 대처 방법을 제시할 수 있다.

(3) 사회 부문

사회 부문에 미치는 빅데이터의 영향은 무척 다양하고 흥미롭다. 빅데이터 분석을 통해 사회적 약자를 도울 수 있고, 새로운 활동 방안을 제시하고 있다. 유동인구가 많은 지역에 심야 버스 노선을 운영하고, 유통 시장 정보 등을 통하여 제조업체, 도소매 공급자와 소비자 간에 상생할 수 있는 기반을 마련할 수 있도록 한다. 이와 같이 빅데이터는 사회 곳곳에 다양한 기회를 창출하고, 사회 전반에 긍정적인 방향을 제시할 수 있다.

(4) 기타 부문

아직까지 빅데이터를 활용하는 개인은 드물지만, 유명 정치인이나 연예인 중에서는 빅데이터를 활용하여 성공을 거둔 사례가 종종 있다. 삶의 필수 요소인 의식주 해결에도 빅데이터는 중요한 역할을 할 것이다.

2 해외 정책 현황

해외 주요 국가들은 데이터 및 관련 산업 육성을 위해 정책수립은 물론 적극적으로 플랫폼을 구축하고 활성화에 노력을 기울이고 있다. 한국데이터산업진흥원

(KDATA)이 발간한 '2019 데이터산업 백서[15]'를 중심으로 세계 주요국의 데이터산업 육성과 전략을 살펴본다.

미국 연방정부는 빅데이터 활용에 관해 행정명령 형태의 가이드라인으로 범정부적 전략을 수립하고 이를 부처별로 재설계하는 법령체계로 운영되고 있다. 대표적인 근거법령으로는 2012년 3월 과학기술정책국에서 발표한 '빅데이터 연구 개발 이니셔티브(Big Data R&D Initiative)'이다. 그리고 이는 2016년 5월에 연방정부 네트워킹 IT R&D 프로그램(Federal Networking and Information Technology R&D) 산하 빅데이터 협의체에서 발표한 '빅데이터 R&D 전략계획'으로 이어진다. 미국의 빅데이터 R&D 전략에서 국가의 빅데이터 교육 및 훈련환경 개선을 강조하고 있으며, 이에 따른 세부 과제로 데이터 과학자의 양성, 데이터 전문가 커뮤니티 확장, 공공의 데이터 활용 역량 개선 등을 제안하고 있다. 미국은 자료 보안과 프라이버시 보호를 강화하면서 기존 행정자료의 활용이 가능한 기술 개발에 주목하고 있다. 아울러 프라이버시 강화 기술과 자료 보안 기술을 개선하여 정부가 수집한 자료를 이용하고 보호하는 방식을 혁신적으로 발전시키기 위해 노력 중이다.

일본은 2012년 '액티브 데이터(Active Data) 전략' 수립 이후로 적극적으로 데이터 활용정책을 추진하고 데이터 관련 법률을 개정하고 있다. 2016년에 '일본재흥전략(日本再興戦略) 2016'에서 4차 산업혁명의 핵심 요소 중 하나로 빅데이터를 선정하였으며, 2017년 '미래투자전략 2017'에서는 새로운 사회의 인프라로서 데이터 기반 플랫폼의 구축과 활용을 촉진하고자 관련 규제 및 제도의 방향을 제시하였다. 2018년 6월 데이터 활용 추진 기본계획을 수립하여 정부와 지방단체의 협업을 통해 데이터 활용에 기반을 두는 풍요로운 사회 실현을 목표로 제시하였다. 또한 2020년까지 산업 간 데이터 공유와 저변 확대를 위한 인센티브제도를 도입하고 공공과 민간의 데이터를 수집하여 통합 데이터 포털을 구축하겠다는 계획을 밝히기도 하였다. 일본 정부는 공공데이터 플랫폼(data.go.jp)을 운영하고 있으며, 2019년 6월 말 기준 경제, 사법, 재무행정, 교통, 인구, 과학기술 등 17개 분야 총 2만 5,000개의 데이터 세트가 등재되어 있다.

중국은 빅데이터 산업을 국가 신산업으로 지정하고 시장 환경 조성을 위해 꾸준히 노력하고 있다. 중국 국무원은 2012년 '12차 5개년 국가 전략적 신흥산업 발전 규획'에서 빅데이터 기술의 연구 개발 및 산업화를 천명한 후 2014년 3월 '2014년

---

15 2019 데이터산업 백서(2019), 한국데이터산업진흥원

정부 업무보고'에서 미래를 선도할 신흥산업 중 하나로 '빅데이터'가 선정되었다. 이후, 중앙정부의 적극적인 지원 정책을 통해 빅데이터 산업 관련 생태계가 조성되었다. 2017년 공업과정보화부는 '빅데이터 산업 발전계획'에서 빅데이터 산업을 집중 육성하기 위해 빅데이터 시스템 표준화를 강화해 데이터 관리와 응용을 극대화한다는 계획을 밝혔다. 중국은 중앙정부뿐 아니라 지방정부 차원에서도 데이터 거래를 활성화하기 위해 많은 노력을 기울이고 있는데, 중앙정부에서 데이터거래 세부 정책을 빅데이터 발전계획에 포함한 후 지방정부에서 관련 정책을 구상하는 방식이다. 지방정부는 데이터거래 시장의 활성화를 위하여 빅데이터 종합연구소, 빅데이터 센터 등을 설립하여 데이터 활용을 촉진하고 있다

영국은 유럽국가 중 데이터산업이 활성화된 국가 중 하나이다. 영국 정부는 적극적으로 데이터 관련 정책을 수립해왔는데, 대표적으로 2013년 '정보 경제 전략, 데이터 역량 강화 전략'으로 시작하여, 2014년 오픈 데이터 전략, 2015년 데이터의 개방과 활용을 위한 오픈 데이터 로드맵, 2017년 디지털 경제법 등이 있다. 2010년부터 공공데이터 포털사이트(data.gov.uk)를 운영 중이며, 2019년 6월 말 'data.gov.uk'에는 5만 1,173개의 데이터 세트가 올라와 있다. 2018년 8월 영국 재무부는 '데이터의 경제적 가치 보고서'를 통해 데이터를 중심으로 한 영국 경제 발전을 위한 우선 해결 과제로 데이터 소유권과 통제권에 대한 명확화, 공공부문 데이터의 개방성, 안전하고 합법적인 데이터 공유 환경 구축 등을 제시하고 있다. 한편, 데이터 전문인력의 양성을 위해 5~16세 학생들을 대상으로 컴퓨팅을 교육과정에 반영하고, 대학 졸업생들이 산업 현장에서 필요한 전문성을 습득할 수 있도록 기업과의 제휴를 통해 빅데이터 교육을 지원하는 정책을 추진하고 있다.

2-4 빅데이터의 미래 동향

전 세계에서 주목받고 있는 AI(Artificial Intelligence)는 딥러닝(deep learning) 기술이 필수 요소이다. 딥러닝 기술은 빅데이터의 발전과 함께한다. 또한 IoT 환경 하에서 빅데이터를 연계한 산업 구조도 확산되고 있다. 이외에도 클라우드 저장에 따른 대용량의 처리까지 빅데이터 활용은 다양하다. 따라서 다음과 같이 미래 사회에서 빅데이터의 역할과 전략을 살펴보고, 4차 산업혁명을 맞이할 준비를 해보자.

1 미래 사회의 빅데이터 역할

빅데이터는 미래 사회의 새로운 기회 창출과 위험 요소를 제거하는 엔진으로 부상하고 있다. 사회가 빠르게 변화할수록 위험 요인도 비례하여 증가한다. 빅데이터 시스템을 통해 원치 않는 환경 변화를 신속하게 감지할 필요성이 요구된다. 빅데이터 분석은 미래의 통찰력, 경쟁력, 창조력, 대응력을 향상시키며 국가의 지속적 발전을 성취할 수 있는 전략 수립의 방편이다. 미래 사회는 스마트, 융합 등의 긍정적 신호와 불확실성, 리스크 등의 부정적 신호가 혼재할 수 있다[16].

빅데이터를 활용하여 여러 가지 가능성에 대한 시뮬레이션을 시도할 수 있으며 이것은 불확실한 상황 변화에 유연하게 대처할 수 있는 방법이다. 빅데이터에 기반을 둔 정보 패턴 분석은 리스크를 사전에 파악하고 실시간으로 위험에 대응할 수 있는 기회를 준다. 또한 빅데이터 분석을 이용하면 사용자 개인에게 지능화된 서비스 제공을 확대할 수 있고, 스마트 사회의 질적인 삶을 향상시킬 수 있다. 기업들도 트렌드 변화에 쉽게 대응하고 그에 따른 제품 경쟁력의 확보가 가능해 진다.

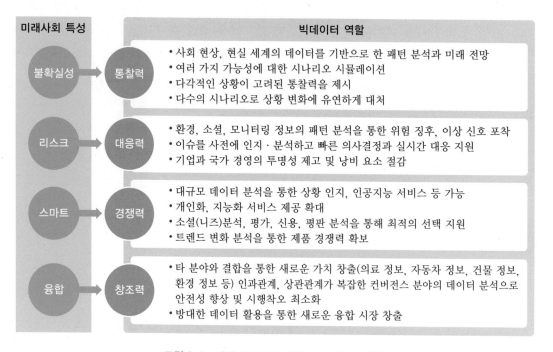

그림 2-5 미래 사회의 특성과 빅데이터의 역할

---

16 빅데이터 개론(2016), 한국소프트웨어기술인협회 빅데이터전략연구소, 광문각

다양한 산업분야에 새로운 가치를 창출하기 위해 산업의 융복합이 필요할 경우에도 빅데이터를 활용하면 새로운 융합 시장을 기대할 수 있다.

빅데이터는 결코 기술 하나만으로 발전되는 것이 아니라 인간의 경험과 상호작용이 어울릴 때만 그 효력을 발휘한다. 즉, 사회 구성원들의 공유 속에서 요구되는 데이터 패턴이 형성되는 것이다. 빅데이터를 과학·기능적 방법뿐만 아니라 인문·사회적 접근 방법도 고려하여 인간과 데이터의 상호작용을 이루도록 사용해야만 최대의 성과를 얻을 수 있는 것이다. 국가의 정치적 슬로건이나 기업의 경제적 수단도 중요하지만 수요자와 사용자, 인간 중심의 빅데이터를 형성하는 것이 더 중요하다[17].

2 성공적인 빅데이터 활용 전략

머신 플랫폼 클라우드의 저자 앤드루 맥아피(Andrew McAfee)와 에릭 브린욜프슨(Erik Brynjolfsson)은 빅데이터를 도입하는 데 있어서 기업의 역량을 형성하는 접근 방법을 아래와 같이 제시하였다.

첫째, 실험적으로 도입할 사업부문이 무엇인지 선택하는 단계이다. 정량적 분석에 의존하는 조직의 리더를 데이터 사이언티스트팀이 지원할 수 있도록 제도화한다.

둘째, 성공적인 빅데이터 활용의 다섯 가지 조건(리더십, 의사결정, 기술도입, 역량관리, 기업문화)을 달성하기 위해 각 핵심요소에 도전하는 단계이다. 다섯 가지 활용 조건 각각은 팀별 5인 이내로 구성하여 5주 이내에 시험적으로 모형화를 이루어야 효과적이다.

셋째, 정보기술 혁신 프로세스를 실행하는 단계이다. 브린욜프슨은 시험, 측정, 공유, 복제를 포함한 프로세스 실행 4단계를 제시하였다.

다른 한편으로 교육, 탐색, 시험, 실행으로 이어지는 빅데이터 수용 4단계 이론도 있다. 교육 단계는 빅데이터의 지식 기반을 형성하고 시장 동향을 주시하며 관련된 지식 수집에 중점을 두는 단계이다. 또한 이 단계에서 빅데이터의 개념 및 정의에 대한 이해를 제시하고 관련 시장에 대한 탐색, 관측 등의 활동도 진행된다. 탐색 단계는 기업 요구와 도전 과제에 기반을 두고 전략과 로드맵을 개발하는 단계이다. 또한 조직 내외부의 데이터를 점검·검색한 후 시각화하여 그 결과에 대한 합

---

17 빅데이터와 언론(2014). 신동희, 커뮤니케이션북스

리적 이해를 도출하고 의사결정에 반영시킬 수 있도록 하고 있다. 시험 단계는 빅
데이터를 시범적으로 수용하고 가치와 요구 사항을 검증하기 위한 단계이다. 이 단
계에서는 빅데이터 파일럿 프로젝트를 진행하고 이에 따른 가치와 유효성을 검증
한다. 실행 단계는 빅데이터를 기업 업무에 적용하는 단계로, 고차원 분석 방법을
이용하여 두 개 이상의 빅데이터 선도사업을 수행한다. 또한 이 단계에서는 빅데이
터를 실제 적용함에 있어서 인텔리전스 및 통찰력을 강화하고, 피드백을 중점적으
로 고려한다.

그림 2-6에 제시한 바와 같이 빅데이터의 성공적인 활용을 위한 3대 요소를 제안
하고 있다. 데이터 전략을 추진하기 위한 3대 요소는 자원, 기술, 인력이다[18].

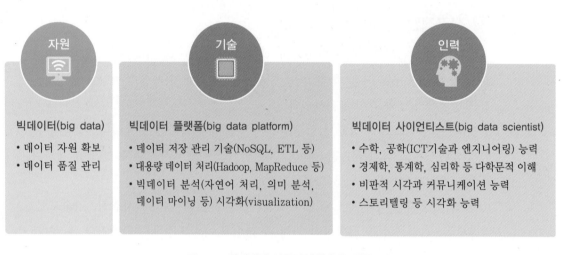

그림 2-6　빅데이터 성공적인 활용을 위한 3대 요소

(1) 자원

빅데이터 자원은 단순한 데이터 확보가 아니라 핵심 요소를 발굴해 내는 데 있
다. 수요자에 맞는 핵심정보를 채굴하기 위해서는 많은 자원을 발견하고 키워나가
는 것이 중요하다. 데이터 활용 결과에 따라 데이터의 품질이 결정되고 수요자가
만족하게 된다. 확보된 자원을 적절한 데이터관리시스템을 통하여 신뢰성 있는 데
이터로 갱신하는 체제도 필요하다.

온라인, 오프라인 등을 이용하여 확보된 데이터 자원은 생성, 수집, 분석, 관리,
활용 단계에 따라 유용한 정보로 선순환된다. 각 단계별로 공유, 협력, 개방, 참여,

---

18 빅데이터 개론(2016), 한국소프트웨어기술인협회 빅데이터전략연구소, 광문각

네트워크 형성 등을 추구함으로써 자원이 재창조된다. 최근에는 SNS, 포털 검색 데이터, 기업 마케팅 서비스, 여론 동향 파악 등으로 자원의 활용이 확장되었다.

(2) 기술

확보된 자원을 유용한 정보로 변화하기 위해서는 빅데이터 기술이 필요하다. 빅데이터 기술은 플랫폼 운영체제, 소프트웨어 도구, 데이터분석 기법까지 하드웨어와 소프트웨어를 포괄하는 개념으로 확장되어 ICT의 패러다임까지 변화시키는 괄목할 만한 성과를 이루었다. 신기술에 대한 변화를 따라잡지 못하면 성장과 기술은 퇴보하고 미래 경쟁력 기회 포착은 꿈도 꿀 수 없다. 조직과 기업은 꾸준히 혁신 전략을 요구하고 있다. 신기술의 개발과 적응력을 위해 빅데이터 플랫폼, 빅데이터 관리 및 분석 기술이 필요하다.

기업의 빅데이터 기술은 끝없이 진화하고 있다. 지능적인 소프트웨어인 BI(Business Intelligence)[19] 기술에서 분석 기능이 강화된 BA(Business Analytics)[20]로 진화 중이다. BI와 BA 기술은 데이터에서 유용한 정보를 추출하여 신속하고 정확한 비즈니스 의사결정을 위해 사용하는 빅데이터 분석 기법이다. 진화된 빅데이터 기술은 데이터의 생성부터 서비스까지 전사적인 범위에서 기업의 미래를 예측한다.

(3) 인력

빅데이터 뿐만 아니라 4차 산업 요소들의 궁극적인 목적은 결국 수요자에 귀착하는데 이는 적용하는 사람의 역량에 의해 좌우된다. 아무리 뛰어난 기술과 분석 도구도 전문능력을 갖춘 인력이 부족하다면 무용지물이다. 데이터 처리와 분석 능력을 갖춘 인력은 ICT 환경뿐만 아니라 조직, 기업, 정부 기관 등 대부분의 업종에서 필수적으로 확보해야 할 핵심 자원이다. 조직 차원에서 인재를 확보하기 위해서는 내외부 역량 강화 및 협력이 중요하다. 이러한 빅데이터의 대표적인 전문 인력으로 데이터 사이언티스트(data scientist)가 있다.

데이터 사이언티스트의 역량과 조건은 다양한 문헌에서 제시되고 있다. 대표적인 데이터 사이언티스트인 아마존 수석 엔지니어 존 라우저는 데이터 사이언티스

19 기업들이 정확한 의사 결정을 할 수 있도록 데이터를 수집하고 보관, 분석한다.
20 데이터 분석 전문 기술과 수학, 통계학, 사회학등 다양한 전문 지식을 바탕으로 수많은 데이터 사이에서 숨겨진 가치를 발견하여 비즈니스에 대한 통찰력을 얻을 수 있다.

트가 갖추어야 할 여섯 가지 자질을 다음과 같이 제시하였다.

여섯 가지 자질은 수학능력, 공학능력, 비판적시각력, 글쓰기능력, 대화능력, 기타 개인의 호기심과 행복능력이다. 수학, 공학능력은 데이터를 분석하는 데 있어 필수인 가설을 세우거나 검증하는 능력이고, 비판적시각력은 단점, 오류에 대한 판단력이다. 아울러 글쓰기, 대화 능력을 통하여 전달력과 인간의 소양을 갖추어야 한다고 제시하였다.

이와 같이 데이터 사이언티스트는 빅데이터를 분석하고 결과를 생성하고 차별화하는 능력이 필요하고 수요자가 이해하기 쉽게 전달하는 역량도 갖추어야 한다. 데이터의 컨텍스트(context, 맥락)를 인덱싱(indexing)하고 문맥화를 통한 시각화된 해석 작업도 요구된다. 정교한 모형 및 멀티미디어 도구를 활용하면 비즈니스 가치, 통찰력, 결정력을 강화하는 데 용이하다.

사례연구 1 빅데이터로 공장 설립 지원

▶ 다양한 빅데이터 분석 서비스를 통해 창업을 지원하고 제조업 활성화에 기여할 수 있다.

▶ 유망업종, 입지변동, 공장, 투자지원 등에 빅데이터 서비스는 물론 기관이나 업체에 산재한 각종 정보를 한 데 모아 사용자 중심의 시스템 구축이 필요하다.

▶ 수요자에게 최적화된 서비스 제공을 위해 생산 및 공정 문제점을 데이터베이스화하고, 사업확장과 업종변경 관련 자료를 분석해 향후 경영 방향을 설정하는 것도 가능하다.

▶ 업종과 지역에 따른 환경 관련 법적 허용기준을 데이터베이스로 구축하고 사업계획서 등록 정보를 비교해 인허가 및 방지시설 필요성 추천 서비스를 제공하여 서비스 품질을 향상한다.

▶ 공장 설립 업무담당자의 환경에 관한 법적 이해와 업종 특성에 대한 이해부족으로 처리결과가 달라지는 문제를 해결하기 위하여 지자체별로 서로 다른 업무처리 방식을 한 데 모아 중복 업무를 제거하고 통합적 관리체계 구축이 요구된다.

참조 • 산단공, '빅데이터'로 차세대 공장 설립 돕는다. 전자신문
https://www.etnews.com/20201029000155

함께 생각해 봅시다

막대한 양의 사용자 데이터를 보유하고 있는 통신 업계에서는 각 사용자들의 스마트폰 이용 형태부터 데이터 사용량까지 다양한 내용의 데이터를 갖고 있다. 하지만 개인정보보호에 막혀 신산업 발전에 사용될 수 있는 데이터는 극히 일부분에 불과하다. 데이터를 분석하는 쪽에서는 인공지능이나 모바일 등 다양한 분야에서 업체가 보유한 데이터를 더 깊게 분석해보고 싶지만 현재로서는 못하는 부분이 더 크다.

"빅데이터 신산업 성장을 위해 규제 완화 vs 개인정보보호를 위해 규제 유지"

사례연구 2 빅데이터로 찾아낸 알짜 축제 15선… 지역 알리고 경제도 살렸다

▶ 매일경제는 세계축제협회(IFEA)한국지부, KT, BC카드, 빅데이터융합사업단(고려대) 등과 협력으로 축제 15곳을 '2018 대한민국 빅데이터 축제 대상'에 선정하였다.

▶ 선정 목적은 지역 축제를 활성화하고 성장잠재력을 북돋우기 위한 것이며, 주관하는 지방자치단체를 독려하기 위함도 있다.

▶ 올해 빅데이터 축제 대상은 휴대전화 빅데이터에 기반한 정량평가와 함께 올바른 축제 방향을 제시하기 위한 정성평가를 더해 선정되었다.

▶ 축제 평가에 빅데이터를 기본으로 각 축제가 가진 콘텐츠, 시장성, 전문성, IFEA 평가 지표 등을 참고하여 종합적인 평가 분석을 하였다

▶ 빅데이터 분야에서 골고루 좋은 성적을 냈으나 '서울시 마포나루새우젓축제' 등 아깝게 탈락한 축제도 적지 않았다.

▶ KT 빅데이터 자료와 정성적 평가를 참고하여 선정했다. 결과는 표 2-4와 같다.

표 2-4 대한민국 빅데이터 축제 대상

종합대상	진주남강유등축제	국제협력상	얼음나라 화천산천어축제
기업상생상	김제지평선축제	뉴프런티어상	서천동백꽃주꾸미축제
굿마케팅상	영동난계국악 등 3개 축제	라이징스타상	서울장미축제
명품브랜드상	함평나비대축제	파퓰러스타상	자라섬국제재즈페스티벌
혁신콘텐츠상	태안세계튤립축제	글로벌스타상	서울김장문화제
문화재활용상	부여서동연꽃축제	핫이슈스타상	이태원지구촌축제
지식관리상	보령머드축제	지역경제 활성화상	평창더위사냥축제
혁신경영상	안동국제탈춤페스티벌		

함께 생각해 봅시다

　빅데이터 분석을 통하여 알아 본 세계 유명 축제는 브라질의 삼바 축제 '리우카니발', 독일 뮌헨의 세계맥주축제 '옥토버페스트', 일본 삿포로의 '눈축제' 등이 있다. 이 축제들은 많은 관광객을 유치하고 지역 활성화 역할도 톡톡히 하였다. 우리나라의 축제는 어떻게 하면 외국인들에게 인기를 얻고 내수 진작 효과를 낼 수 있을까도 고민해 보고, 빅데이터 분석을 통하여 한국 축제를 글로벌하게 만들 수 있는 전략을 두 가지 이상 제시해 보자.

참고

－ 옥토버페스트(맥주축제, 독일): 방문객 수 600만 명 이상, 경제적 효과 약 1조3,500억 원

－ 리우카니발(카니발축제, 브라질): 방문객 수 100만 명 정도, 경제적 효과 약 8,500억 원

－ 삿포로 눈축제(눈축제, 일본): 방문객 수 200만 명 이상, 경제적 효과 약 4,300억 원

－ 우리나라(700건이 넘는 지역 축제): 외국인 비중 4%, 방문객 수 55만 명(2014년 기준)

　예 보령 머드축제: 옥토버페스트에 비하면 외국인 방문객 수는 3분의 1, 경제적 효과는 20분의 1 수준

사례연구 3 · "국토부, 빅데이터 기반 대중교통 문제 개선방안 공모"

▶ 국토교통부는 2018년 7월 30일부터 9월 14일까지 대중교통 문제를 사용자 관점에서 해결 방안을 모색해 보는 '빅데이터 기반 국민 참여형 대중교통 문제 개선방안 공모전'을 실시하였다.

▶ 단순히 추상적인 아이디어만을 수집하는 것이 아니라, 해당 문제를 직접 분석하고 해결책을 제시할 수 있도록 대중교통현황조사 데이터를 함께 제공한다.

▶ 대중교통 현황조사 데이터 상시 공개를 계기로 민간분야에서는 신규 사업 아이디어 발굴 및 창업 등 대중교통 데이터의 활용도 증대될 것으로 보인다.

참조 • 빅데이터 기반 대중교통 문제 개선방안 공모, 전자신문
http://www.etnews.com/20180729000028

함께 생각해 봅시다

정부는 대중교통 노선 최적화, 소외지역 해소 등 대중교통 현안 해결을 위해 빅데이터에 기반한 국민 아이디어를 모아서 활용하고 있다. 현재 재학중인 학교에 이러한 대중교통현황조사 빅데이터 등을 참고한다면 조금이나마 도움이 되리라 본다. 다양한 매체를 참고하여 대중교통 통학의 문제점과 해결책을 제시해 보자.

토의 주제

1. 빅데이터 세계시장 규모에 대한 예측을 해보자.

2. 빅데이터 분석을 통한 2019년 오픈마켓 평판순위를 알아보자.

3. 국내외 빅데이터 활용 분야와 기업을 조사해 보자.

동영상 학습자료

제목	출처(URL)
1. 단순히 큰(BIG) 데이터가 아닌 빅데이터! Data Technology에 대해 알아보겠습니다. (국가과학기술연구회)	https://www.youtube.com/watch?v=DQFj41o_Bhs
2. 클릭! 소프트웨어 3부–빅데이터 (EBS)	https://www.youtube.com/watch?v=qCRWXpsbcL0
3. 메이저리그, 빅데이터로 싸운다 (채널A)	https://www.youtube.com/watch?v=lxvzuOAyjx8

제 3 장

인공지능

3-1 인공지능의 이해

1 인공지능(AI: Artificial Intelligence)의 개념

인공지능은 기계가 인간의 지적인 행동을 흉내 낼 수 있도록 컴퓨터 프로그램으로 실현한 기술을 의미한다. 즉, 컴퓨터가 인간처럼 사고하며 학습하고 자기 개발할 수 있게 하는 일종의 소프트웨어, 컴퓨팅, 시스템, 기술요소를 의미한다. 오늘날 인공지능은 과학기술의 다른 분야와 직간접적으로 관계를 맺고 있다. 특히, 정보기술의 다양한 분야에서 인공지능적인 기술요소를 도입하여 제반 문제를 해결하거나 해소하려는 시도가 활발하게 진행되고 있다.

인공지능이라는 용어는 1956년 다트머스 컨퍼런스에서 존 매카시(John McCarthy)가 처음 사용하였다. 이후 1960년대 말까지 많은 사람들을 놀라게 하는 프로그램이 만들어졌고, 이에 많은 것들이 가능할 것이라는 기대와 희망을 갖게 되었다. 그러나 1970년대 연구자들이 인공지능에 기대했던 연구 성과를 보여주지 못하면서 이러한 낙관론은 사라지기 시작했다. 이 시기에 연구자들은 인공지능 연구에서 근본적인 한계에 부딪쳤다. 우선, 컴퓨터처리 능력의 한계이다. 컴퓨터가 지능을 가지기에는 메모리나 처리속도가 충분치 않았다. 그리고 지식과 추론을 위한 무수히 많은 양의 정보가 필요했으나 영상처리나 자연어처리 같은 인공지능 프로그램에 중요한 데이터를 만들지 못했다. 이외에 얼굴을 인식하는 영상처리나 높은 수준의 로봇제작 기술은 발전이 더디었다.

1980년대 인공지능은 신경망 이론이 복귀하면서 새로운 길에 접어들었다. 이 시기에는 인공지능 추론개념, 퍼지이론(fuzzy theory)[1], 뉴럴 네트워크(neural

---

[1] 퍼지(puzzy)는 원래 '애매모호한'이라는 뜻이다. 퍼지 이론은 불명확한 상태를 수학적으로

network)[2] 등의 이론적 근거가 확립되었다. 인공지능은 1990년대에 들어 고도화가 시작되었다. 1997년에 IBM이 개발한 딥블루(Deep Blue)는 체스 세계 챔피언 가리 카스파로프(Garry Kasparov)와의 경기에서 이기면서 큰 화제가 되었다. 그리고 1999년에 소니(SONY)는 애완용 로봇 강아지인 아이보(AIBO)를 판매하는 데 성공하였다. 인공지능에 기반을 둔 자율주행차가 자체적으로 운행에 성공하고, 또 다양한 분야에서 인간과 인공지능의 대결이 열렸다. 이후 현재까지 인공지능은 꾸준한 연구를 통해 발전하고 있으며 인간처럼 말하고 듣는, 즉 정보 수집 및 처리 기능을 어느 정도 인간과 유사하게 흉내 낼 수 있는 수준에 도달하였다[3].

인공지능은 단순히 하나의 신기술이 아니라 4차 산업혁명을 촉발하고 견인하는 핵심 동력이며, 기반기술이라 할 수 있다. 인공지능은 범용기술로서의 특성을 갖는데, 예를 들면 다른 분야로의 급속한 확산, 지속적 개선 가능, 경제사회에 대한 큰 파급효과 등이 이에 해당된다. 특히, 인공지능은 경제적 측면에서 인간이 하던 일을 대체한다는 점에 주목할 필요가 있다. 더 똑똑해진 인공지능은 인간보다 더 많은 것을 기억하고 처리하며 더 빨리 판단한다. 또한, 인공지능을 활용하여 우주공간이나 오지 등 도달하기 어려운 장소까지 인간의 영역을 확장할 수 있어 인간의 물리적 한계를 극복 가능하다. 이러한 이유로 인공지능 기술에 기반을 둔 파괴적 기술혁신은 사회 및 제도의 변화까지 유발할 것으로 전망된다.

2 인공지능 기술의 발전

인공지능의 발전 흐름은 크게 4단계로 나눌 수 있다. 1단계는 1960~1980년이다. 규칙 기반 자동판정 프로그램을 이용해 사실을 탐색하는 추론 엔진이 등장한 시대였다. 이와 함께 1차 인공지능의 붐이 시작되었고, 함께 과제도 얻었다. 과제의 핵심은 인공지능이 제한된 범위에서만 정보를 처리하므로 실제 문제를 처리하는 데 한계가 있다는 점이다.

다루는 이론으로, 참과 거짓을 확실하게 구분하기 힘든, 즉 이 둘 중 어느 곳도 아닌 다른 영역에서 실마리를 찾는 것이 특징이다. 현재는 가전제품, 엘리베이터, 자동제어, 의료진단 등에 응용하여 실용화하고 있다.

2 사람의 두뇌가 정보 처리하는 과정을 본 따서 만든 통계학적 학습 알고리즘이다. 뉴런과 뉴런이 서로 맞닿아 신호를 주고받는 곳인 시냅스의 결합으로 네트워크를 형성하고, 반복적인 학습을 통해 시냅스의 결합 강도를 변화시키고 문제해결 능력을 가지는 모델을 의미한다.

3 인공지능로봇과 배상책임에 관한 소고(2018), 신동환, 안암법학

2단계는 1980~1999년이다. 전문가를 대체할 익스퍼트 시스템(expert system)의 등장에 맞추어 반도체 비용이 낮아지면서 중앙처리장치(CPU), 메모리 용량이 늘어나 대규모 집적회로를 만들었고, 이를 통해 연산속도가 급격히 빨라졌다. 연산속도의 성능향상은 2차 인공지능의 붐을 가져왔다. 그러나 연산능력으로는 사고범위 문제를 해결하기 어렵다는 한계에 직면하였다.

3단계는 2000~2010년이다. 이 시기에는 통계 기반 머신러닝 연구가 활발하게 이루어진다. 이는 분류와 예측을 프로그램화한 것으로, 주어진 데이터를 자동으로 계산하여 특징을 추출한다. 마지막으로 4단계는 2010년 이후이다. 심층 신경망 기반 이미지 인식의 정확도가 향상되고 3차 인공지능 붐이 조성되었다[4].

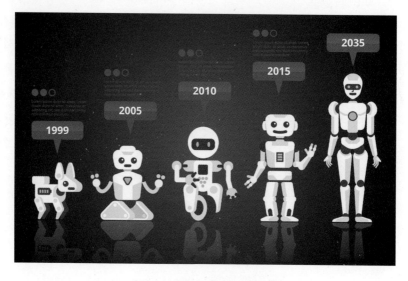

그림 3-1   인공지능 기술의 진화

1950년대 중반 인공지능이 등장한 이래 약 60년이 지난 지금 딥러닝이나 알파고 수준의 인공지능이 등장하고 있다. 20년이 더 흘러 2045년경에 인공지능이 인간의 지능 수준을 넘어서는 특이점(singularity)[5]이 올 것으로 예상한다. 인공지능이 가진 지능이 인류 전체의 지능을 능가하는 것이다.

---

4   처음 배우는 인공지능(2017), 다다 사토시 저, 송교석 역, 한빛미디어
5   인공지능이 발전해 인간의 지능을 뛰어넘는 기점을 말한다. 인공지능이 만들어낸 연구결과를 인간이 이해 못하고 인간이 인공지능을 통제 못하는 상황이다.

인공지능의 발전 속도는 가속화되어 향후 폭발적인 성장을 할 것이다. 앞으로 10년, 20년간의 변화는 과거 60년간의 변화를 압도할 것이다. 가까운 미래에 인공지능 칩이 상용화될 것이며, 고도화된 뇌연구를 바탕으로 현재 딥러닝의 한계[6]를 돌파하는 차세대 인공지능 알고리즘으로 발전할 것이다.

3-2 인공지능의 서비스 개요 및 분류

1 인공지능 서비스 개요

인공지능 서비스는 모바일 등을 통해 텍스트, 이미지 등의 데이터를 획득하고, 이를 처리 및 가공한 후 반복 학습 과정을 거치면서 AI 모델(알고리즘)이 생성되고 최종적으로 서비스로 제공되는 절차를 거친다[7].

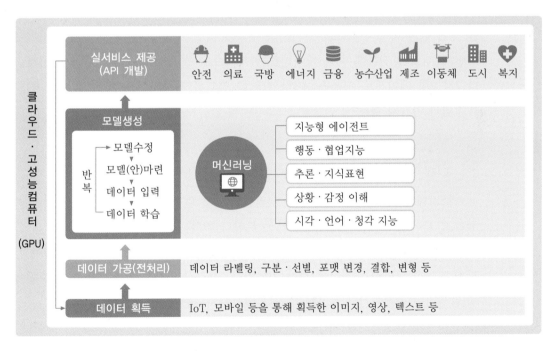

그림 3-2 인공지능 서비스 개요

---

6 딥러닝 자체의 한계점에는 ① 데이터 가공에 단순 노동이 상당히 소요된다, ② 분야별로 데이터가 축적되어야 한다, ③ 정보처리과정이 블랙박스(black box)로 인해 투명성 및 신뢰도가 낮다는 점 등이 있다.

7 I-Korea 4.0실현을 위한 인공지능(AI) R&D 전략(2018), 과학기술정보통신부

인공지능 기술은 인간의 인지능력과 관련 있는 시각·언어·청각지능, 인공비서 역할을 하는 지능형 에이전트, 학습방법인 머신러닝 등으로 구분할 수 있다. 그리고 대량의 데이터 학습이 필요함에 따라 클라우드와 GPU[8]기반 고성능컴퓨팅 기반이 필요하다.

세부적으로 살펴보면 우선, 데이터 획득을 위한 시각·언어·청각지능은 인공지능이 데이터를 통해 인간처럼 보고, 읽고, 듣는 기능이다. 시각지능은 사물을 인식하는 단계에서 상황을 이해하는 단계로 발전하고 있으며 교통, 의료, 군사 등의 분야에 활용되고 있다. 언어·청각지능은 음성과 텍스트 등 자연어를 이해하며, 요약과 통번역이 가능한 합성·생성기술은 인간 수준에 근접[9]하고 있다. 상황·감정 이해는 센서 데이터(온도, 위치, 속도 등)와 사용자 데이터(제스처, 표정, 의사결정 패턴 등)에 기반을 둔 기술이다. 추론·지식표현은 입력과 학습 데이터에 기초하여 더 많은 정보와 새로운 정보에 대한 답을 찾아내는 지능이다.

머신러닝은 데이터에 기반을 둔 인지적 이해 모델을 만들거나 가장 알맞은 해답을 찾기 위한 학습지능으로, 초기의 연구자가 직접 모델링하는 단계에서 머신러닝 기반의 AI로 발전함에 따라 데이터를 반복적으로 스스로 학습하는 단계에 이르렀다. 지능형 에이전트는 학습하거나 판단한 결과를 실행하는 단계로 로봇(기계)의 움직임과 인간의 행동 및 판단을 보조하는 데 활용되는 지능이다.

2 인공지능 분류

버클리대 존 설 교수는 인공지능이 인간의 일을 얼마나 수행할 수 있는지에 따라 강한 인공지능과 약한 인공지능으로 구분한다. 약한 인공지능은 컴퓨터 기반의 인공적인 지능을 만들어 내는 것이다. 미리 정의된 규칙이나 알고리즘을 이용하여 인간의 지능을 모방하는 것으로 자율성이 없다. 따라서 인간처럼 스스로 어떤 상황에서 발생하는 문제를 실제로 사고하거나 해결할 수 없다.

---

8 GPU(Graphics Processing Unit)는 영상정보를 처리하기 위한 고성능 처리장치이다. 초기에는 멀티미디어 작업에서 CPU를 보조하는 역할을 수행했지만, 4차 산업혁명 시대에 들어서 주요 기술로 부상하고 있다. 특히, GPU가 인공지능(AI) 연구에서 뛰어난 성능을 발휘한다는 점에서 더욱 주목을 받고 있다.

9 세계이미지인식 경진대회(ImageNet)는 이미지에서 사물 인식의 정확도를 경쟁하는 대회이다. 2015년 마이크로소프트사가 96.43%를 달성하며 사람 인식률이 94.90%를 넘어섰으며, 2017년에는 97.85%를 달성하였다.

약한 인공지능은 특정한 조건에서 컴퓨팅 도구를 사용하여 사전에 정해진 규칙에 따라 주어진 과제를 수행할 뿐이다.

약한 인공지능에는 세계 체스 챔피언을 이긴 IBM의 딥 블루, 스팸메일 필터링, 이미지 분류, 기계번역 기술 등이 있다. 예컨대 구글 포토 서비스는 '동물'이라고 입력하면 동물 사진만 인식하여 불러온다. 이는 구글 포토가 '동물', '음식' 등 수백만 개의 보기를 가지고 있고, 기계가 그 중 하나를 고르기 때문이다. 알파고도 약한 인공지능의 예이다. 알파고가 당대 최고의 바둑 기사들을 이겨 많은 사람들이 충격을 받았지만 실상은 명확히 주어진 과제를 수행한 것이다. 알파고는 이길 수 있는 확률이 높은지 낮은지 여부만 연산하여 착수를 결정할 뿐이다[10]. 이외에 자율주행차, 로봇청소기, 인공지능 스피커 등은 모두 약한 인공지능의 예이다.

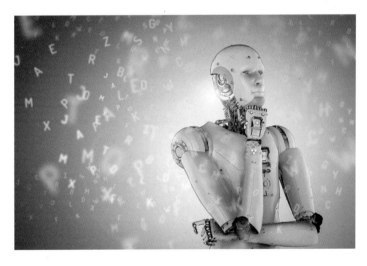

그림 3-3 인공지능 로봇

반면에 강한 인공지능은 스스로 학습능력을 가지고 스스로 판단을 내리는 것으로 인간 수준의 지성을 구현한 것이다. 강한 인공지능은 인간만이 가지고 있는 학습·추리·논증 기능 등을 갖추고 어떠한 상황에서 주어지는 문제를 실제로 생각하고 해결할 수 있는 컴퓨터에 기반을 두는 인공적인 지능이다. 따라서 강한 인공지능은 인간이 할 수 있는 일은 거의 다 할 수 있다. 다시 말해, 강한 인공지능의 특징은 자율성을 갖는다는 것이다.

10 네이버 지식백과, https://terms.naver.com/entry.nhn?docId=3580383&cid=59088&categoryId=59096

표 3-1 약한 인공지능과 강한 인공지능

약한 인공지능		강한 인공지능	
논리적으로 생각하는 시스템	• 계산 모델을 통해 정신적 능력을 갖춘 시스템 • 사고의 법칙 접근 방식	인간처럼 생각하는 시스템	• 인간과 유사한 사고 및 의사 결정을 내리는 시스템 • 인지 모델링 접근 방식
논리적으로 행동하는 시스템	• 계산 모델을 통해 지능적 행동을 하는 에이전트 시스템 • 논리적인 에이전트 접근 방식	인간처럼 행동하는 시스템	• 인간의 지능을 필요로 하는 어떤 행동을 기계가 따라하는 시스템 • 튜링 테스트[11] 접근방식

강한 인공지능은 시스템 자체적으로 의식구조를 갖고 있는지에 따라 세분화할 수 있다.

먼저 인공 일반지능이 있다. 약한 인공지능이 특정한 상황에서만 적용할 수 있는 반면에 인공 일반지능은 모든 상황에서 적용할 수 있다. 예를 들어, 한 번도 배우지 않은 음식 조리를 남들이 하는 것을 보고 배워서 한다든가 청소 업무를 학습하여 수행하는 것이 가능하다. 인공 일반지능은 약한 인공지능이 진화한 형태로 산업계나 학계에서 활발하게 논의되는 연구의 범위에 해당한다.

다른 하나는 인공의식이다. 인공 일반지능이 진화한 형태로서, 기술로 만들어진 인공물에 의식을 갖도록 하는 것이다. 즉, 인간과 유사하게 작동하는 의식 구조를 가지는 지성이 있다. 감정이나 자아를 갖고 있으며 스스로 환경에 적응하고 판단한다. 따라서 외부의 명령이나 조작 없이도 자체적으로 필요하다고 판단하여 일을 처리할 수 있다. 하지만 현실적으로 인공의식의 출현은 상당기간 큰 어려움을 겪을 것이다.

뇌과학의 발전으로 의식의 형성 메커니즘을 상당부분 밝혀냈지만 여전히 인간의 뇌 구조는 완벽하게 규명하지 못하는 상황이다.

---

11 튜링 테스트(Turing test)는 앨런 튜링이 제안한 인공지능 판별법으로, 기계(컴퓨터)가 인간처럼 사고나 의식을 가졌는지 인간과의 대화를 통해 확인하는 시험법이다.

3-3 머신러닝과 학습

머신러닝(machine learning, 기계학습)은 IBM의 인공지능 연구원이었던 아서 사무엘(Arthur Samuel)이 처음 사용하였다. 머신이란 프로그래밍이 가능한 컴퓨터를 말하며 학습이란 몰랐던 지식을 습득한다는 뜻이다. 머신러닝은 인공지능 프로그램 자신이 학습하는 구조를 말한다. 다시 말해 사람이 학습하듯이 컴퓨터에게 데이터(자료)를 줘서 학습하게 함으로써 새로 들어올 데이터의 결과를 예측하는 일을 스스로 해낼 수 있도록 학습시키는 알고리즘을 말한다.

학습의 근간은 분류과정이다. 올바르게 분류할 수 있다는 것은 사물을 이해하고, 판단하며 적절한 행동을 할 수도 있다는 것이다. 따라서 인간의 '인식'이나 '판단'에 대한 기준은 원초적으로 '예'와 '아니오'의 문제라고 볼 수 있다. 결국 학습이란 '예'와 '아니오' 문제의 정확도, 정밀도를 향상시키는 일이다. 기계학습은 컴퓨터가 데이터를 처리하면 이 '분류방법'을 스스로 습득한다. 이렇게 습득한 방법을 사용하여 새로이 입력한 데이터를 스스로 분류할 수 있다. 특정 사물을 구분하는 방법을 훈련용 데이터부터 습득하면 다음부터는 특정 사물의 이미지를 본 순간에 분별할 수 있다[12].

머신러닝은 학습에 사용한 자료의 양이 많을수록 더 정확한 결과를 내놓는다. 반대로 학습을 위한 데이터가 편파적이거나 양이 충분치 않으면 올바른 확률적 지식을 얻을 수 없다. 예를 들면, 컵을 분별하는 방법을 데이터 세트로부터 익히면 새로운 컵의 이미지를 본 순간에 분별할 수 있다는 것이다. 일상에서 자주 사용하는 번역 서비스나 음성인식 기능이 머신러닝을 활용한 예이다.

머신러닝의 종류는 학습 데이터(data)에 레이블(label)이 있는지 없는지에 따라 크게 지도 학습(supervised learning)과 비지도 학습(unsupervised learning)으로 구분할 수 있다. 여기에서 레이블이란 학습 데이터의 속성을 분석하고자 하는 관점에 따라 '고양이', '개', '모자' 등으로 미리 정의해 놓은 것을 말한다.

---

12 인공지능과 딥러닝(2015), 마쓰오 유타카 저, 박기원 역, 동아엠앤비

그림 3-4 지도 학습 트레이닝 세트

　　지도 학습은 사람이 정의한 레이블된 사진을 읽어 학습하는 것으로 컴퓨터가 사람으로부터 지도를 받는 것이다. 따라서 특정 '입력'과 '올바른 출력'을 함께 구성한 훈련 데이터를 사전에 준비하고, 어떤 입력이 발생했을 때 해당 분류 결과가 나오도록 학습시킨다. 일반적으로 인간이 교사 역할을 수행하며 훈련 데이터에 대한 분류 결과를 컴퓨터에 알려준다. 예를 들어, 뉴스 분류는 '정치 분야', '문화 분야', '스포츠 분야' 등, 이미지 분류는 '고양이', '개', '머그 컵', '모자' 등이 범주가 될 수 있다.

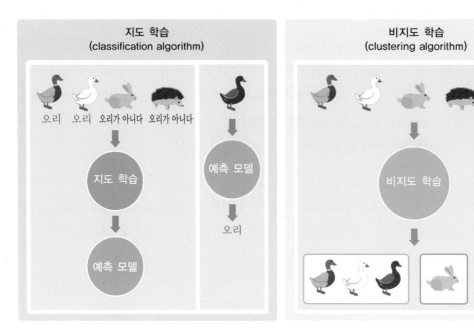

그림 3-5 지도 학습과 비지도 학습

한편, 비지도 학습은 입력데이터에 레이블이 없으므로 사람으로부터 지도를 받지 않는다. 입력용 데이터만 주고 그 속에 있는 일정한 패턴이나 규칙을 추출하는 것이 목적이다. 비지도 학습의 대표적인 학습 방법은 데이터를 어떤 항목을 가지는 군집으로 나누는 것이다. 군집 모델은 많은 분야에서 매우 다양하게 활용되고 있다. 마케팅 분야에서 고객을 세분화할 때 구매 빈도가 낮고 평균 구매 단가가 높은 그룹과 구매 빈도가 높고 평균 구매 단가가 낮은 그룹을 밝혀내는 것은 군집 분석의 한 예라 할 수 있다. 또한, 의학 분야에서 질병 군과 환자 군을 구별할 때도 군집 모델을 사용한다.

머신러닝은 세 가지 접근법으로 연구가 진행되어 왔으며, 첫 번째가 신경 모형 패러다임이다. 이 모형은 퍼셉트론(perceptron)[13]에서 출발하여 지금은 딥러닝으로 발전하였다. 두번째는 심볼 개념의 학습 패러다임이다. 숫자나 통계이론 대신 논리학이나 그래프 구조를 사용하며, 1970년대부터 1980년대까지 인공지능의 핵심적인 접근법으로 인식되었다. 세 번째는 현대지식의 집약적 패러다임이다. 1970년대 중반부터 시작되었으며, 백지상태에서 학습을 시작하는 신경 모형을 지양하고 학습된 지식은 재활용해야 한다는 이론이 대두되었다[14].

머신러닝을 위한 주요 구성 요소는 알고리즘, 데이터, 하드웨어 인프라로 정의할 수 있다. 머신러닝과 관련된 알고리즘은 오래 전에 나왔고, 많은 기술들은 오픈소스로 공개되었다. 머신러닝의 핵심은 학습을 위한 데이터의 양이다. 따라서 양이 많을수록 품질은 나아진다. 데이터가 많으면 이를 처리할 인프라가 필요한데, 과거에는 관련 기술은 알지만 적절한 기반 시설이 없어 실험을 시도하기가 어려웠다. 현재는 기술과 하드웨어 수준이 많이 향상되었으며, 연구의 관심은 누가 더 빨리할 수 있느냐에 모아지고 있다.

머신러닝은 대규모 데이터와 기반이 뒷받침 되어야 하기 때문에 머신러닝의 활용은 규모의 경제가 되고 있다. 현재 머신러닝 기술은 특정 문제에 특화되어 있어 일부 영역에서는 인간의 한계를 뛰어 넘어서고 있다.

---

13 1958년 코넬대학의 심리학자인 프랭크 로젠블랫(Frank Rosenblatt)이 고안한 이론으로, 뇌의 인지기능을 모방한 패턴인식 정보처리 모형이다. 다수의 입력 신호를 받을 때 각각 고유 가중치가 곱해진다. 그 결과를 고유한 방식으로 처리한 후 값이 일정 범위를 초과하면 다른 뉴런으로 전달한다.

14 알고리즘으로 배우는 인공지능, 머신러닝 딥러닝 입문(2016), 김의중, 위키북스

3-4 딥러닝(deep learning)과 학습

딥러닝과 머신러닝이라는 용어는 함께 사용되고 있지만, 머신러닝이 상위의 개념이다. 딥러닝은 머신러닝의 패러다임 중에서 신경 모형 패러다임에 속하며, 머신러닝의 방법론 중 가장 많이 쓰이는 것이기도 하다. 또한 딥러닝은 뉴런 네트워크(neural network, 신경망) 기술 중 하나인데, 뉴런 네트워크란 뇌신경을 모방한 단위 뉴런을 연결하여 만든 네트워크 형태의 그래프이다.

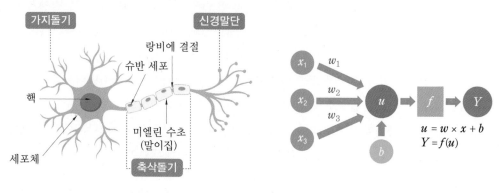

그림 3-6 뉴런의 구조   그림 3-7 인공신경의 구조

딥(deep)은 신경망의 층(layer)이 많고 각 층마다 고려되는 변수가 많다는 의미이다. 층의 정도에 따라 구별할 수 있는데, 2~3개 층으로 되어 있는 신경망을 섈로러닝(shallow learning), 그 이상인 것은 딥러닝 특히 10개 층 이상인 경우는 아주 깊은 학습(very deep learning)을 말한다. 때문에 딥러닝을 심층신경망(deep neural network)이라고도 한다.

신경망 계층 수와 노드 수가 적으면 적용범위가 제한적이다. 마치 고등동물의 뉴런이 하등동물의 뉴런보다 많은 것과 같은 논리다. 따라서 복잡한 문제를 풀기 위해서는 계층 수와 노드 수를 늘려야 하지만 복잡해지고 계산량도 많아져서 계산하는 데 많은 시간이 소요되거나 현재의 컴퓨터로 불가능할 수도 있다. 그럼에도 신경망의 깊이를 늘릴 수밖에 없다. 그 이유를 다음 세 가지로 정리할 수 있다.

첫째, 머신러닝이나 섈로 러닝으로 풀지 못하는 어려운 문제를 해결할 수 있다.

둘째, 딥러닝이 모방하는 뇌의 구조가 딥 아키텍처(deep architecture)다. 시각

피질관련 연구에 따르면 처음 입력된 빛의 신호가 엄청나게 많은 뉴런을 거쳐 형상화된다고 한다.

셋째, 사람이 인지하는 처리 절차가 여러 계층으로 체계화되어 있다. 즉, 간단한 개념을 다양하게 조합하여 더 복잡하고 고차원적인 개념을 추상화한다[15].

과거에는 데이터를 사전지식을 동원하여 분류하였다. 예를 들면, 고양이 사진을 찾아내기 위해서는 '귀가 뾰족하고 네 발이 보이는'이라는 사전 지식을 입력하였다. 만약 사진이 흐릿하거나 훼손되어 고양이의 귀나 다리를 잘 볼 수 없다면 분류는 어떻게 될까? 사전지식의 내용과 다르기 때문에 기계는 고양이 사진이 아니라고 분류하였다. 하지만 딥러닝은 특정 답을 정의하는 사전지식을 사용하지 않는다. 고양이 사진을 알려주는 이른바 '정답' 데이터를 입력하여 기계가 스스로 특성을 분류하도록 한다. 이때 '정답' 데이터는 많이 확보할수록 좋다.

딥러닝은 학습을 위한 데이터가 충분히 많으면 뉴런 네트워크 스스로 데이터의 특징을 찾아 준다. 연구자가 특징을 설계하는 것이 아니라 컴퓨터가 데이터를 바탕으로 스스로 높은 수준의 특징을 찾고, 이에 근거하여 이미지를 분류할 수 있게 된다. 다시 말해 깊게 쌓인 신경망의 층을 하나 거칠 때마다 빈번하게 나타나는 요소들의 특징을 표상하고 점점 더 추상화한다. 결국 개나 고양이라는 범주에 속하는 동물의 모습처럼 상당히 추상화된 특징을 표상하고, 이를 통해 개와 고양이를 구분할 수 있다.

3-5 인공지능의 활용과 미래 동향

인공지능 개념이 소개된 이후 약 60년 동안 각 시대마다 수많은 실패와 좌절 통해 가설이 구현되고 증명되고 또 개선되는 진화를 거쳤다. 지금도 인공지능은 다양한 분야에서 수많은 연구와 도전에 직면하며 계속 진화하고 있다. 인공지능이 보여주는 다양한 파괴적인 사례는 더 이상 놀랍거나 상상 못할 상황이 아니다. 과거 충격적 경험은 이미 우리 주위에 하나 둘 일부가 되어가고 있다. 인공지능의 미래가 어떻게 흘러갈지는 누구도 예측하기 어렵다.

---

15 알고리즘으로 배우는 인공지능, 머신러닝, 딥러닝 입문(2016), 김의중, 위키북스

　　인공지능의 성능이 지속적으로 향상됨에 따라 인간에게 더 많은 편의성을 제공하고 더 많은 노동력과 생산성이 향상될 것으로 기대할 수 있다. 이처럼 기술의 혁신과 진화는 인간 삶의 질을 향상시키고 더 나은 미래를 위해 필요한 요소로 인식되고 있지만 다른 한편으로 인류의 불안 요소가 될 수 있다는 우려의 시선이 있다. 인공지능의 목표는 인간의 의식을 갖는 것이다. 세계적인 전기자동차 회사 테슬라의 창립자 엘론 머스크(Elon Reeve Musk)는 인공지능을 악마에 비유하며 핵무기 보다 더 위험한 존재라고 하였으며, 물리학자 스티븐 호킹(Stephen William Hawking)은 인공지능 로봇의 탄생은 인류 최악의 사건이 될 것이라고 예상하였다.

　　반면, 구글의 엔지니어링 이사인 레이 커즈와일(Ray Kurzweil)은 인공지능의 위험성에 대해 두려워할 필요가 없다고 한다. 기술이 양날의 검이지만 인류는 기술에 잘 대처해 왔으므로 인공지능에 대해 크게 우려하지 않아도 된다고 하였다. 그는 '인공지능의 위험성을 해소하는 방안은 인류가 도덕적이고 윤리적인 사회를 만드는 것이며, 사회적 이상을 계속 진보시키는 것이 인공지능을 안전하게 관리하는 방법'이라고 강조하였다.

그림 3-8　슈퍼컴퓨터 센터 내부 전경

인공지능이 가져오는 현실적인 위협거리는 대체되는 일자리 문제이다. 우리가 일상에서 접하는 은행업무, 회계업무, 운송업무, 창고관리업무, 경비업무 등 대부분이 진화하는 기술로 대체할 수 있다. 시간이 지날수록 기술은 더 정교해지고 더 빠르고 정확하게 업무를 수행함에 따라 적용 산업이나 분야도 급속도로 증가할 것이다. 미래학자 토마스 프레이(Thomas Frey)는 앞으로 10여 년 후인 2030년까지 전 세계 일자리 40억 개 중 절반에 해당하는 20억 개가 사라질 것이라고 예측하였다.

인공지능은 전문직 일자리도 넘보고 있다. 고숙련 전문직도 인공지능의 거센 공세로부터 자유롭지 않은 상황이다. 인공지능은 실시간으로 기사를 작성하고 24시간 뉴스 진행이 가능하며 당대 최고의 바둑 챔피언과 대결에서 승리를 거머쥐었다. 또한, 인공지능은 의료분야에서 뛰어난 재능을 보이고 있다. 환자의 의료정보만으로 진단과 처방전까지 제시하고 있는 상태다. 미국 잡지 포춘지에 따르면 IBM의 슈퍼컴퓨터 왓슨(Watson)은 폐암 진단 능력이 의사보다 정확하다고 한다. 왓슨이 90% 적중률을 보인 반면에 의사는 50%의 적중률을 보였다. 이와 같은 결과는 데이터 분석에서 그 원인을 찾을 수 있다. 현실적으로 의사는 진단에 도움을 주는 관련 의료 데이터를 습득하는 데 제한적이기 때문이다. 이러한 상황이라면 왓슨이 100%에 가까운 적중률에 도달하는 것은 기술의 문제가 아니라 시기의 문제이다.

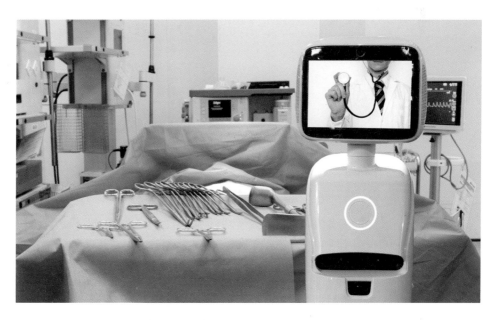

그림 3-9 인공지능 수술실

사례연구 1　인공지능은 인류에게 어떤 존재일까

▶ 세계 유명 인사들이 2011년 '인공지능 100년 연구(AI100)'라는 연구단을 출범하였다. 그리고 2016년 9월, 2030년 북미 도시 시민의 생활 변화를 염두에 두고 보고서 〈2030년의 인공지능과 생활〉을 발표하였다.

▶ 일반화된 자율주행 운송수단은 사람보다 우수한 운전 능력을 갖추게 될 것이며, 굳이 차를 소유하지 않을 것이다. 그리고 로봇의 서비스 수준과 인간과의 소통 능력이 높아질 것이다.

▶ 인공지능 교사는 학생과 1대1 개인지도가 가능하고 인류가 당면한 다양한 사회문제를 해결하는데 인공지능을 활용할 것이다.

▶ 가까운 미래에는 인공지능이 일(tasks)을 대체할 가능성이 높으며, 지금은 존재하지 않는 새로운 일자리를 만들어 낼 것이다.

▶ 소셜 네트워크, 콘텐츠 제작도구, 인공지능의 결합은 새로운 엔터테인먼트를 만들 것이다. 고품질의 콘텐츠를 만드는 것이 용이해지지만 대면접촉의 감소가 사회에 어떠한 영향을 미치는지 고민이 되고 있다.

참조 • 인공지능의 두 얼굴, 구원일까 위협일까, 한겨레
　　　http://www.hani.co.kr/arti/economy/it/761039.html

함께 생각해 봅시다

　여러 학자들은 인공지능이 가져올 변화에 대해 대립되는 입장을 표명하고 있다. 인공지능의 비약적인 발전이 인류에게 미칠 영향을 긍정적인 면과 부정적인 면으로 나누어 생각해 보자. 그리고 부정적인 면을 최소화하거나 제거할 수 있는 방안에 대해 토의해 보자.

사례연구 2 　 **EU, '로봇 인격' 부여를 놓고 논쟁 치열**

▶ 자율주행차나 인공지능(AI) 로봇이 사람을 다치게 한다면 소유주가 책임을 져야할까, 제조회사가 책임을 져야할까?

▶ 유럽의회는 2018년 2월 인공지능 로봇이 판단을 내릴 자체 능력을 갖추고, 인간이 관련 알고리즘을 파악하기 불가능한 수준으로 진화한다면 로봇에게 책임을 물을 수 있다는 결의안을 통과시켰다.

▶ AI 로봇 법학 윤리 전문가들은 유럽연합 집행위원회에 공개서한을 보냈으며, 이를 통해 공개적으로 로봇에게 법적인 지위를 부여하는 것은 부적절하다는 의견을 나타냈다.

▶ 유럽의회와 로봇 제조업체는 로봇에 인격을 부여하고 책임을 요구할 수 있다고 한다. 마치 기업에 법적인 인격을 부여하고 권리와 책임을 맡게 하는 것과 다르지 않다고 한다.

▶ 개인서비스 로봇 시장은 2018년 54억 달러 규모에서 2023년 149억 달러 시장으로 커질 전망이며, 이에 따라 로봇에 부여하는 법적 인격에 대한 논쟁은 더욱 격렬해 질 것이다.

참조 • 'AI 로봇' 사고는 누구 책임?⋯ EU '로봇 인격' 부여 놓고 논쟁 격화, 한국경제신문
　　　http://news.chosun.com/site/data/html_dir/2018/12/13/2018121303412.html

함께 생각해 봅시다

　로봇 시장이 급격히 커지면서 인공지능 로봇의 법적지위를 전자 인간으로 인정하려는 움직임이 있다. 로봇이 법적 지위를 부여받게 되면 로봇이 만든 과실에 대해 로봇 스스로에게 책임을 물을 수 있다. 다른 한편으로 로봇에 법적 지위를 부여하는 것은 로봇 제조업체들이 책임에서 벗어나려는 꼼수라는 의견이 있다.

"로봇 인격 부여에 대해 찬성한다 vs 반대한다"

사례연구 3 | 핵보다 무서운 AI 무기

▶ 드론(drone)이 때로 몰려가 표적을 공격하고, AI 보병이 기관총을 쏘며 전장을 종횡무진 누비는 등 실전에 배치되고 있는 AI 기반의 무기가 있다.

▶ 사이버 전쟁은 물론 화력전에서도 AI는 상대의 정보통신 기반시설과 무기 가동 소프트웨어를 교란할 수 있다.

▶ AI 및 군사 전문가들은 AI를 장착한 킬러 로봇은 화약, 핵무기에 이은 전쟁의 제3혁명이라는 데 의견을 같이한다.

▶ AI 무기는 결정이 '마이크로초(1000만분의 1초) 단위'로 이루어지는 만큼 인간이나 재래식 무기 체계를 압도한다.

▶ '발사 명령' 권한이 인간에서 AI로 넘겨지는 데 따른 윤리적 문제도 제기된다. 인간의 손과 통제를 벗어나 로봇이나 AI 간의 대결이 될 수도 있다.

참조 • 버튼만 눌러놓으면 알아서 척척… 核보다 무서운 AI 무기, 조선일보
http://news.chosun.com/site/data/html_dir/2018/12/13/2018121303412.html

함께 생각해 봅시다

전쟁 과정에서 AI가 '공격 명령', '발사 명령'을 결정하는 것에 대한 윤리적 문제가 제기된다. 인간의 통제를 벗어나 '로봇 대 로봇'의 대결이 될 것이며, 로봇이 전범으로 몰릴 수 있다. 인공지능에게 무기의 통제권을 부여한 AI 무기에 대해 찬성하는가 혹은 반대하는가?

"찬성 vs 반대"

토의 주제

1. 인공지능 기술은 갑자기 생겨난 기술이 아니다. 왜 최근에서야 인공지능 기술이 비약적으로 발전하게 되었는지 토의해 보자.

2. 인공지능 기술은 유래 없는 빠른 속도로 진화하고 있다. 인공지능 기술발전의 다양한 가능성을 고려하여 예상되는 윤리적 문제는 무엇인지 토의해 보자.

3. 지금까지 인공지능이 많이 쓰인 서비스는 무엇이 있으며, 앞으로 예상되는 서비스는 어떤 것이 있을지 생각해 보자.

동영상 학습자료

제목	출처(URL)
1. 생활 속을 파고드는 로봇 · 인공지능 (YTN)	https://www.youtube.com/watch?v=B−jCkcbcPag
2. 클릭! 소프트웨어 1부−인공지능 (EBS)	https://www.youtube.com/watch?v=D1Tfbg4fHNs
3. [경제 한 눈에 쏙] '미래 기술 향연' CES 개막 (MBC)	https://www.youtube.com/watch?v=_nugPdlmutQ

제 4 장

사물인터넷

4-1 사물인터넷의 이해

사물인터넷(IoT: Internet of Things)이란 사람의 개입 없이도 통신 기능이 장착된 사물들이 서로 정보를 교환하는 것으로, 진화한 모든 것이 연결되어 새로운 가치가 실현되는 새로운 시대를 열었다. 사물인터넷이라는 용어는 MIT의 RFID(전자태그) 전문가인 케빈 애쉬톤(Kevin Ashton)이 1999년 처음으로 제안한 개념이다.

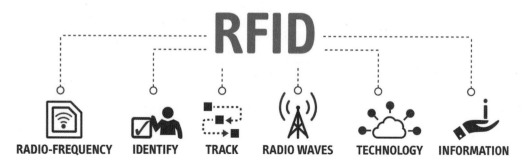

그림 4-1　RFID(전자태그) 구성

캐빈 애쉬톤은 일상의 모든 사물(thing)에 RFID와 센서를 탑재하여 사물인터넷이 구축되면 이를 통해 정보를 수집하고 인터넷으로 교환할 수 있을 것이라고 하였다. 또한 사물인터넷은 '단순히 인터넷이 연결된 최신 기기'가 아님을 강조하였다. 사물인터넷의 구성 요인으로는 네트워크상의 기기뿐만 아니라 인간을 포함한 자동차, 각종 전자장비, 자연환경 등 모든 물리적 사물이 포함될 수 있다.

사물인터넷은 인터넷보다 진화된 개념으로, 통신장비와 사람 간의 통신을 주목적으로 하던 사물통신과 비슷한데, 조금 더 확장하여 사물끼리도 통신하는 것을 의미한다. 통신을 주고받는다는 점에서는 유비쿼터스 개념과 유사하지만 유비쿼터스는 통신장비와 사람 간의 통신을 주로 한다면 사물인터넷은 사물과 사물, 더 나아가 사물과 가상세계 간의 상호작용까지 확장되는 개념이다. 사물인터넷과 가장 유사한 개념으로는 M2M(Machine to Machine)이 있다. '사물지능통신'이라고도 불리는 M2M은 기계와 기계 간에 이루어지는 통신으로, 센서와 통신 기능이 장착된 사물들이 스스로 정보를 수집하고 상호 전달하는 네트워크 또는 기술이다[1]. 이는 사물인터넷 개념과 유사해 보이지만, M2M은 이동통신의 주체인 사물이 중심인 반면, 사물인터넷은 사물들이 수집한 정보와 상호 소통에 지능이 더해져 인간을 둘러싼 환경에 초점을 맞춘 서비스 지향적인 접근으로 M2M보다 확대된 개념이다. 따라서 일반적으로는 M2M은 사물인터넷(IoT)의 하위개념으로 통용되고 있다.

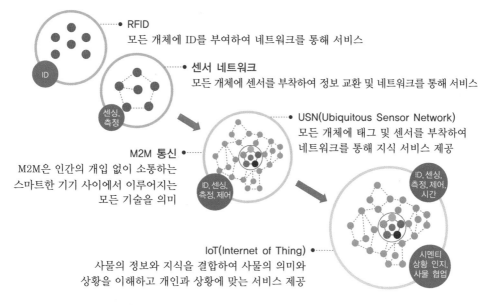

그림 4-2　사물인터넷과 유사 개념의 기술들

　현재 사물인터넷의 개념은 발표기관마다 조금씩 다르게 다양한 의미로 정의되고 있는데, 일반적으로는 다음의 세 가지 공통 요소를 가진다.

　첫째, 사물인터넷에서 각 사물은 우선 주체적으로 행동할 수 있는 지능을 내포해야 한다. 여기서 얘기하는 행동할 수 있는 지능이란 사물이 스스로 수행 가능한 행위를 의미하는데, 사물인터넷에서는 스스로 정보를 수집하고 이를 전송하는 등의

1　"4차 산업혁명, 사물인터넷이란?"(2018), 이상수, 시민의 소리

행위를 말한다.

둘째, 각 사물은 인간이나 다른 사물과 네트워크로 연결되어 상호 소통 가능해야 한다.

셋째, 연결 및 소통의 결과로 발생하는 정보를 통하여 새로운 가치와 서비스를 제공할 수 있어야 한다. 간단히 말하면, 사물인터넷은 사물이 사물을 대상으로 하는 커뮤니케이션 전체를 말한다. 사물이 서로 소통하기 위해서는 입과 귀, 기억 그리고 정보를 판단할 수 있는 뇌가 필요한데, 귀는 주위의 반응을 읽는 것으로, 이는 센서에 해당된다. 또한 다른 사물에게 반응의 결과를 전달하는 네트워크는 신경회로이며, 데이터를 보관하는 클라우드(cloud)는 기억이고, 데이터를 활용한 판단 방식인 빅데이터 분석은 뇌이다[2].

그림 4-3　사물인터넷 핵심 구성 요소

예를 들어, 버스정류장의 버스정보시스템을 살펴보자. 각 버스에 장착된 GPS나 무선 통신장치는 행동할 수 있는 지능을 의미하는 사물인터넷에서 필요한 첫 번째 요소이며, 각 버스와 정보를 수집하는 메인 서버가 무선 네트워크를 통해 연결된 상태는 사물인터넷의 두 번째 필요 요소라고 할 수 있다. 우리는 이렇게 수집된 정보의 결과를 바탕으로 버스 도착 시간을 알게 되는데, 이것이 새로운 가치 및 서비스 제공의 세 번째 요소에 해당된다. 즉, 위 세 가지 요소가 모두 충족되어야 사물인터넷이라 할 수 있다.

2　위키백과, https://ko.wikipedia.org/wiki/%EC%82%AC%EB%AC%BC%EC%9D%B8%ED%84%B0%EB%84%B7

상황을 인지한 알람
기차가 연착된 것을 미리 알고 평소보다 늦게 울리는 알람시계

도난 방지 알람
지갑이 주인과 떨어져 있는 것을 알고 지갑 주인에게 위치를 알려주는 기능

날씨 인지 우산
비오는 날씨를 인지한 우산이 불빛을 깜빡인다.

시스템
교통정보시스템, 위치확인 시스템, 건강관리시스템 등

상황 인지 보안
특정 위치에서만 특정한 서비스를 이용할 수 있다.

약 먹을 시간 알림
약을 제시간에 먹지 않으면 의사에게도 통보한다.

그림 4-4　사물인터넷 응용 사례

4-2　사물인터넷의 발전

IBM은 'Global Technology Outlook(2014)'을 통해 사물인터넷 산업이 발전하는 과정을 총 3단계로 제시하였다. 우선, 1단계는 기기연결에 집중한 IoT 1.0 단계이다. IoT 1.0은 사물인터넷의 가장 초기 단계로, 이 시기에는 인터넷을 활용하여 각 사물끼리 연결하는 기술에 초점이 맞추어졌다. 이 단계에서는 사물인터넷을 관리하는 모니터링 시스템이 중요하게 다루어졌으나, 초창기 모니터링 시스템을 통해 수집되는 데이터는 실시간 조회수준에 그쳤다는 한계가 있다. 다음으로 2단계는 IoT 2.0(인프라 구축)으로 사물들이 서로 연결되어 상호 데이터를 주고받는 것을 말한다. IoT 2.0 단계에서는 단순하게 데이터를 수집하고 분석하는 것을 넘어, 정보를 기반으로 특정 상황을 예측하거나 서비스 제공에 필요한 기술이 제공되었다. 이때, 사용자의 특정 요구대로 만들어 제공하는 소프트웨어를 뜻하는 미들웨어(middleware)가 등장한다. 마지막으로 3단계는 IoT 3.0 단계로 다양한 산업 분야에서 요구되는 혁신을 실현하기 위해 솔루션 제공과 같은 서비스가 탄생하는 단계라고 할 수 있다.

이러한 서비스는 특정 기업 또는 산업분야 전반에 걸쳐 생산성 향상, 비용 절감 등 효율성의 극대화를 불러올 수 있다. 하지만 무작정 사물인터넷 기기를 구입해 활용한다고 해서 비용 절감 등의 효율화가 이루어지는 것은 아니다. 기업이 사물인터넷을 도입하여 실무에 적용하기 전 준비 또는 고려해야 할 몇 가지 사항들이 있다. 이를 살펴보면 다음과 같다.

첫째, 기업이 기존에 축적한 경험과 산업 환경에 적절한 스마트함을 더해야 한다. 즉, 기업에서 사물인터넷을 적용할 때 기업의 기존 방식을 개선하는 것은 바람직하지만, 기업의 기존 경험과 환경 전체를 바꾸는 것에서는 다소 신중할 필요가 있다. 최적의 방법은 기업의 기존 경험과 환경을 기반으로 기업을 운영하거나 모니터링 하는 데 있어 스마트함을 더해줄 수 있는 제품을 발굴해 도입함으로써 효율성과 편리성을 높일 수 있도록 설계하는 것이다.

둘째, 수익성 있는 규모에서의 접근이 필요하다. 사물인터넷의 도입을 위해서는 많은 초기비용이 발생하며, 이를 지속적으로 운영함에 있어서도 많은 비용이 소요된다. 사물인터넷 기반 사업은 적정 규모의 비용 내에서 운영 및 활용될 때 의미 있는 성과를 만들어 낼 수 있다. 특히 사물인터넷 기반은 데이터에 기반을 둔 서비스가 주를 이루기 때문에 사물인터넷 도입 초반부터 보관 기간이 긴 중요 데이터와 데이터 사용 후 일정기간 이후 폐기 가능한 데이터를 구분해 데이터 보관 및 처리에 많은 비용이 소요되지 않도록 하는 것이 중요하다. 따라서 기업은 사물인터넷을 처음 도입할 때 반드시 데이터의 저장기간이나 활용도에 대한 설계를 철저하게 계획해 적정규모의 운영을 통한 수익성을 고려해야 한다.

셋째, 무엇보다 사용자 경험이 중요함을 잊어서는 안 된다. 종종 사물인터넷을 도입한 기업의 서비스는 사용자에 대한 배려가 부족하거나 투박한 경우가 있다. 사물인터넷이 단순히 기술적인 연결의 개념에서 벗어나 진정한 의미의 다양한 서비스와 솔루션을 제공하려면 사용자가 어떻게 해당 서비스를 경험하느냐에 대한 다각도의 고민이 필요하다. 즉, 시각적 경험에 집중한 정보 전달이 중요했던 과거 화면 중심의 시대와 달리 현재는 청각과 촉각, 후각 등 다중 감각적 사용자 경험이 중요해진만큼 기업에서 사물인터넷을 도입한 서비스를 사용자에게 제공하고자 할 때 사용자의 다중 감각을 적극적으로 이용할 수 있는 방안을 고민할 필요가 있다.

4-3 사물인터넷에 연결 가능한 사물의 종류

사물인터넷에서 사물은 무선통신 기술, 즉 와이파이(wifi), 블루투스(bluetooth) 등과 같은 기술이 탑재되어 있으며, 인터넷 IP 주소를 가진 기기를 말한다. 많은 종류의 기기 안에는 센서 기술이 내장되어 있는데, 사물인터넷과 같은 차세대 연결의 개념을 센서혁명이라고도 한다.

사물인터넷에서 사물은 그 크기가 클립처럼 정말 작은 것에서부터 집처럼 아주 큰 규모까지 모두 해당될 수 있다. 사물인터넷이 연결할 수 있는 것은 무한하다. 예를 들면, 심박동기와 심장박동 모니터와 같은 의학기기, 냉장고, TV, 오븐, 세탁기 등과 같은 가전제품, 자동차, 드론이나 항공기, 가정 내 에어컨, 히터 등 온도조절 장치, 연기 탐지기와 같은 홈 자동화 기기에서 나아가 가정, 마을, 도시, 나라로 확장해 통제 가능한 어떤 것도 이 사물에 포함될 수 있다[3].

또한 사물인터넷의 사물은 강아지, 고양이, 소와 같은 동물뿐만 아니라 더 나아가 사람에도 적용 가능하다. 동물에 바이오칩을 삽입 또는 부착하면 동물의 움직임이나 행태를 추적하거나 모니터링할 수 있다. 사람의 경우에는 몸에 부착된 센서를 활용해 개인의 건강상태 등을 실시간으로 확인할 수 있다.

4-4 사물인터넷 기반 서비스

사물인터넷의 활용 범위는 개인부터 산업 및 공공 분야에 이르기까지 매우 다양하다. 현재 상용화된 사물인터넷 서비스 중 우리가 가장 쉽게 접할 수 있는 것은 버스정보시스템(BIS)이다. 버스정보시스템은 스마트폰 애플리케이션이나 정류장의 전광판을 통해 버스의 도착 정보를 실시간으로 알려주는 편리한 서비스다. 버스정보시스템은 각 버스에 GPS 수신기와 무선 통신 장치를 설치하고 GPS 위성과의 통신을 통해 각 버스의 운행 현황을 파악하는 방식이다. 이를 바탕으로 버스의 위치나 운행 상태, 도착 예정 시간 등을 시민들에게 실시간으로 제공함으로써 대중교통 이용이 이전에 비해 더욱 편리해졌다.

---

3 사물인터넷(2014), 편석준 외, 미래의 창

그림 4-5 다양한 곳에 활용되는 사물 인터넷

이렇듯 사물인터넷을 통해 우리가 활용 가능한 생활 속 서비스를 살펴보면 다음 과 같다.

첫째, 사물인터넷 서비스를 통해 개인을 지원할 수 있는 분야를 살펴보면 다음과 같다. 우선, 웨어러블 디바이스(wearable devices)를 통해 심장박동, 운동량 등과 같은 다양한 건강관련 정보를 제공하여 손쉽게 건강을 관리할 수 있도록 한다. 가 까운 시일 내에 상용화가 가능할 것으로 전망되는 웨어러블 헬스케어 기기는 콜레 스테롤과 혈당 등을 측정하는 등 개인 차원에서 일상적인 건강관리를 가능하게 할 것이다. 노키아(Nokia)는 빠른 시일 내에 암 조기 진단을 가능하게 하는 웨어러블 기기를 내놓겠다는 계획을 밝혔다. 또한 차량을 인터넷으로 연결해 안전하고 편리 하게 운전할 수 있도록 할 수도 있다. 구글(Google)은 자동차에 양방향 인터넷 서 비스를 탑재한 커넥티드 카(connected car) 개발을 위해 아우디(Audi), GM, 혼다 (HONDA), 현대, 엔비디아(NVIDIA)와 같은 글로벌 모터사들과의 상호 협력 아래 기술 개발에 적극적으로 나서고 있다.

그림 4-6 웨어러블 헬스케어 디바이스 예시

그림 4-7 스마트카 예시

둘째, 산업 부문에서 사물인터넷은 공장 내 생산 설비 전반의 프로세스를 분석하고 활용 시설물을 실시간으로 모니터링해 종합적인 작업 효율성과 안전성을 증진할 수 있다. 특히 사물인터넷은 생산, 가공, 유통 등 생산 관련 전 분야에 걸쳐 접목 가능하다. 이를 통해 산업 부문의 전반적인 생산성을 증진시킬 수 있으며 보다 안전한 유통체계 확보가 가능할 것으로 예측하고 있다. 특히 사물인터넷을 일상적인 생활제품에 적용할 경우 고부가 서비스 제품의 생산 역시 가능하다.

셋째, 공공 부문에서는 CCTV나 노약자용 GPS 등을 통해 정보를 제공받음으로써 재난이나 재해를 적극적으로 예방할 수 있다. 이와 더불어 대기 상태, 쓰레기 배출량 등의 환경 관련 정보를 통해 환경오염을 최소화할 수 있을 것으로 기대된다. 실제로 미국 샌프란시스코는 네트워크 업체인 시스코(Cisco)와의 협업을 통해 쓰레기 이동 경로를 추적하기 위해 사물인터넷을 활용하였다. 즉, 쓰레기에 센서를 부착하여 해당 쓰레기의 이동 경로를 추적해 효과적으로 관리할 수 있게 하였다. 또한 다양한 국가에서는 도시 전반에 걸친 공공시설, 건축물 등에 사물인터넷을 접목해 주민들과 효율적으로 상호작용할 수 있는 스마트 시티 건설을 목표로 기술 개발을 진행 중이다. 이와 더불어 주거환경을 통합 제어할 수 있는 스마트 홈 기술을 통해 생활 전반에 대한 편의성을 향상시킬 수 있다. 스마트 홈 서비스를 활용하면 외부에서도 집안의 에어컨, 히터 등의 온도조절장치나 가스밸브 등을 자유롭게 제어할 수 있다는 장점이 있다.

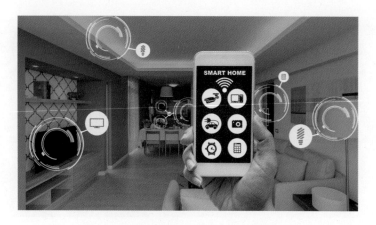

그림 4-8 사물인터넷을 통한 스마트 홈 서비스

4-5 통신사별 IoT 서비스

4차 산업시대에 접어든 시점에 통신사들은 5G 인프라구축을 시작으로 IoT 플랫폼을 각자 운영하면서 서비스에 적극적으로 나서고 있다. SKT는 IoT 플랫폼 구축을 위해 자체망을 이용한 로라(LoRa: Long Range)를 2016년에 구축하였다. 해당 시스템을 기반으로 아이, 노인과 같은 사회적 약자나 반려동물의 위치 추적, 주요 소지품 분실 방지 등 다용도로 활용 가능한 '키코(KEYCO)'나, 위치 추적뿐만 아니라 필요시 긴급 호출 기능까지 제공하는 '나여기' 등 다양한 GPS 트레커(tracker) 상품을 개발하였다. 또한 축산농가에서 축우의 생체 변화를 수집·분석하여 다양한 질병을 예방하거나 임신 관리 등이 가능한 가축 헬스케어 제품인 라이브케어(LiveCare)도 개발하였다[4].

KT는 2017년 6월 LTE망을 이용한 NB-IoT 전국 상용망을 구축·완료하여 건강관리와 오락적 기능을 결합한 헬스테인먼트(헬스+엔터테인먼트) 기능에 초첨을 맞춰 서비스를 제공하고자 하였고, KT의 자회사인 에스테이트사는 원격제어, 음성 기반 스마트 홈, 스마트 주차 등의 서비스를 구축하였다.

LG 유플러스는 NB-IoT를 활용한 도시가스검침, 수도미터링, 가전, 조명, 출입장치등을 활용한 서비스 기술을 건설업에 제공하여 2017년도 기준 서비스 가입자 100만 명을 달성하였다.

---

4 IOT Portal, https://www.sktiot.com/iot/main/index

그림 4-9　IoT를 활용한 가축 트래킹 시스템 예시

4-6　사물인터넷 산업의 문제점

　전문가들은 4차 산업혁명 시대의 사물인터넷 산업이 발전하는 데 있어 인공지능과 5G 기술이 가장 중요한 역할을 할 것이라고 말한다. 특히 5세대 이동통신을 의미하는 5G는 초당 최고 전송속도가 1기가비트 정도에 달할 정도로 대용량 데이터 전송에 필수적인 기술이다. 현재 빠른 기술의 발전으로 사물인터넷이 발전하는 데 있어 필수적인 5G 기술의 구현이 가능한 사회가 도래하였다. 하지만 사물인터넷 산업이 직면한 문제점도 분명 존재한다. 우선 첫째로 사물인터넷 네트워크의 90% 이상이 스마트 홈(smart home)과 스마트 시티(smart city)에 한정되어 있는 등 응용 서비스가 제한되어 있다는 점이다. 스마트 시티는 공공환경 시설물, 교통서비스 등과 같은 공적인 서비스 영역으로 일반 기업이 진입하기에는 다소 어려움이 있으며, 이와 비교해 진입장벽이 낮은 것이 스마트 홈 정도에 불과하다.

　다음으로는 사물인터넷 산업이 공급자 주도로 성장하면서 기업이 사물인터넷을 도입할 때 반드시 고려해야 할 사용자에 대한 고려가 미비했다는 점이다. 물론 무조건 공급자 중심의 시장이 나쁘다고만 할 수는 없다. 또한 사물인터넷 도입 시 초기비용이 많이 드는 점을 고려하면 초기 인프라 환경의 투자에 있어 공급자 중심의 서비스 설계와 계획이 불가피한 점도 배제할 수는 없다. 그러나 사물인터넷이 보다 많은 산업군과 기업에 효율적으로 적용되고, 향후 지속적인 운영과 성공을 위해서는 무엇보다 공급자가 아닌 수요자 중심의 서비스 제공이라는 인식 전환이 이루어져야 한다.

4-7 사물인터넷을 위한 빅데이터의 미래

사물인터넷을 비즈니스에 효율적으로 활용하기 위해서는 수집된 빅데이터를 기반으로 비즈니스에 도움이 될 만한 유의미한 결과를 도출할 수 있어야 한다. 이러한 빅데이터 분석 결과는 실제 비즈니스에 활용하여 기업의 수익성을 개선하거나, 혁신적이고 새로운 서비스를 출시할 때 활용되어야 하지만 현실적으로는 관련 사례가 많지 않은 것이 사실이다.

다양한 응용 사례의 부재에는 물론 다양한 요인이 존재할 수 있으나, 가장 큰 원인으로는 앞에서 언급한 바와 같이 수집된 데이터를 통해 비즈니스에 도움이 될 만한 유의미한 결과를 도출할 수 있는 빅데이터 분석 전문가의 부재를 들 수 있다. 특히 기업이나 비즈니스는 서비스의 형태나 유형이 상이하기 때문에 각 기업 또는 비즈니스별로 유의미한 분석 결과를 도출하고 활용할 수 있는 빅데이터 전문가가 무엇보다 중요하다.

그림 4-10 빅데이터를 활용한 미래 산업

　그렇다면 빅데이터에 대한 관심과 투자가 이어진지 상당한 시간이 흘렀지만, 어째서 아직도 각 비즈니스별 빅데이터 분석 전문가를 찾기 어려운 것일까? 그 이유를 아래와 같이 살펴보았다.

　첫째, 우선 빅데이터 분석 기술 패러다임의 변화가 큰 탓에 초기진입 장벽이 높고, 이 때문에 기술과 많은 경험을 갖고 있는 데이터 분석 전문가를 찾기가 어렵다. 빅데이터 분석 기술의 잦은 변화에 대한 단적인 예로, 데이터 분석에 활용되는 프로그래밍 언어 트렌드의 변화를 들 수 있다. 데이터 분석 관련 헤드헌팅 업체인 버치 워크(Burtch Work)가 미국 내 데이터 분석가들을 대상으로 데이터 분석 업무 시 선호하는 분석 언어를 조사한 결과, 2014년에는 데이터 분석 업무에서 선호하는 분석 언어로 SAS를 선택한 분석가가 57%로 가장 많았고, R을 선택한 분석가는 약 43% 수준이었다. 그런데 2017년, 동일한 주제로 조사한 결과, 분석가들이 가장 선호하는 언어에 응답자의 69%가 파이썬(Python)이라고 대답했으며, R은 38%, SAS는 고작 3%에 그쳤다. 2014년 조사 당시에는 언급조차 되지 않았던 분석 언어인 파이썬이 2017년에는 데이터 분석에서 가장 선호되는 언어로 꼽힐 정도로, 데이터 분석의 패러다임은 끊임없이 변화하고 있다. 이러한 상황에서 최신 기술 트렌드를 모두 이해하고 있으며, 분석 경험까지 축적된 전문가를 찾는 것은 매우 어려운 일이다.

　둘째, 데이터 분석의 전문가라고 할지라도 이들 대부분은 단순한 데이터 사이언티스트(Data Scientist, 전문 DS)들로 각 산업별 업종의 전문성이 부재하다는 점을 들 수 있다. 이는 다시 말해, 전문 DS들은 단순히 공학적인 의미의 데이터 분석은 가능하나 정작 특정 비즈니스에서 해당 사업이 필요로 하는 유의미한 결과를 도출하는 데는 어느 정도 한계가 있다는 것을 의미한다. 이 때문에 맥킨지 (McKinsey)는 향후 10년간, 사업별 비즈니스 담당자와 데이터 분석가 간의 소통과 사업에 있어서 협업을 도와주는 역할을 하는 데이터 사이언티스트 & 비즈니스 트랜스레이터(Data Scientist & Business Translator)에 대한 필요성이 보다 많아질 것으로 예상하고 있다[5].

5　생활을 변화시키는 사물인터넷: IoT(2016), Michael Miller 저, 정보람 역, 영진닷컴

연구에 따르면 국내의 경우 사물인터넷은 4차 산업혁명의 핵심기술이자 필수요소임에도 불구하고 국내 사물인터넷 사업체의 10개 중 6개가 서울에 집중되어 있어 지역적 불평등의 문제를 안고 있다. 특히 2015년 서울시 사물인터넷 잠재산업군의 매출액은 63조원으로, 전국 매출액의 22.9%를 차지하는 것으로 나타났다. 하지만 국외의 사물인터넷 도입 정도에 비교하면 한국은 아직 육성 단계이다.

미국 월트디즈니사의 디즈니랜드는 놀이공원 내 미키마우스 인형 곳곳에 센서와 스피커를 장착하고 놀이공원의 정보를 수집한다. 이 인형을 통해 대기시간이 짧은 놀이기구는 무엇인지, 방문객의 위치가 어디인지 등 디즈니랜드 곳곳의 데이터를 습득해 관람객에게 전달한다. 메사추세츠 공과대학(MIT)은 학생이 사용하는 기숙사 화장실과 세탁실에 사물인터넷 기술을 접목하여 비어있는 화장실이나 사용 중인 세탁기, 건조기가 어떤 것인지 파악할 수 있도록 하는 등 다양한 분야, 공간, 환경에서 사물인터넷이 적극적으로 활용되고 있다.

그림 4-11   사물인터넷과 지속 가능한 환경

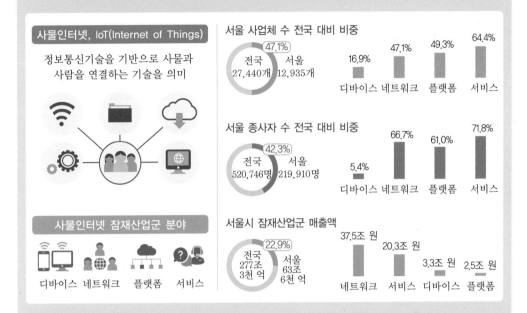

서울시 사물인터넷 산업의 현재와 미래는?

사물인터넷, 4차 산업혁명시대의 핵심기술이자 필수요소
전국 사물인터넷 잠재산업군 중 서비스 분야 사업체 · 종사자 60% 이상이 서울에 집중
2015년 서울시 사물인터넷 잠재산업군 매출액 63조 원, 전국 매출액 22.9% 차지

현실 세계와 인터넷의 연결, 미래는 사물인터넷 시대

- 사물인터넷(IoT: Internet of Things)은 4차 산업혁명시대의 핵심기술이자 필수요소로 정보통신기술을 기반으로 모든 사물을 연결하여 사람과 사물, 사물과 사물 간에 정보를 교류하고 상호 소통하는 지능형 인프라 및 서비스 기술을 의미
- 서울시는 「서울디지털 기본계획 2020」(2016.2.24)을 수립하고 「사물인터넷도시 조성에 관한 조례」(2016.9.29) 제정
- 2017년 서울 IoT센터(서울산업진흥원에 위탁)를 운영하는 한편, 사물인터넷 도시조성을 위한 다양한 사업 시행 중

전국 사물인터넷 잠재산업군 서비스 분야 사업체 10개 중 6.5개는 서울에 집중

- 사물인터넷 잠재산업군은 디바이스, 네트워크, 플랫폼, 서비스의 4개 분야로 구분될 수 있다.
- 전국의 사물인터넷 잠재산업군 사업체의 47.1%, 종사자의 42.2%가 서울에 집중, 특히 서비스 분야는 사업체의 64.4% 종사자의 71.8%가 서울에 몰려 있다.

2015년 서울 사물인터넷 잠재산업군 매출액 대부분은 네트워크와 서비스 분야

- 2015년 서울시 사물인터넷 잠재산업군 매출액은 63조 6천억 원으로 전국 매출액의 22.9% 차지
- 서울시 사물인터넷 잠재산업군의 매출액은 네트워크 분야 37조 5천억 원으로 가장 많고, 그 다음은 서비스 분야(20조 3천억 원), 디바이스 분야(3조 3천억 원) 순

그림 4-12   서울시 사물인터넷 산업 현황

사례연구 1   무방비 사물인터넷… 내 방 모습까지 버젓이

▶ 자동차와 TV, 나아가 집 전체가 인터넷에 연결되어 서로 간의 정보를 주고 받는 개념의 사물인터넷 시대가 본격화되고 있다.

▶ 이와는 반대로 IoT 기기의 정보들이 특정 검색 엔진에 무방비로 노출되는 단점 또한 부각되고 있다.

▶ IoT 기기에 대한 보안관리가 중요시 되고 있다.

▶ 보안 전문가는 공장에서 출고되는 카메라나 공유기의 기본 비밀번호를 변경하지 않는 경우 해킹에 취약할 수 있다고 말한다.

▶ 2018년 11월 기준으로 보안시설 등 원격 관제 장비가 3백만 대, 차량관제용 175만 대, 무선결제용 인터넷 기기가 80여만 대에 달하고 있다. 만약 해당 기기들이 사회 중요 시설과 연결돼 있을 경우 대혼란이 발생할 수 있다.

참조 • 무방비 사물인터넷… 내 방 모습까지 버젓이, MBC 뉴스
　　　http://imnews.imbc.com/replay/2019/nwtoday/article/5122671_24616.html

함께 생각해 봅시다

　　IoT 시대가 본격화되면서 IoT 기기들이 주는 편리함과 동시에 우리의 프라이버시를 침해할 수 있는 심각한 문제점이 발생할 수 있다. 이에 대해 어떻게 생각하는가?

> **"사물인터넷을 활용함에 있어 프라이버시에 관한 법적 규제를 통해
> 활용 범위를 제한해야 한다. vs 아니다"**

사례연구 2

집에서 차 시동 걸고, 차에서 거실 조명 끄고, 입만 열어도 알아서 다 해준다

▶ 자동차는 인공지능(AI)과 사물인터넷(IoT) 등의 융합 발전 속에 그 자체로 대형 스마트 기기로 진화하고 있다(집과 차를 서로 연결하는 홈투카와 카투홈 기술이 대표적이다).

▶ 홈투카는 집안에서 자동차를 원격으로 제어할 수 있는 기술이다. 현재는 스마트폰 앱을 통해 집안에서 음성으로 차를 조작하고, 원격으로 시동을 걸거나 문을 잠그고, 비상등과 경적을 작동하는 것 등이 포함된다.

▶ 카투홈은 차에서 집안에 있는 가전 기기를 제어하는 것이다. 집에 들어가기 전에 미리 조명을 켜거나 에어컨 히터 등을 조작하여 원하는 환경을 조성할 수 있다. 특히 1인 가구가 급속도로 증가하는 요즘 시대에 도난 방지 가스 및 전열기구 차단 등 다양한 카투홈 기술을 활용하여 발생 가능한 위험 상황을 방지할 수 있다.

▶ 현재 홈투카 · 카투홈 기술의 활용 가능한 기능은 제한적인 수준이다. 기술의 발전에 따라 운전자가 직접 명령을 내리지 않더라도 인공지능 장치가 외부 기후 변화나 자동차 상태, 교통 상황 등을 직접 판단하여 스스로 적절한 기술을 활용하는 기술까지 개발될 예정이다.

참조 • 집에서 차 시동 걸고, 차에서 거실 조명 끄고, 입만 열어도 알아서 다 해준다, 문화일보
　　　http://www.munhwa.com/news/view.html?no=2019071601031939176002

함께 생각해 봅시다

　　4차 산업혁명의 기술들은 아직 완전성을 확보하지 못하여 사이버 공격에 취약한 경우가 많다. 그럼에도 몇몇 기업들은 4차 산업혁명의 주요 기술을 앞 다투어 도입하고 싶어한다. 과연 완전하지 못한 기술을 먼저 도입하는 것이 옳은 방향일까?

　　"시장 선점을 위하여 기술을 서둘러 도입한다 vs 안전성 확보가 먼저다"

사례연구 3 | 최저시급 올라도 인건비 걱정 없는 스터디 카페, 차별화된 IoT와 키오스크(kiosk)로 창업 열풍

▶ 2020년 최저 임금이 작년 대비 2.87% 상승한 8,590원으로 책정되면서 많은 자영업자가 휴업 또는 폐업하는 사례가 늘고 있다.

▶ 한 스터디 카페는 무인매장으로 운영되어 인건비 지출이 없어 많은 관심을 받고 있다. 해당 스터디 카페는 무인 결제 시스템인 키오스크를 매장에 비치하여 고객이 스스로 키오스크를 활용하여 이용 시간을 선택하고 결제할 수 있다.

▶ IoT 시스템 구축으로 각종 기기를 조작하고 제어할 수 있기 때문에 매장에 사람이 상주하지 않는다. 또한 최저 임금 인상에 따른 인건비 상승의 영향을 받지 않는다는 장점이 있다.

참조 • 최저시급 올라도 인건비 걱정 없는 스터디 카페, 차별화된 IoT와 키오스크(kiosk)로 창업 열풍, Travel News
http://thetravelnews.co.kr/02/119070

함께 생각해 봅시다

위치정보사업의 규제 완화를 주요내용으로 하는 '위치정보의 보호 및 이용 등에 관한 법률' 개정안이 2018년 10월 18일부터 시행되었다. 서비스 제공자의 개인 위치기반 정보에 대한 수집 및 접근은 개인정보보호 관점에서 논란이 예상된다.

"산업의 발전을 위해 위치정보사업 규제는 완화해야 한다 vs
사생활 보호를 위해 규제는 강화해야 한다"

토의 주제

1. 사물인터넷에서 수집된 다양한 데이터에는 개인의 건강과 연관된 데이터와 같이 민감한 정보가 있다. IoT 서비스를 이용할 경우 개인정보 보호를 강화할 수 있는 방법이 있는지 조사해 보자.

2. 사물인터넷을 통해 제공할 수 있는 서비스는 그 범위에 제한이 없다. 현재 개발 완료되었거나 개발 예정인 서비스를 제외하고, 제공되면 편리할 사물인터넷 서비스를 생각해 보자.

3. 다양한 사물인터넷 활용 분야에 대한 사례를 조사해 보자.

동영상 학습자료

제목	출처(URL)
1. 사물인터넷(IOT)가 세상을 바꾼다	https://www.youtube.com/watch?v=WKlcsIeSltY
2. 애플이 준비하는 진짜 혁신! 애플 글래스	https://www.youtube.com/watch?v=FoghUN_rsJM&t=306s
3. '5G 사물인터넷 기술'로 스마트공장 시대 연다 (YTN)	https://www.youtube.com/watch?v=kAG-l9dpJQc

제 5 장

자율주행차

5-1 자율주행차의 이해

자율주행이란 교통수단이 운전자의 어떤 개입도 없이 스스로 판단하여 이동하고 장애물을 피하여 운행할 수 있는 기능이다. 현재까지 자율주행이 가장 많이 발달한 교통수단은 철도이다. 철도는 정해진 철길로만 주행할 수 있고, 철길은 일반 도로와는 달리 폐쇄된 길이기 때문에 돌발 상황이 생길 확률이 적기 때문이다. 이와 반대로 현재 자율주행의 발전이 가장 더딘 교통수단은 일반 자동차이다. 선박이나 항공기가 크기가 커서 자율주행 개발이 가장 어렵다고 생각할 수 있다. 그러나 항공기와 선박의 경우 좁고 밀집된 공간을 이동하는 자동차와 달리 다른 항공기나 선박과 몇 킬로미터 이상 떨어진 상태로 운행한다. 또한 항공기와 선박은 인간이나 다른 교통수단의 침입으로 돌발 상황과 사고가 자주 일어날 수 있는 자동차 도로와 달리 방해물이 거의 없는 하늘과 바다를 다니기 때문에 자율주행에 이상적이다.

그림 5-1   4차 산업혁명 자율주행차

자율주행차(autonomous vehicle/self-driving car)란 운전자의 개입 없이 주변 환경을 인식하고 주행 상황을 판단하여 차량을 제어함으로써 스스로 주어진 목적지까지 주행하는 자동차를 말한다. 자율주행의 개념은 벤츠사에서 1960년대에 제안한 것을 시작으로, 1970년대 중후반부터 기초적인 수준에서의 연구가 진행되었다. 초기 기술 개발 시에는 운행에 장애 요소가 없고 주행 시험장에서 중앙선 및 차선을 넘지 않는 수준으로 연구되었으며, 1990년대에 컴퓨터 판단 기술의 발전과 전후방의 장애물 감지 및 주변 환경 조건을 고려할 수 있는 자동차의 자율주행 분야가 본격적으로 연구되기 시작했다.

완전한 자율주행을 위해서는 충돌 방지 장치 및 고성능 카메라 등 전반적인 기술의 발전이 필요한 상황이며, 주행상황 정보를 종합적으로 판단하여 처리할 수 있도록 주행상황을 인지하고 대응할 수 있는 기술이 필요하다. 따라서 현재 자동차 회사와 세계적인 IT 기업인 구글, 애플 등이 자율주행차 기술 개발에 앞장서고 있다.

우리나라도 1990년대 후반 대학과 국책 교통연구기관의 중심으로 본격적인 연구에 돌입했으며, 2000년대 초반 들어서는 파주시와 경기도 고양시를 잇는 자유로에서 자율주행 기술을 상당 수준으로 완성하는 데 성공하였다. 하지만 이 시스템은 현재 개발되고 있는 자율주행 시스템처럼 일반 경로로 다닐 수 있는 것은 아니고 한정된 도로 내에서 정해놓은 진입 진출로를 오가는 시스템이다. 이 시스템은 주행에 대한 정보를 수집하여 차량의 운동을 통제하는 컴퓨터와 교통 환경에 대한 종합적인 정보를 수집·판단하여 주행을 통제하는 컴퓨터로 이루어진 시스템이다. 단두 대의 컴퓨터를 활용하였다.

자율주행차는 차선이탈 경고 시스템부터 브레이크 보조 시스템(BAS: Brake Assistant System)까지 자율주행을 위한 많은 기술을 필요로 한다. 자율주행은 엄청난 교통 정체와 비좁은 주차 공간에서 주차가 운전자에게 더 이상 위협이 되지 않도록 할 것이며, 교통량이 증가하면 운전자들은 자동차 안에서 운전 외에 다른 활동을 할 수 있는 여유 시간이 생길 수 있어 운전의 일부측면에서 급격한 변화를 가져올 것이다. 첨단 운전자 지원 시스템으로 차량 운전자는 운전의 역동성, 열정, 즐거움을 결코 잊지 않을 것이며, 버튼 하나로 시스템을 작동하거나 끌 수 있다.

자율주행차가 상용화되면 가장 먼저 교통사고의 원인을 대부분 제거할 수 있을 것이라고 전망한다. 전체 교통사고의 95%가 운전자 부주의 혹은 보복운전으로 일어나는 만큼 해당 원인을 줄일 수 있다고 기대된다. 또한, 운전자가 완전하게 필요 없는 상태가 된다면 교통정체가 사라지고 자동차 보험의 필요성에 의문이 생길 것이다. 하지만 아예 수동운전 기능이 없는 차량이 받아들여질 수 있는지는 논란거리이다. 구글 측 개발진은 가능하다고 자신했지만 현실성이 없다는 경영진의 주장으로 접은 바 있다. 사실 소비자 입장에서는 목숨을 기계에 맡기고 있으므로 심리적으로라도 수동운전이 가능한 차를 좀 더 안심하고 선택할 가능성이 높다. 또 해일이나 태풍 같은 재난 상황이나 범인을 쫓는 경찰차, 도로가 아닌 곳에서의 운전 등 수동운전의 수요 자체는 언제까지나 있을 것으로 보인다. 그러므로 자율주행이 가능한 차량이라도 발생할 수 있는 사고에 대비하여 비상 상황 시 수동운전이 가능할 수 있도록 운전면허 소지자가 운전석에 의무적으로 탑승하도록 법제화할 가능성이 상당히 높고, 최소한 상용화 초반에는 그런 방향일 것이다. 미국 캘리포니아주에서는 실제로 이러한 규정을 만들어 추진 중이나 구글은 반대 입장을 보이고 있다.

또한 사람을 대체할 수 있는 기술이 나타나면서 기존의 일자리를 지키려는 문제도 이슈화되고 있다. 자율주행이 본격 도입되는 시점부터 택시나 버스, 택배, 화물차 등 운수업계의 운전직 일자리가 매우 많은 부분 감소할 것이다. 나아가 대다수의 보고서에서는 운전을 직업으로 갖는 운전사가 없어질 직종으로 기록하기도 한다. 현실적으로 물류비 가운데 인건비가 차지하는 비중은 굉장히 높은 편이다. 단 1원이라도 비용을 줄이기 위하여 다양한 방법을 찾아야만 하는 사용자 입장에서는 초기 투자비용이 들더라도 연간 수 천 만원의 비용을 지불해야 하는 인건비를 상쇄시키기 위해 고용을 하기 보다는 자율주행 기술을 선택할 것이다. 게다가 인력을 기계로 대체하게 되면 사용자는 노무관리라는 골치 아픈 문제에서도 완전히 해방될 수 있다. 기계는 노조를 만들지도 파업을 하지도 지각이나 결근을 하지도 않기 때문이다. 사람처럼 일일이 회사에서 4대 보험을 들어주고 퇴직금을 정산해 줄 필요도 없다. 물론 고장이라는 변수는 존재하지만 사람도 아파서 직장에 못 나오거나 하는 경우는 많다. 그리고 기계 고장은 유지보수 업체에 전화 한 통이면 끝나지만 사람이 갑자기 못 나오면 업주는 대체자를 구하기 위해 골치를 싸매야 한다.

다만 이는 차량과 관련된 인력이 완전히 없어진다는 말은 아니다. 운전직 종사자들의 대부분이 단순 운전만을 하는 일자리가 아니기 때문에 100% 자율주행으로 대체될 것이라고 생각하기는 어렵다. 택배업 종사자의 경우 운전업무가 60%, 배송업무가 40%를 차지한다. 따라서 배송기사가 없어지는 경우는 아마도 없을 것이다.

반면, 택배업 종사자는 배송에만 집중적으로 신경 쓸 수 있기에 업무의 효율을 높이고 기타 사고가 줄어들 수 있다는 장점이 생긴다. 버스업계에서도 자율주행이 적용되면 승하차 사고의 확률이 높아질 수 있으므로 안전을 관리하기 위한 담당자가 필요할 것이다. 자동차는 트램이나 철도 차량과 다르게 완전 자동화를 실현하는 것이 기술적으로 어려운 분야이다. 철도분야에서도 무인 열차의 승하차 시 위험성은 존재한다. 무인전철에서 발생하는 각종 사고 사례는 끊이지 않고 보고되고 있다.

또한 요금 납부나 부정 승차에 대한 문제 등 관리 운영의 어려움이 공존한다. 그러나 이러한 문제점들이 나타난다고 해도 결국은 모두 기술력을 바탕으로 풀어낼 수 있는 문제에 불과하기에 장기적 관점에서 인력에 대한 필요성은 상대적으로 점차 감소하게 될 것이다. 보안이나 안전상의 문제가 상대적으로 적은 운송 수단에서부터 점진적으로 자율주행으로 대체될 것이며, 결론적으로 운전직 일자리가 자율주행차로 인하여 사라져버린다는 것이다. 또한 지금 당장 일자리가 대체되지 않더라도 운전이라는 본연의 업무는 자연스럽게 자율주행 기술에 넘어가고 사람은 차량의 점검, 유지, 상품의 배송 등의 영역에서 업무를 담당하게 될 것이다. 그렇게 된다면 운전직에 종사하는 사람들의 처우가 지금보다 낮아질 것으로 예상된다. 가령 버스 운전기사를 직업으로 갖기 위해서는 버스운전자격증 및 1종 대형면허를 보유하고 있어야 한다. 그러나 앞으로 운전기사가 자율주행으로 인하여 운전 외 사고방지 업무 등의 안내업무를 맡게 된다면 파트타임 직원으로 대체해도 무리가 아니다. 그렇기 때문에 앞으로 기술과 인간의 관계에 있어 마주하게 되는 문제를 미리 그려보고 해결점을 찾아낼 필요가 있다. 실업률이 높은 나라에서는 자율주행차의 도입을 표면적으로 반대하고 나선 모습을 보면 앞으로 기술과 인간의 갈등은 더욱 커질 것으로 예상된다.

자율주행차에 가장 일반적으로 사용되는 SLAM(Simultaneous Localization And Mapping) 기술은 매핑(mapping)의 한 분야로, 차량 여러 대의 센서와 오프라인 지도를 결합하여 주위 공간의 지도를 만들면서 동시에 그 지도상 위치를 추정할 수 있도록 만드는 기술이다.

자율주행 기술은 크루즈 컨트롤(cruise control), 주차 보조 시스템, 차선이탈 경보 시스템 등 현 시점에서 이용할 수 있는 자동차 기술이 하나씩 통합되어 완성된다. 일본은 이미 무인버스가 쇼핑몰 고객의 이동을 돕고 있다. 일본의 게임회사와 프랑스의 자율주행 업체가 공동으로 개발한 이 무인버스는 쇼핑몰에서 인근 공원까지 시속 10km 정도로 이동하고 있다. 이러한 움직임은 일본 여기저기서 나타나고 있다. 일반도로에서의 자율주행 버스에 대한 연구가 시작되고 있으며, 상대적으로 일반도로보다 안전한 대학 내 캠퍼스에서 시범적으로 자율주행 버스가 이동할 수 있도록 하였다.

구분	2021~2022	2023~2025	2026~2030
일정	• 레벨3 상용화(2021) • 레벨4 시범운행	• 레벨4 상용화 (스마트시티 등)(2024)	• 레벨4 양산 • 레벨4 전국 주요도로 사용화(2027)
신차 Mix. (전망)			

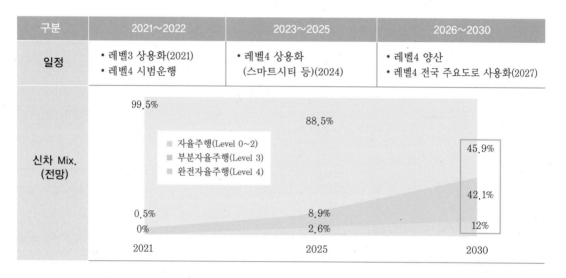

그림 5-2 자율주행 로드맵

우리나라는 세계 최초의 완전자율주행 상용화를 꿈꾸고 있다. 2027년 완전자율주행 시행을 목표로 법과 제도를 만들고, 교통통신 시스템 등의 인프라를 구축하고자 한다. 또한 플라잉카(flying car)의 상용화도 현실로 다가오고 있다. 2025년 실용화를 목표로 세웠으며 차량 및 비행안전기준 등을 마련하고 계획을 실현시키고 있다. 우리 정부의 '미래 자동차 산업발전전략'을 보면 국토교통부는 2024년까지 우리나라 전국의 주요 도로에 4단계 수준의 완전자율주행에 필요한 인프라를 체계적으로 갖추어 나갈 전망이다.

국내에서의 자율주행차가 최초로 선보인 것은 놀랍게도 오래전 1993년, 대전엑스포를 개최한 시점이다. 이때 선보인 자동차는 세계 최초의 자율주행차로 서울의 청계천부터 63빌딩까지 17km 거리를 자율적으로 움직이며 성공적인 모습을 세계에 보여줬으나 아쉽게도 정부의 추가적인 지원이 이어지지 않아 기술 개발이 진전되지 않았다. 한동안 자율주행 기술의 투자가 이어지지 않았고 이후 자율주행차가 세계적으로 이슈가 되면서 다시 자율주행차의 바람이 불고 있다. 현재 경기도에서 제작한 국내 최초의 자율주행차 '제로셔틀'이 판교 제2테크노밸리에서 시범운행을 시작하였다.

글로벌 자동차, 전자, IT 기업 등 여러 업체에서 많은 투자를 계획하고 있어 자율주행 기술이 빠르게 성장할 전망이다. 전통적 자동차 기업인 현대자동차, 벤츠, 아우디 등이 앞다투어 기술 개발에 나서고 있으며, 구글 등과 같은 IT 기업들도 적극적으로 기술 경쟁을 펼치고 있다. 특히 가장 앞선 기술을 보유하고 있는 구글은 지금까지 자율주행 거리가 200만 km를 돌파하였으며, 애플 역시 장기적인 관점에서 자율주행 기술 개발에 뛰어들었다.

5-2 자율주행차 개발 동향

자동차 발전의 다음 세대를 논하는 연구가 진행되며 미래 자동차를 칭하는 용어들이 생겨났다. 나라마다 또는 연구자들에 따라 미래형 자동차에 대한 다양한 용어를 사용하게 되면서 일반 대중은 명확한 개념을 알기 어렵다.

미래형 자동차는 스마트 폰과 같이 스마트카로 불리는 것을 시작으로 자율주행차, 또는 커넥티드카(connected car)로 명명되고 있다. 최근에는 커넥티드카를 미래형 자동차의 결정체로 인식하는 시각이 많다. 우리나라의 현대자동차는 2025년까지 자사에서 개발하는 모든 차량에 커넥티드카 시스템을 적용하기로 하였다[1]. 현대자동차는 커넥티드카의 콘셉트를 '초연결 지능형 자동차'로 기획하고 있다.

미래 자동차를 칭하는 용어 간 개념의 차이를 알아보면 다음과 같다.

첫째, '스마트카'는 자동차에 각종 IT 기술을 적용하여 편리성을 높인 차량을 말한다. 시기적으로 스마트카라는 용어가 가장 먼저 쓰였으며, 자동차에 정보통신기술 및 소프트웨어 등의 전자 장비가 급속히 확대 적용되면서 스마트카의 개념이 생겨났다. 마치 스마트 폰에 적용된 다양한 기능이 자동차에서 구현되는 것처럼 느껴진다. 스마트카는 위치확인시스템(GPS)과 지리정보시스템(GIS)을 바탕으로 자동차의 현재 위치를 알 수 있고, 센서 기술을 바탕으로 운전 중 사각지대의 장애물을

---

1 "4차 산업혁명, 자율주행차란?"(2018), 이상수, 시민의 소리

감지할 수 있도록 도와준다. 충돌 위험 시 자동차가 스스로 제어할 수 있도록 하여 운전자의 안전을 도모하고 다양한 편의 기능을 추구한다.

둘째, 자율주행차는 스마트카에서 조금 더 발전한 모습을 보인다. 자율주행차는 주변 사물과 통신 신호를 주고 받으며 다양한 기능을 실행시킬 수 있도록 만들어 진다. 자율주행차는 스마트 장비와 통신 시스템을 바탕으로 운전자가 운전 행위에 서 가능한 한 멀어질 수 있도록 하는 것을 목표로 하고 있다. 자율주행차는 커넥티 드카와 구분되며 커넥티드카 이전의 단계에서 실현되는 기술이 구현된 차이다. 자 율주행차는 딥러닝 기술과 영상처리기술을 기반으로 운전자의 직접적인 개입 없이 스스로 운전하는 것을 목표로 한다[2]. 자율주행은 탑승자를 운전행위로부터 자유롭 게 하면서 스마트카가 지향하는 이동 수단이 아닌 생활 공간으로서의 자동차를 구 현할 수 있도록 해준다.

스마트카의 기능을 바탕으로 그 위에 통신 기술이 접목되면 자율주행차와 커넥 티드카의 개념이 설명 가능하다.

셋째, 커넥티드 카는 모든 것이 자동차로 연결되어 있는 모습을 의미한다. 즉, 커 넥티드카는 차와 운전자, 인터넷, 외부사물 등과 매우 밀접하게 연결된 자동차를 의미한다. 따라서 커넥티드카 범주에 자율주행차와 스마트카가 속한다고 볼 수 있 다. 모든 사물이 밀접하게 연결된 상황에서는 차량 스스로 다른 차와의 거리를 계 산하고 속도를 자동으로 조절할 수 있게 된다. 네비게이션과 연결되어서 이동한다 면 제한 속도에 맞추어 이동할 수도 있다. 원격으로 차량을 제어하기도 하며, 관리 서비스뿐만 아니라 콘텐츠의 이용, 이메일 서비스 등 공간적 제약에서 벗어나 다양 한 서비스를 차 안에서 실시간으로 누릴 수 있다. 향후에는 자율주행 중 자동 충전 이 가능한 기술 및 운전자의 상태를 파악한 드라이브 등 훨씬 더 복잡한 기술을 바 탕으로 새로운 서비스들이 개발될 전망이다.

자율주행차의 최종적인 모습인 완전 자율주행을 실현시키기 위해 기술개발이 단 계적으로 이루어지고 있으며, 다양한 기술이 차량에 도입되고 있다.

미국의 NHTSA 역시 자율주행차를 자동화의 정도를 나누어 다섯 단계로 발표 하였다. 현재 대부분의 자동차 업체는 레벨 1단계의 자동차를 제공하고 있다. 일부 업체에서는 주차 보조 및 차선 이탈방지 시스템을 적용한 기술을 선보이는 레벨 2

---

2   LG CNC, https://blog.lgcns.com/1303

단계의 자동차를 제공하고 있다[3]. 레벨 3단계의 자동차는 운전자가 있는 상태에서의 자율주행차를 의미하고(예 구글카), 레벨 4단계의 자동차는 자동화의 최종 목표인 완전 자율주행 단계를 의미한다. 자동화 레벨 단계는 **표 5-1**과 같다[4].

표 5-1 자동차 자동화 레벨 5단계 정의

수준	정의	개 요
level 0	비자동 (no automation)	• 운전자가 항상 브레이크, 속도조절, 조향 등 안전에 민감한 기능을 제어하고 교통 모니터링 및 안전 조작에 책임을 진다.
level 1	기능 제한 자동 (function-specific automation)	• 운전자가 정상적인 주행 또는 충돌이 임박한 상황에서 일부 기능을 제외한 자동차 제어권을 소유한다. 예 ACC(Adaptive Cruise Control), ESC(Electronic Stability Control), 자동 브레이킹
level 2	조합 기능 자동 (combined function automation)	• 어떤 주행 환경에서 두 개 이상의 제어 기능이 조화롭게 작동한다. 단, 운전자가 여전히 모니터링 및 안전에 책임을 지고 자동차 제어권을 소유한다. 예 ACC 및 차선중앙유지(lane centering), 핸들 및 페달 미제어
level 3	제한된 자율주행 (limited self-driving automation)	• 특정 교통 환경에서 자동차가 모든 안전 기능을 제어한다. • 자동차가 모니터링의 권한을 가질 수 있으나 운전자가 제어 필요한 경우 경보신호 제공한다. • 운전자는 간헐적으로 제어한다.
level 4	완전 자율주행 (full self-driving automation)	• 자동차가 모든 안전 기능을 제어하고 상태를 모니터링한다. • 운전자는 목적지 혹은 운행을 입력한다. • 자율주행시스템이 안전 운행에 대해 책임진다.

볼보(Volvo)와 메르세데스 벤츠(Mercedez-Benz)는 자율주행차 개발의 선두주자로 시범 운행을 통해 상용화에 근접하고 있다. 볼보는 운전자의 개입 없이 시속 90km, 차량간격 최대 4m 이하로 운행할 수 있는 기술을 개발하였으며, 시범 운행을 통해 현실 적용 가능성을 높였다. 메르세데스 벤츠 역시 자율주행 연구 차량으로 100km에 달하는 거리를 자율주행으로 시범 주행하여 성공하였다.

미국 자동차 기업인 포드(Ford)와 GM 역시 자율주행차 개발에 적극적으로 나서고 있다. GM은 고속도로에서 교통상황을 실시간 감지하여 차량 스스로 속도

---

[3] 자율자동차 최근 동향 및 도입 이슈(2014), 조성선 외, ICT Report
[4] 자동차 자동화 레벨 정의, NHTSA(미국 도로교통안전국)

와 차량 간격을 제어할 수 있는 슈퍼 크루즈(super cruise) 드라이빙 기술을 선보였으며, 포드는 지형지도 제작을 위하여 라이더(lidar)를 설치한 퓨전 하이브리드(fusion hybrid) 자율주행차를 공개하였다[5].

일본은 토요타(Toyota)와 닛산(Nissan) 등 주요 업체에서 자율주행차 모델을 공개하여 시험 주행을 통해 성능을 평가하고 있다. 토요타는 자율주행차의 시험모델을 통해, AHDA(Automated Highway Driving Assist) 기능을 선보였다. 안전거리를 유지할 수 있는 기능과 차선 이탈을 방지하는 기능을 탑재하여 자율주행의 기본적인 기술을 상용화하였다. 닛산은 자율주행차 리프(Leaf)를 공개하며 레이더 센서 등을 비롯하여 자율주행을 위한 각종 기능을 선보였다.

우리나라는 현대·기아차가 자율주행차를 개발하고 있다. 현대·기아차는 2012년부터 고속도로 자율주행시스템을 개발하여 지속적으로 시험 주행을 실시하고 있으며 그룹 계열사인 현대모비스에서는 투자 계획을 밝히며 2025년 우리나라에서 완전 자율주행차 시대를 열겠다고 하였다.

구글　　　　포드　　　　메르세데스 벤츠　　　　닛산

토요타　　　　혼다　　　　볼보　　　　현대모비스

그림 5-3　주요 업체의 자율주행차

기존 자동차 기업이 아닌 IT 기업들도 자율주행차에 적용되는 기술을 바탕으로 자율주행차 업계에 뛰어들고 있다. 특히 구글의 자율주행차 관여는 기존 자동차 업계에서 예상 밖의 경쟁자로 인식되고 있다. 구글이 제작한 자율주행차는 시험주행 거리가 지속적으로 늘어나고 있으며 자사 운영체제인 안드로이드를 적용하여 자율

5　자율주행차 최근 동향 및 도입 이슈(2014), 정보통신산업진흥원

주행을 위한 다양한 기능을 선보일 예정이다. 사실 IT 기업이 자율주행 기술에 접근성이 훨씬 좋은 이유는 자율주행의 핵심에 센서를 통한 데이터 수집이 있기 때문이다. 구글은 이 부분에서 경쟁력을 확보하는 데 주력하고 있다. 수집된 데이터를 해석하여 조향, 가속 및 감속, 정지 등 자율주행에 필요한 의사결정을 보다 빠르고 정확하게 실행하는 소프트웨어의 중요성은 날로 커지고 있다.

5G 시대의 초고속, 초연결, 초저지연과 같은 특성은 커넥티드카에서 필수적으로 필요하다. 현재 테스트 중인 자율주행차는 초당 1기가바이트의 데이터를 사용한다. 차량 주행을 위하여 1분도 안되는 시간 동안 휴대폰 한 달을 사용할 수 있는 데이터를 소진하는 셈이다. 5G의 초고속 특성은 테스트 차량에 장착한 다양한 센서로부터 들어오는 데이터를 중앙 서버에 실시간으로 업데이트하게 한다.

5G 초저지연 특성은 차량이 위험에 처했을 때 신속히 대응할 수 있게 한다. 5G 네트워크를 통해 연결 지연속도를 50밀리세컨드(ms)에서 0.1밀리세컨드(ms) 수준으로 개선 할 경우 제동거리는 130cm 짧아진다. 제동거리가 짧아질수록 앞 차량과의 추돌 가능성이 낮아지므로 주행 중 차량 안정성을 더욱 높일 수 있다.

그림 5-4 5G 자율주행 도로

주요업체별 기술개발 동향은 **표 5-2**와 같다[6].

---

6 미래사회 대응 기술혁신 아젠다 발굴 및 R&D 투자전략 수립(2016), 황지호 외, 한국과학기술기획평가원

표 5-2 주요업체의 기술개발 동향

업체	주요 동향
구글	• 1월 아우디, GM, 혼다 등과 오픈 자동차 연합(OAA)을 결성 • 구글의 자율주행차 시험주행 거리는 80만 km(2013년 3월)에 이르고 있음 • 타 자동차 업체와의 경쟁보다는 자율주행차에 탑재되는 운영체제 선점이 목적
메르세데스 벤츠	• 2013년 9월, S500 인텔리전트 드라이브 연구차량으로 100km 시범자율주행에 성공 • 노키아(Nokia)의 위치정보서비스인 히어(HERE)를 이용 • 2020년까지 상용 자율주행차를 가장 먼저 출시하겠다고 선언
볼보	• 2013년 7월 운전자 개입 없이 레이더, 레이저센서, 카메라 등의 장비를 기반으로 시속 90km, 차량 간격 최대 4m 이하로 운행할 수 있는 기술을 개발 • 2017년까지 자율주행차 100대를 일반도로에서 달리도록 하는 드라이브를 완성하겠다고 발표
르노	• 더 넥스트 투(The Next Two)로 불리는 자율주행차를 개발 중(30km 속도의 자율주행 가능) • 가격 문제만 해소되면 자율주행차가 2020년 이후 상용화될 것으로 예상
아우디	• 2013년 초 스스로 주차하는 무인주차 기술을 공개 • 2014년 자율주행기술인 piloted driving 기술을 탑재한 James 2025를 공개
포드	• 2013년 12월 미시간주와 함께 개발한 fusion hybrid 자율주행 연구차를 공개 • 자율주행에 필요한 주변 지형 지도 제작을 위해 라이더(Lidar) 4대를 설치하였는데, 라이더는 초당 250만 회 도로를 스캔하며 차선변경, 장애물, 앞차와의 거리 등 정보를 추출, 차량에 전달 • 포드는 완전한 자동화의 한계를 실험하기 위해 2025년까지 상용화 계획이 없음을 발표
GM	• 2018년 캐딜락에 고속도로에서 교통상황을 고려해 차량 스스로 속도와 간격을 조정하는 Super Cruise라 불리는 반자동 드라이빙 기술을 넣을 것이라고 발표 • 반자동 드라이빙 기술은 완전 자율주행차로 이행하기 위한 전단계로 평가
닛산	• 2013년 8월 MIT, 스탠퍼드, 옥스퍼드, 카네기멜런, 동경대 등 대학과 공동으로 개발한 Leaf 자율주행차(레이더센서, 안내시스템, 카메라, 내비게이션 등 장착)를 공개 • Leaf는 차선 유지 및 변경, 분기점 진입, 추월, 정체 시 감속, 적색신호등 정차 등을 자동으로 수행하는 기능 탑재 • 자율주행차 상용화 시점을 2020년으로 보고, 향후 10년 내 판매 계획을 발표
토요타	• 2013년 1월 자율주행용 시험 모델 AASRV(Advanced Active Safety Research Vehicle)을 공개 • 2013년 10월에는 안전거리유지(cooperative-adaptive cruise control) 및 차선유지(lane trace control) 기능이 결합된 AHDA(Automated Highway Driving Assist)가 탑재된 자율주행차를 5년 내 출시할 것이라 발표
혼다	• 2013년 11월, 2020년까지 자율주행차를 내놓을 계획임을 발표 • 자동운전시스템(autonomous driving system)과 자동주차기술(automated valet parking) 등 첨단 안전 신기술을 공개
현대 기아차	• 2012년 초 ASCC(Advanced Smart Cruise Control)를 기반으로 한 단계 더 발전시킨 고속도로 자율주행 시스템 기술을 개발, 약 2년 간 5만 km 시험 주행을 실시 • 5년 내 상용화 기대, 계열사인 현대모비스가 2025년까지 완전 자율주행차 비전 발표

출처: 한국과학기술기획평가원

V2X(Vehicle to Everything)는 차량사물통신으로 자동차가 자율주행하기 위해 도로에 있는 다양한 요소와 정보를 교환하는 기술을 의미한다.

- V2V(Vehicle to Vehicle): 차량과 차량
- V2I(Vehicle to Infrastructure): 차량과 인프라
- V2P(Vehicle to Pedestrian): 차량과 보행자
- V2N(Vehicle to Network): 차량과 모바일기기

그림 5-5 5G V2X의 자율주행 도로

5-3 자율주행차 시장 전망과 난제

자율주행차는 2025년 즈음에 상용화 수준에 이를 전망이며, 모건 스탠리(Morgan Stanley)는 최근 자율주행차 시대의 미래를 4단계로 구분하여 전망하고 있다. 또한 2026년에 자율주행차 기술과 인프라가 완성될 것으로 보고 있다.

- 1단계(2016년): 자율주행차 관련 기술개발과 함께 기술적 가능성을 타진하는 시기로 수동적 자율주행의 단계
- 2단계(2019년): 자율주행을 위한 여러 기술이 도입되는 시기로 제한적 자율주행의 단계
- 3단계(~2022년): 자율주행차 대중화를 위한 기술적 정비가 모두 끝나는 시기로 완전한 자율주행의 단계

- 4단계(2026년~): 관련 인프라와 법적 문제를 모두 해결한 시기로 100% 자율 주행 보급이 가능한 단계

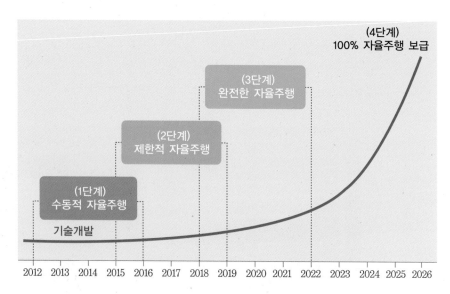

그림 5-6 모건 스탠리의 자율주행차 보급 전망

다음은 자율주행차 도입을 가로막는 난제이다.

첫째, 자율주행차의 가격이 문제이다. 자율운전 기능을 탑재하기 위해서는 추가 비용이 부담된다. 현재 개발되고 있는 자율주행차를 위한 추가 비용이 10만 달러 이상으로 추정되고 있다. 또한 대량생산이 이루어질 경우 추가 비용은 2.5만~5만 달러로 하락할 전망이나 적어도 10년 이내에는 1만 달러까지 떨어지지 않을 것으로 예측(Dellenback)하고 있다. 현재 전기자동차 가격은 1년에 6~8%씩 하락하고 있다. 이를 자율주행차에 적용하면 추가 비용 1만 달러가 3,000 달러로 감소하는 데 약 15년이 소요된다. 즉, 자율주행차 도입 후 20~22년이 소요될 전망이다.

둘째, 법적 책임과 소송의 문제가 모호하다. 공공도로에서의 자율주행차 운행은 보험 및 법적 책임 이슈에 직면하고 있으며 완벽한 자율주행 기술에도 불구하고 사고는 피할 수 없다. 이 경우 통상적으로 불가피한 상황에서의 사고 시 운전자의 결정이 최선이었는가에 관계없이 운전자의 순간적인 결정에는 과실이 없는 것으로 받아들여지고 있으나, 사고 차량이 자율주행차라면 문제가 커질 수 있다. 즉, 자율 주행차는 센서, 소프트웨어 등을 통해 사람보다 정보에 더욱 의존하여 결정하므로

이 결정이 법정에서는 다툼의 소지가 될 수 있고 설령 기술적으로 과실이 없다고 할지라도, 충돌 사고 시 안전 우선순위를 자기차량에 둘 것인지 상대 차량에 둘 것인지, 이러한 설정을 소유자가 하도록 허락해도 될 것인지 등의 풀기 힘든 문제가 발생할 수 있다. 예를 들면, '사슴이 차량 앞에 갑자기 나타났을 경우 사슴을 칠 것인가 도로를 이탈할 것인가?', '사슴이 아닌 다른 차량이나 오토바이, 자전거 또는 보행자라면 어떻게 해야 할 것인가?'라는 문제에 직면할 수 있다.

셋째, 시큐리티 이슈(security issue) 발생 가능성이다. 해커, 테러조직, 적대국가 등에 의한 고의적 차량충돌, 교통 혼란 등의 시큐리티 이슈 발생이 우려되며 시큐리티 측면에서 완벽하게 안전한 시스템을 만드는 것이 현실적으로 불가능한 상황에서 컴퓨터 바이러스에 의한 악의적인 차량 충돌과 교통 혼란 등이 발생할 가능성이 있다. 예를 들어, 차량의 통신이나 센서를 파괴하는 것은 기존 정보 수집보다 더 복잡한 고도의 기술이 요구된다.

넷째, 개인 프라이버시 침해에 대한 우려이다. 프라이버시 보호에 반하는 데이터 관리에 대한 우려가 생길 것이며, 자율주행차 관련 데이터에 대한 다섯 가지의 의문점이 발생할 수 있다. 예를 들어, '누가 차량 데이터를 소유 혹은 제어할 것인가, 어떤 형태의 데이터가 저장될 것인가, 어떤 방식으로 데이터가 이용되며 누구와 공유하게 될 것인가, 어떤 목적으로 데이터가 사용될 것인가'와 같은 의문점이 생길 수 있다. 또한 경로, 목적지, 날짜 등의 차량 운행 데이터가 중앙 집중적으로 정부 시스템에 제공되고, 이 데이터가 저장 및 기록되는 경우 많은 논란이 발생할 수 있으며, 법집행기관이 개인의 추적이나 정부 관계자 감시를 위해 차량 운행 데이터를 오남용할 우려가 있다. 다만 자율주행차 관련 데이터의 건전한 활용은 교통시스템의 효율성 제고와 미래 교통체계에 대한 효율적 투자 우선순위 및 정책 수립 등에 유익한 기초 자료를 제공한다. 이와 같이 데이터 공유는 프라이버시 침해와 공공의 이익 사이에서 트레이드 오프(trade off) 상황에 처할 수 있다.

다섯째, 자율주행차 관련 제도의 미비이다. 자율주행차 도입을 위한 면허 발급 등 법적 근거를 마련하는 것이 지연되고 있다. 미국에서는 각 주별로 자율주행차 도입을 위한 법률 개정이 이뤄지고 있는 바, 플로리다와 워싱턴 DC에서는 자율주행차 테스팅 법안을 제정하는 한편, 캘리포니아와 네바다에서는 자율주행차 면허를 허용하는 법안을 제정하였다. 다만 하와이, 메사추세츠, 미시간, 미네소타, 뉴저지, 뉴욕 등에서는 관련 법안이 현재 계류 중이다. 특히, 네바다(Nevada)에서는 구글, 콘티넨탈(Continental), 아우디에 공공도로에서의 자율주행차 테스팅 면허를 발급하고 있다.

그러나 가장 앞서가고 있는 미국에서조차 일관된 면허발급 프레임 워크나 표준화된 안전 기준이 없고 각 주마다 상이하여, 불확실한 규제에 따라 자율주행차 업체는 개발 및 시험 등에 혼란이 가중되고 있다[7].

다음은 자율주행차의 향후 과제이다.

첫째, 기술적 측면을 들 수 있다. 현재 상용화된 부분 자율주행차에 장착되어 있는 어드밴스드 스마트 크루즈 컨트롤(ASCC: Advanced Smart Cruise Control)과 차선유지 지원 시스템(LKAS)이 꾸준히 개선되고 있다. 이에 고속도로 주행 지원 시스템(HDA), 혼잡 구간 주행 지원 시스템(TJA), 자동 긴급 제동(AEB), 자동 주차 시스템(APS) 등 네 가지 기술이 추가되어 개발되고 있으며, 이로 인해 자율주행차가 한층 진화할 것으로 예상된다. 또한 3D 지도 개발 및 데이터 확보가 중요하다. 자율주행차 기술이 성숙기에 접어들면서 전자지도가 키(Key)로 꼽히고 있다. 자율주행차 상용화를 위해서는 전자지도 데이터와 위성항법장치(GPS) 연동이 필수적이기 때문이다. 인공지능(AI) 기반 음성인식 기술도 필요하다. 자동차 음성인식 상용화에 앞서 해결해야 할 과제로는 노이즈 환경, 외부환경, 운전자 음성속도, 음성 발화 위치, 마이크로폰 장착 위치 등이 꼽힌다.

둘째, 사회적 측면을 들 수 있다. 안전에 대한 낮은 신뢰도와 사고 발생 시 복잡한 처리 과정, 아직 해결되지 않은 자율주행차의 한계점 등이 원인으로 꼽힌다. 또한 완전 자율주행차의 안전성 문제를 높이기 위해, 도로 등의 인프라 구축 또한 중요한 부분이다. 해킹으로 인한 보안, 프라이버시 문제도 발생할 수 있다. 자율주행차는 차량과 도로 인프라를 이어주는 기술인 차세대 지능형 교통시스템(C-ITS)에 연결되어야 하기 때문에 차량의 위치 정보가 지속적으로 시스템에 보고되므로 사용자의 정보가 실시간으로 노출된다는 뜻이다. 차량 내 센서 및 컴퓨터로 수집된 집 주소나 주 이동 경로 등의 개인정보가 외부로 유출될 경우, 새로운 형태의 프라이버시 침해 문제가 발생한다. 특히 사고발생 시, 누가 책임을 져야 하는가. 원인이나 책임을 규명하기 위해서는 영상기록 장치에 기록된 데이터 확보와 빠른 확인이 필요하다. 자율주행차의 윤리적 문제 또한 배제할 수 없는 부분이다. 만약 자율주

---

7   자율자동차 최근 동향 및 도입 이슈(2014), 조성선 외, ICT Report

행차가 충돌을 피할 수 없다면, 누구를 보호해야 할 것인가. 자율주행차가 긴급한 상황에서 주인과 타인을 선택해야 하는 경우 무엇을 우선순위로 판단하게끔 프로그램할지는 논란이 될 여지가 있다.

5-4 자율주행차와 비즈니스 기회

첫째, 자동차 전장 부품(반도체) 산업의 성장이다[8]. 자율주행차의 성장과 함께 늘어나는 다양한 전자 장비에 대한 필요성은 전통적인 반도체, 디스플레이 산업구조에 포함된 소재 부품 업체들에게도 큰 기회를 제공할 수 있다. 특히, 자동차에서 사용되는 전장 부품은 높은 신뢰도를 필요로 하는 극한 환경 및 무오류성, 긴수명 등이 요구되므로 해당 기업의 경우, 보다 용이한 진입이 가능할 것으로 예상된다.

둘째, 운송·물류 산업의 혁신이다. 공유되는 차량 1대는 개인 소유 차량 약 13대를 대체가능하여 교통 체증 및 주차 공간 부족 문제를 완화시키는 기능을 한다. 전문가들은 본격적인 차량 공유가 확장된다면 자동차 산업이 일종의 '모빌리티(이동) 플랫폼 서비스'로 거듭날 것이라고 전망하고 있다. 또한 현재 육상 물류는 운전자에 대한 안전 규제로 보통 하루의 절반 이하로 밖에 운행하지 못하지만, 자율주행차가 도입되면 24시간 배송이 가능하여 현재 인프라 안에서 처리할 수 있는 물류량이 2배 이상 늘어나는 효과가 발생할 것으로 전망된다. 카쉐어링과 자율주행의 결합은 차세대 자동차 시장의 메인 트렌드가 될 것으로 보인다.

셋째, 개인에서 기업으로 옮겨지는 자동차 보험의 변화이다. 자율주행차의 확산은 자동차 보험 업계의 존폐가 달린 문제다. 자동차 보험 시장 내 '주행 중 사고는 운전자 책임'이라는 기본 전제가 깨지기 때문이다. 보험업계 측에서는 운전자가 아닌 자율주행차 제조업체가 배상 책임을 지게 될 가능성이 크다고 보기 때문에 자동차 보험보다는 제조물 배상 책임 보험을 통해 교통사고 관련 배상 문제를 해결하게 될 것이다. 따라서 개인 운전자 대신 차량 제조사가 보험에 가입하는 주체가 되면서 보험업계의 판도가 뒤바뀔 것으로 예측된다[9].

---

[8]　네이버, https://juliakim0411.tistory.com/7
[9]　"4차 산업혁명, 자율주행차란?"(2018), 이상수, 시민의 소리

스스로 움직이면서도 안전한 운행을 가능하게 하는 똑똑한 자동차는 첨단 과학 기술의 발전과 이른바 빅데이터를 처리하는 컴퓨터 사이언스의 진보로 이미 우리 눈앞에 현실이 되었다[10]. 구글은 최근 핸들 없는 무인차를 선보이면서 '아이러니하게도 사람이 운전할 수 없는 새로운 개념의 무인자동차가 될 것이며, 사람이 볼 수 없는 사각지대까지 살필 수 있는 센서까지 탑재하여 도심에서도 유용하게 만들 것'이라고 밝혔다. 교통 체증에서 벗어나 자동차에 탑승한 채로 책을 보거나 업무를 볼 수 있는 시대가 다가오고 있다는 말이다. 그렇지만 자율주행차는 아직 눈길이나 안개가 낀 길에서는 효율적이지 않으며, 일상적인 운전의 상식과 사회적 의미를 가지고 주행하는 수준은 아니다. 예를 들어, 교차로 일단 정지 지역에서 사람들의 고개 끄덕임이나 손짓의 의미를 읽고, 그 맥락을 이해하지는 못한다. 보행자의 세밀한 눈빛이나 걸음걸이의 모습에서 알아차릴 수 있는 다양한 맥락이 자율주행차의 판단과 결정에 사용되지는 못하고 있다.

컨슈머리포트의 자동차 시험국장 제이크 피셔(Jake Fisher)도 '자율주행차 시스템의 성능이 실제로는 사람들의 생각보다 많이 떨어진다'며 '자율주행차의 가장 어려운 점은 인간을 대하는 것인데, 인간은 예측 불가능한 면이 있다'고 지적했다. 그런 우려에도 불구하고 자율주행차의 안정성을 높이려는 노력은 계속되고 있다.

우리나라에서는 2016년 2월 12일 자동차관리법 개정안이 시행되면서 자율주행차의 실제 도로주행이 가능해졌다. 현대자동차의 제네시스는 실제 도로주행을 허가받은 제1호 차로 국토교통부가 지정한 고속도로 한 곳과 수도권 다섯 곳 등을 시험 운행 중이다.

자율주행 기술은 인공지능 기술의 비약적인 발전과 함께 빠른 속도로 발전하고 있다. 자동차 및 IT 업계가 경쟁적으로 개발 중인 자율주행 시스템은 현재 이미 5단계 기술을 향해 가고 있으며, 2035년 무렵에는 5단계 자율주행차의 대중적 보급이 이루어질 것으로 전망된다. 자율주행차는 단순히 운전하는 방식이 바뀌는 것만이 아니라 휘발유 산업의 축소 및 자동차 산업의 몰락, 주차장이 없어지고 출퇴근 변화에 따른 부동산 시장의 수요 변화, 자동차 관련 금융 및 보험과 서비스 산업들의 변화를 포함하는 경제구조의 변화를 예고하고 있다. 특히, 자동차 산업의 경우는 고민에 빠질 수밖에 없는 상황이다. 리싱크엑스(ReThinkX: 시장조사기관)는

---

10 지금은 4차 산업혁명 시대(2018), 나라경제 편집실, KDI 경제정보센터

미국의 경우 자율주행차가 보급되어 2030년이 되면 일반자동차가 무려 82%나 줄어들 것이라고 발표하였다. 기존 자동차 수의 20% 정도면 현재의 자동차 운행 수요를 충족시킬 수 있다고 본다. 자동차 수요가 82% 줄어든다는 이야기는 자동차 제조사들이 몰락한다는 것을 뜻한다. 대중적 완성차 업체의 최소 80%가 시장에서 사라질 것이며, 한두 자율주행차 제조업체와 하이앤드를 지향하는 최고급 자동차를 제조하는 몇몇 회사만 남아 명맥을 유지할 수 있을 것으로 예측된다.

그렇다고 자동차산업계가 너무 실망할 필요는 없을 것이다. 일부 전문가들은 레벨 4단계 수준에 이르는 자율주행차 기술이 어느 수준에 도달하기까지는 상당한 기간이 걸릴 것으로 보며, 자율주행차 보급이 5% 미만이 될 것이라는 주장도 있기 때문에 성급하게 실망할 필요는 없을 것으로 보인다[11].

그림 5-7　자율주행차와 배달 로봇

11 인공지능과 자율주행차, 그리고 법(2017), 명순구 외, 세창출판사

사례연구 1 친환경 자율주행차는 소프트웨어에 대한 투자가 핵심

▶ 그동안 성능 중심으로 발전해 온 자동차 시장에 지각변동이 일어나고 있다. 자동차가 공해의 주범으로 지탄을 받는 환경이 되어서, 전기자동차와 같은 친환경 자동차에 대한 투자와 기술 개발이 늘고 있다.

▶ 친환경 자율주행차에 대한 자동차 업계의 도전이 점차 거세질 것이며, 결론적으로 자동차 전장 부분과 소프트웨어에 대한 투자가 급격하게 증가할 것으로 예상되고 있다.

▶ 자동차 전장 분야에서 가장 큰 기대를 모으고 있는 분야는 바로 자율주행이다. 다양한 전자 부품과 함께 인공지능과 커넥티비티, 센서, 그리고 소프트웨어 등으로 구성되는 자율주행 시장은 향후 가파른 성장세를 나타낼 것으로 기대되고 있다.

▶ 자동차의 전장 부품은 크게 센서, 컨트롤러, 액추에이터로 구분할 수 있으며, 최근 친환경 자율주행 중심으로 자동차 시장이 성장함에 따라 자동차 전장 부품 시장이 큰 폭으로 성장할 것으로 예상된다.

▶ 자동차 시장의 중심 축이 자율주행 등 전장부품으로 이동하면서 이에 맞춘 인수합병(M&A)도 활발하게 전개되고 있다.

▶ 자동차용 소프트웨어의 중요성이 확대되면서 자동차의 전장 부분이 지속적으로 강화됨에 따라 현재 자동차의 두뇌 역할을 하는 ECU(Electronic Control Unit)는 고급 차량을 중심으로 소프트웨어 코드가 약 3억 라인까지 증가할 것으로 예상된다.

▶ 대부분의 관련 업체들이 소프트웨어 보안 강화, 소프트웨어의 안전성 검증을 위한 솔루션을 선보이고 있으며, 관련 규제와 법규 준수를 위한 부분에 초점을 맞추고 있다. 또한 자율주행으로 인한 운전자의 유휴 시간을 위해 인포테인먼트 부분도 크게 강화되고 있다. 간단하게는 네비게이션에서부터 멀티미디어 등은 물론이고 컨텍스트에 기반한 검색 기능 등 다양한 기능이 추가되고 있다.

참조 • 친환경 자율주행차 향한 자동차와 IT 업계의 경쟁 시작!, 테크월드
http://www.epnc.co.kr/news/articleView.html?idxno=81908

함께 생각해 봅시다

지구온난화, 환경오염 등으로 친환경 자율주행차에 대한 관심이 급속히 증가하고, 이에 자동차 전장 부분과 소프트웨어에 대한 투자가 급격하게 늘어날 것으로 예상되고 있다. 친환경 자율주행차 분야에서 적극적인 투자와 기술 개발에 힘쓰는 국내 기업을 조사해 보자.

자율주행차, 장점보다 안전성을 생각하고 해결해야 할 때…

▶ 자율주행차는 어떤 원리를 통해 운행되고 있는지 알아보고, 상용화가 되면 나타나게 될 문제점과 이러한 문제를 방지하기 위한 해결책은 어떤 것이 있을지 알아보자.

▶ 자율주행에는 5단계가 있다. 각 단계별 특징을 살펴보자. 현재 대부분의 차는 0~2단계에 머물러 있는 상태고, 3단계부터 자율주행차라 부른다. 궁극적으로 이루고자 하는 자율주행 단계가 5단계이다.

▶ 자율 주행의 원리인 인지-판단-제어의 3단계에 대하여 살펴보고 상용화 시기는 언제 즈음일지 생각해 보자. 자율운행이 가능하기 위해서는 도시의 인터넷화가 필수다. WIS 2018에서 각 기업들이 앞 다투어 선보인 5G 기술이 2019년에 상용화되어, 적어도 5G 기술이 안정적으로 상용화되어야만 자율주행차의 상용화가 가능할 것이다.

▶ 자율주행차의 가장 중요한 문제점은 안전성이다. 안전성 문제에 대해 개발자들은 오히려 더 안전해질 것이라고 말한다. 그러나 자율주행차는 인터넷을 기반으로 운행되기 때문에 인터넷 보안상의 문제가 생긴다면 엄청난 혼란을 유발할 수 있다.

▶ 다음으로 생각되는 문제점은 자율주행 상태에서 사고가 난다면 사고의 책임은 누구에게 물어야 하나이다. 자율주행차 이용자를 운전자로 보느냐, 탑승자로 보느냐에 따라 책임이 달라진다.

▶ 책임 문제에 있어서는 자율주행차의 관련 법안들이 우선적으로 제정되어야 한다.

▶ 자율주행차가 상용화될 미래가 머지않았다. 그러나 장점이 있다면 단점도 있을 수밖에 없다. 이제는 장점만 바라보는 것이 아닌 단점도 파악하고 발생할 수 있는 문제점에 대해 미리 대비하는 것이 필요한 시점이다.

참조 • 자율주행차, 장점만 생각할 때는 지났다. 이제는 문제점을 파악하고 해결해야 할 때…, 오마이 뉴스
　　　http://www.ohmynews.com/NWS_Web/View/ss_pg.aspx?CNTN_CD=A0002437397

함께 생각해 봅시다

　자율주행차, 장점만 생각할 때는 지났다. 이제는 문제점을 파악하고 해결해야 할 때다. 우리가 해결해야 할 자율주행차의 문제점은 무엇인지 생각해 보자.

"가장 먼저 생각되는 문제점은 안전성의 문제이다 vs 아니다"

사례연구 3 자율주행차 급성장에 대비해야 한다.

▶ 2025년 자율주행차 60만대, 2030년 신차중 40%를 차지할 예상이다.

▶ 자율운행차 시대의 도래와 5G 통신 기술에서 초연결·초지능 기술이 확산되어 자동차와 정보통신기술 산업 간 융합이 확대되어 기존과 다른 새로운 산업 생태계와 서비스가 출연할 것이다.

▶ 협조형 자율주행·군집주행을 위해 고신뢰성·저지연 차량용 통신 기술의 고도화·보급 활성화가 이루어져야 하고, 차내망과 외부통신망의 사이버 해킹에 대한 대응책 마련이 선결되어야 할 기술 과제가 될 것이다.

▶ 자율주행차의 산업 구조는 기존 자동차 산업에 센서·반도체 등의 전기전자산업과 빅데이터·인공지능·V2X를 적용하고, ICT와 ITS 산업, 차량공유 등 서비스 산업 등이 더해져 산업의 범위가 확대될 것이다.

▶ 한국의 장단점에 대한 냉정한 분석을 통해 자율주행차 산업의 발전을 도모할 수 있는 건설적 대안들이 제시되어야 한다.

참조 • 자율주행차 급성장 전망⋯ 2030년 신차 중 40% 차지, 동아일보
　　　http://www.donga.com/news/article/all/20190530/95766828/1

함께 생각해 봅시다

　자율주행차는 급격한 기술 발전으로 가파른 성장세를 보일 것이라는 전망이 제기되고 있다. 나아가 5세대 이동통신 기술의 발전에 따른 미래차 생태계로의 전환이 가속화되므로 관련 산업의 범위가 확장될 것으로 예측된다. 한편, 우리나라는 IT 강국이며 반도체 강국이라 여겨져 왔으나 자율주행차에 대한 대비는 소홀하다는 의견이 있다. 자율주행차 산업의 발전을 위해 우선적으로 해결해야 할 과제는 무엇인지 생각해 보자.

토의 주제

1. 자율주행차에 대한 기본적인 개념과 단계에 대하여 알아보자.

2. 자율주행차의 상용화에 앞서 우리가 생각해 봐야 할 과제가 있다면 무엇인지 과학적으로 분석하여 작성하고, 해결 방안을 조사해 보자.

3. 자율주행 기술은 자동차를 단순 이동수단에서 이동성을 확보한 생활공간으로 자동차의 근본적인 개념을 변화시킬 것이다. 이것이 어떠한 새로운 산업의 변혁과 패러다임적 가치를 줄 것인가에 대하여 조사해 보자.

동영상 학습자료

제목	출처(URL)
1. 본격 성장 궤도 오른 '전기차'…자율주행기능 시대도 '성큼' (YTN)	https://www.youtube.com/watch?v=Metyoo-iD3c
2. [8K TV, 하늘 나는 차…누가 선점?] 현대차, 자율주행 넘어 하늘로 (SBSCNBC)	https://www.youtube.com/watch?v=WQ0tVXUxXZ4
3. 자율주행 레벨4가 뭐야? (국토교통부)	https://www.youtube.com/watch?v=rOIODhIEZlI

제 6 장

가상·증강·혼합·확장현실

6-1 가상·증강·혼합·확장현실의 이해

1 가상현실

가상현실(VR: Virtual Reality)은 1938년 등장하여 1950년대부터 연구되기 시작했고 1960년대 한차례 바람을 일으켰다. 1990년대와 2000년대 초반 실패와 성공을 반복하는 부침을 겪었다. 그 역사만 100년에 가깝다. 또 다른 용어로는 인공현실(artificial reality), 가상세계(virtual worlds), 사이버 공간(cyberspace), 가상환경(virtual environment), 인공환경(artificial environment), 합성환경(synthetic environment)이라고도 한다.

가상현실이라는 개념은 오래 전에 형성되었고, 여전히 넘어야 할 기술 장벽이 많지만 가상현실은 점점 더 현실에 가까워지고 있다. 가상현실 기술 개발 초기에는 대부분의 컴퓨팅 시스템들이나 입출력 장치가 고가라는 제약 때문에 미국 중심의 국방 전투훈련 시뮬레이션과 같이 특화된 분야에만 기술 개발이 집중되어 왔다[1].

가상현실에 대한 사전적 의미는 어떤 특정한 상황이나 환경을 컴퓨터로 만들어 그것을 이용하는 사람이 마치 실제 주변 환경이나 상황과 상호작용하고 있는 것 처럼 만들어 주는 컴퓨터-인간 사이의 인터페이스를 말한다. 또는 가상현실을 사용자가 머리에 쓰는 방식인 디스플레이 장치 HMD(Head Mounted Display)를 얼굴에 착용하고, 이를 통해 3차원 현실과 가상의 상호작용하는 시뮬레이션이라고도 한다[2].

---

1 가상현실 증강현실의 미래(2018), 이길행 외, 콘텐츠하다
2 가상증강현실 라이브 플래닝(2019), 원종서 외, 크라운출판사

그림 6-1 VR의 헤드셋

테마파크는 시설물을 갖추고 테마 환경을 통해 상상 속의 세상을 경험하도록 하는 대표적 엔터테인먼트 분야이다. 이러한 테마파크에서 고속의 롤러코스터 기계 장치가 제공하는 아날로그적 체험 바탕 위에 HMD를 통해 가상현실 콘텐츠가 제공하는 재미가 더해짐으로써 새로운 롤러코스터 경험이 가능하다. 또한 과학 수업시간에 학생들이 HMD를 착용하고 주위를 둘러보면 태양계의 여러 행성과 별, 인공위성이 자기 주변에 떠다니는 모습을 관찰할 수 있다.

표 6-1 가상현실의 시스템 환경에 따른 분류

구분	설 명
몰입형 가상현실 (immersive VR)	• HMD(Head Mounted Display), 데이터 장갑(data glove), 데이터 슈트(data suit) 등의 특수 장비를 통해 인간이 실제로 보고 만지는 것과 같은 감각적 효과를 느끼게 해 생생한 환경에 몰입하도록 하는 시스템이다.
원거리 로보틱스 (tele-robotics)	• 몰입형 시스템과 로봇의 결합 형태로 로봇을 이용하여 먼 거리에 있는 공간에 사용자가 현존하는 효과를 주는 시스템이다.
탁상형 가상현실 (desktop VR)	• 비몰입형 시스템으로 모니터 화면에 나타난 영상을 사용자가 보면서 가상현실을 체험하는 방식으로 가상 세계에 대한 몰입감이 떨어지는 등 부족한 면은 많으나 PC 등 저가의 장비를 이용해 쉽게 사용이 가능하여 현재 대중적으로 많이 보급된다.
3인칭 가상현실 (third person VR)	• 비디오카메라로 촬영된 자신의 모습을 컴퓨터가 만들어내는 가상공간에 나타나게 함으로써 자신이 가상공간에 직접 존재하는 것처럼 느끼게 하는 시스템으로 주로 오락용으로 많이 쓰인다.

산업현장에서도 숙련된 기술을 익히기 위해 오랜 기간이 요구되는 작업이나 많은 위험 상황을 초래할 수 있는 고난이도 작업 등을 위한 실무 훈련에 가상훈련 시뮬레이션 기술을 적극 도입하는 추세이다[3].

가상현실 시스템은 시스템이 사용되는 환경에 따라 3인칭 가상현실, 원거리 로보틱스, 탁상형 가상현실, 몰입형 가상현실로 나눠질 수 있다[4].

② 증강현실

증강현실(AR: Augmented Reality)이란 현실(reality)에 기반을 두어 정보를 추가 제공하는 기술이다. 즉, 현실 세계의 배경이나 이미지에 가상의 이미지를 추가하여 보여주는 기술이다. 현실 세계의 실제 모습이 주가 된다는 점이 가상현실과 차이가 있다. 증강현실은 가상세계와 현실세계를 잘 조화시켜 사용자가 가상환경 및 실제 환경이 분리되었는지 인지하지 못하고 가상세계와 사용자간의 실시간 상호작용이 가능한 몰입감을 제공한다[5].

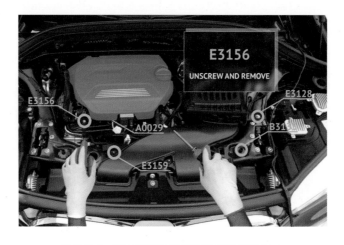

그림 6-2   증강현실을 활용한 자동차 엔진 보수

이것은 가상현실의 한 분야로 실제 환경에 가상의 사물이나 정보를 합성하여 본래 존재하는 사물처럼 보이도록 하는 컴퓨터 그래픽 기법이라고 표현한다[6].

3   가상현실 증강현실의 미래(2018), 이길행 외, 콘텐츠하다
4   위키피디아, ko.widipedia.org
5   네이버 지식백과, www.naver.com
6   가상증강현실 라이브 플래닝(2019), 원종서 외, 크라운출판사

3 혼합현실

기술적으로 접근했을 때 혼합현실(MR : Mixed Reality)은 증강현실과 가상현실을 통합하고 사용자와의 상호작용을 더욱 강화한 방식을 말한다. 즉, 현실과 가상현실, 증강현실의 요소가 모두 혼합된 상태를 구현하는 것이다[7].

현실과 가상이 혼합될 때 무엇이 주가 되느냐에 따라서 혼합 현실을 크게 두 개, 즉 증강현실과 증강가상으로 나눠볼 수 있다. 증강현실은 실사 화면이 대부분인 상태에서 가상의 그래픽을 더한 것이며, 반대로 증강가상은 가상 화면이 주가 된 상태에서 현실 이미지를 일부 적용한 것이다[8].

가상현실 기술이 변화시키고 있는 다양한 분야에서의 모습은 가까운 미래에 현실 세계의 정보를 보다 효과적으로 활용하여 가상의 경험으로 확장하는 증강현실 기술과 연계되어 더욱 발전할 것으로 기대된다. 더욱이 4차 산업혁명 시대를 이끄는 인공지능, 빅 데이터, 초연결 기술과 융합하면서 보다 폭넓은 분야에서 시너지 효과가 창출되고 일상생활 전반에서 친숙하게 접하게 될 것이다.

그림 6-3 혼합현실

미래 교육에서는 학생들이 가상현실 기술을 통해 다른 원격지에 있는 교실로 이동하여 수업을 받을 수도 있다. 또한, 원격지의 학생들과 공통 주제에 대하여 토론하고 실시간 협력 학습이 가능할 수 있다.

---

7   삼성전자 뉴스룸, news.samsung.com
8   가상현실(2017), 편석준 외, 미래의 창

다시 말해 서울에 위치한 학생이 제주에서 수업하는 학생과 같은 장소에서 수업을 듣고 있는 것처럼 같이 보고, 같이 반응하는 협력 수업이 가능하다[9].

그렇다면 가상현실과 증강현실의 차이점은 무엇일까? 가상현실과 증강현실의 가장 큰 차이점은 현실 공간의 활용 여부이다. 가상현실은 모든 것이 가상세계에서 이루어진다. 현실 공간을 바탕으로 가상현실이 만들어지고 그 자체는 가상세계에서 특정 상황으로 연출된다. 즉, 가상의 상황에서 모든 스토리가 전개되는 것이다.

반면 증강현실은 현실세계를 바탕으로 가상세계가 중첩되어 상황이 구성되는 것으로 가상현실과 차이가 있다. 여기에 가상의 캐릭터가 현실세계에 등장하여 가상과 현실이 공존하는 사용자 경험을 제공한다. 만약 '포켓몬 GO'를 가상현실로 연출했다면 특정 지역을 컴퓨터그래픽을 통하여 가상공간으로 구성하고 가상의 캐릭터가 등장하여 게임이 이루어질 것이다[10].

표 6-2 가상현실, 증강현실, 혼합현실의 비교

구분	가상현실	증강현실	혼합현실
사용자 시야	• 완전히 가림	• 가리지 않음	• 부분 가림
그래픽 방식	• 100% 컴퓨터그래픽	• 현실 + 컴퓨터그래픽	• 3D 홀로그램, 홀로렌즈
사용자 이동성	• 고정식, 거의 이동하지 않음	• 이동하며 사용하는 경우가 많음	• 혼합형
구성 패키지	• HMD + 모바일 • HMD + PC • HMD + 콘솔	• 스마트폰 + App	• HMD + 홀로그램
주요 기술	• 시각 · 청각 관련기술 • 시뮬레이션, 햅틱	• 위치 처리 기술, 카메라 인식, 데이터 처리 기술	• 5G, 홀로렌즈
장점	• 콘텐츠 몰입감 높음	• 사용 편리성, 현실감 높음	• 동시성, 상호작용
단점	• 공간 제약 • 장비 불편성	• 좌표, 마커 인식 오류 발생 • 개인정보 유출 가능	• 콘텐츠 미비 • 고가 장비

---

[9]   가상현실 증강현실의 미래(2018), 이길행 외, 콘텐츠하다
[10] 가상증강현실 라이브 플래닝(2019), 원종서 외, 크라운출판사

같은 콘텐츠라도 가상현실과 증강현실 기술 중 어떤 것을 사용했느냐에 따라 결과물은 크게 차이가 난다. 한 예로 여행 콘텐츠를 알아보자. 먼저 가상현실로 콘텐츠를 다루면 그 지역에 실제로 직접 가보는 듯한 생생함의 경험을 전달하는 것에 초점을 맞춘다. 반면 증강현실은 해당 지역에서 카메라에 비추어진 주요 관광 위치 정보나 건물의 정보를 사용자에게 전달하는 데 초점을 맞춘다[11].

그림 6-4 혼합현실

4 확장현실

확장현실(XR: eXtended Reality)은 가상현실(VR)과 증강현실(AR)을 아우르는 혼합현실(MR) 기술을 망라하는 초실감형 기술 및 서비스를 의미한다. VR, AR, MR뿐만 아니라 미래에 등장할 서비스, 또 다른 형태의 현실도 다 포괄할 수 있다. 현실과 가상간의 상호작용이 더 강화된 현실공간에 배치한 가상의 물체를 만지는 것과 같은 개념이다. 초고속, 초연결, 초저지연을 특징으로 하는 6G시대에 본격적으로 시작될 것으로 예측한다. 전송속도는 6G는 5G보다 50배가 빨라지고 VR, AR, MR을 포괄하는 XR 시장은 더욱 확장할 것이다.

---

11 가상현실(2017), 편석준 외, 미래의 창

6-2 가상현실의 요소 기술[12]

1 몰입 가시화 기술

(1) HMD 기술

가상현실의 몰입 콘텐츠를 체험하기 위하여 사용자의 머리에 HMD 기기를 장착하여 영상을 제시하는 기술은 이미 상용화되어 있다. 현재 HMD기술의 기본 바탕은 1968년 유타대학교의 컴퓨터공학자 이반 서덜랜드(Ivan Edward Sutherland)에 의해 이루어졌다. 사용자에게 시각적으로 완전 몰입된 가상공간을 제시하기 위해 HMD의 시야각을 확대하고, 해상도가 증가하는 방향으로 발전하고 있다. 예를 들면 오큘러스 VR사의 '오큘러스 리프트', HTC사의 'HTC 바이브', 소니사의 '플레이스테이션 VR' 등이 출시되었으며, 국내 삼성전자는 오큘러스 VR사와 협력하여 휴대용 장치를 연결하는 VR 서비스를 제공하는 '기어 VR'을 공개하였다.

그림 6-4 몰입형 디스플레이 사례

(2) 완전 몰입형 프로젝션 디스플레이 기술

여러 대의 프로젝터를 이용해 여러 사람들이 한 번에 볼 수 있는 몰입형 프로젝션 장치 기반 디스플레이 환경도 VR 공간을 실제로 드러나게 하기 위해 사용되고 있다. 시카고 대학교에서 개발된 CAVE는 마치 방과 같은 큐브 형태의 디스플레이 장치로, 사용자가 장치 내부에 들어가 각 면들의 디스플레이 화면을 입체적으로 보기 때문에 HMD를 착용하지 않고도 사용자에게 높은 몰입감을 경험하도록 해준다.

12 가상현실 증강현실의 미래(2018), 이길행 외, 콘텐츠하다

그림 6-5　모션 기반 시뮬레이터

2 실감 상호작용 기술

(1) 모션 기반 시뮬레이터 기술

가상현실 실감 상호작용은 VR 공간 또는 콘텐츠를 사용자의 오감과 관련된 입출력 장치를 통하여 실시간으로 제어하는 것을 의미한다. 이 중에서 모션 기반 시뮬레이터 기술은 사용자가 실제로 움직이는 탑승물 등의 장치에 있는 것과 같은 느낌을 제공하는 기술이다. 예를 들어, 사용자가 탑승물(비행기, 자동차 등)을 직접 조종하는 운전 시뮬레이터, 스키를 타고 슬로프를 내려오는 것과 같은 느낌을 제공하는 스포츠 시뮬레이터 등이 있다. 탑승물의 움직임을 재현하기 위해 6자유도를 지원하여 사실적인 이동, 회전, 충돌을 체감할 수 있게 해야 한다. 6자유도란 앞뒤, 상하, 좌우의 세 개의 선형 운동축과 이 선형 운동축을 중심으로 회전하는 세 개의 회전 운동을 말한다.

(2) 위치 추적 기술

가상현실, 증강현실에서 사용자의 위치와 방향을 추적하는 기술은 사용자가 바라보는 위치와 방향에 맞추어 콘텐츠를 디스플레이하기 위해 반드시 필요한 기술이다. 예를 들어, VR 공간을 체험하는 사용자는 고개를 들어 위를 보는데 콘텐츠가 계속해서 정면의 콘텐츠를 보여주게 된다면 사용자의 시각적 감각에 오류를 발생시키게 될 것이다.

HMD를 착용하는 머리의 위치뿐만 아니라 사용자 관절의 정보를 획득하는 인체 모션 인식 기술은 VR 환경을 체험하는 사용자의 상호작용 동작을 인식하고, 가상의 아바타와 같은 캐릭터를 연동하기 위한 핵심 기술이다. 일반적으로 사용자 관절의 정보를 획득하는 인체 모션 인식 기술은 카메라를 통해 마커를 인식하는 방식, 센서를 부착하여 인식하는 방식, 그리고 마커나 센서를 붙이지 않는 방식 등 크게 세 가지 방법으로 나뉜다.

마커를 붙이는 방식은 여러 대의 카메라를 이용해 영상을 분석하고 인체에 부착된 마커의 위치를 추적해 모션을 획득하는 방법이다. 마커를 사용자에게 부착하는 번거로움이 따르지만 다른 방식에 비해 가장 높은 모션 인식 정확도를 보여준다. 센서 부착 방식은 카메라를 사용하지 않고 마커 대신 센서를 부착해 인체 모션을 획득하는 방법이다. 주로 자이로(gyro) 센서, 지자기(geomagnetic) 센서, 가속도 센서의 정보를 분석하여 각 관절의 회전 정보를 획득하고 인체의 모션을 인식한다.

(3) 햅틱 기술

햅틱(haptic) 기술은 가상공간 내에서 가시화된 3D 객체와 접촉하면서 촉각 정보와 힘의 정보를 느끼도록 하는 상호작용 기술이다. 햅틱 장치는 물리적 힘을 가상의 사물까지 전달시켜 주고, 힘이 전달된 물체는 가상공간 내에서 변형 또는 조작되면서 상호작용한다. 이를 통해 가상공간에서 시각 정보로 획득한 물체의 단단함, 질량감, 중력감 등 근육 감각을 자극시켜 감각 정보로 전달하게 된다.

햅틱 기술은 정밀한 감각의 전달이 필요한 수술이나 진단, 재활을 포함한 의료 분야, 목업(MockUp) 제작, 훈련이 필요한 산업공학, 증강현실, 위치 및 정확한 공간 정보를 전달하고 제어할 수 있는 로봇, 엔터테인먼트 분야 등 많은 분야에 응용 가능하다. 가상현실 콘텐츠를 제작할 때 물리 시스템을 적용시켜 힘의 반영, 사물의 진동, 물체의 질감 같은 촉감 이벤트를 적용시키기도 한다.

햅틱 기술은 그래픽스 기술 및 센서 기술의 발전에 따라 직접 몸을 움직여 조작하는 방식으로 점점 더 발전하고 있다. 이와 같은 3D VR · AR 환경에서 사용자는 머리 방향에 따라 360도 화면을 체험하고, 양손에 쥐는 컨트롤러를 통해 직접 손으로 가상현실 속 물체와 상호작용할 수 있다.

6-3 가상현실과 증강현실의 활용분야[13]

급속도로 변하고 있는 경영 환경 상황에서 시장에 대해 복잡성이 증가하고 기업 간 경쟁이 심화됨에 따라 각 기업에게 혁신과 미래 성장 동력 발굴 및 개발은 필수적인 사항이 되었다. 기존의 가치 사슬은 콘텐츠, 플랫폼, 네트워크, 디바이스 사업자로 영역이 구분되어 각 영역에서 유사 업종과의 경쟁이 주로 이루어졌다. 하나의 산업 분야에서 특정 제품 또는 서비스를 만들기 위해 생산부터 서비스까지 각 분야의 이해 관계자와 구성 요소로 구분할 수 있었다. 정보기술이 발달하고 각 기업의 가치 사슬이 복합화되면서 기존에 구조화된 가치 사슬이 분리되고 새로운 가치 사슬이 생기게 되었다. 이와 같이 기존 영역의 파괴에 따라 기업은 시장과 해당 산업 분야에 대한 복잡성에 대응하고 새로운 가치 사슬을 적용하기 위해 가상·증강 현실의 도입과 활용을 적극적으로 검토하고 있다.

1 테마파크

테마파크(theme park)는 VR 기술이 발전함에 따라 다양한 형태로 진화할 수 있다. HMD가 보급되고 1인용 체험 기기가 보편화되면서 사무실이나 집 등 소규모 공간에서도 VR을 통한 체험이 가능해질 전망이다.

그림 6-6　VR 테마파크

---

13 가상현실 증강현실의 미래(2018), 이길행 외, 콘텐츠하다

가상현실 · 증강현실 테마파크는 물리적인 이동의 제한을 없앴다는 것이 가장 큰 특징이다. 기존의 롤러코스터가 물리법칙 안에서 인간의 신체를 제약하여 공포와 스릴을 선사했다면, 가상현실 롤러코스터는 공간과 시간의 제약을 뛰어넘어 우리 모두를 이야기의 주인공으로 만들어준다. 가상현실 · 증강현실 테마파크의 경우 놀이기구가 점차 소형화되며, 한 개의 놀이기구에서 다양한 테마를 체험할 수 있는 방향으로 진화하고 있는 추세다.

2 게임

최근에는 뛰어난 몰입감을 선사하는 가상현실 · 증강현실 게임이 주목받고 있다. 가상현실 기술은 사용자로 하여금 실감나는 가상공간에서 보다 몰입감 있는 체험을 통해 게임을 플레이하며 상호작용할 수 있게 한다. 가상현실 게임은 이미 1990년대에도 닌텐도, 세가(SEGA) 등 게임 회사에서 출시한 사례가 있으나, 당시에는 가상현실 장비와 콘텐츠 제작 기술의 한계로 대중화되지 못하였다. 최근 콘텐츠 기술의 발전과 새로운 장비의 등장은 가상현실 게임 부활의 계기가 되고 있다.

가상현실 게임과 마찬가지로 증강현실 게임도 과거 콘텐츠 기술과 하드웨어 기기의 제약으로 크게 주목받지 못하였다. 그러나 GPS, 카메라, 가속도 센서 등이 지원되는 스마트 기기가 보급되면서 다양한 상호작용이 가능해져 새로운 게임을 경

그림 6-7 VR 게임

험할 수 있게 되었다. 과거 보드 게임이나 카드 게임을 활용하는 단순한 증강현실 게임에서 벗어나, 현실 공간을 게임 공간으로 활용하는 증강현실 게임이 등장하여 게이머(gamer)들에게 신선한 재미를 제공해 주고 있다. 특히 닌텐도에서 출시한 '포켓몬 GO'는 증강현실 게임의 대중화를 이끌며 증강현실이 게임 산업의 한 축으로 인식될 수 있도록 하는 계기를 마련하였다.

③ 스포츠

스포츠 분야는 가상현실·증강현실 기술이 스포츠가 갖는 고유의 어려움을 해결해줄 수 있을 것이라는 기대가 높다. 스포츠는 기후적 특성이나 공간적인 문제로 자유롭게 즐기기가 쉽지 않다. 또한 스키점프나 봅슬레이와 같이 경험하기 어려운 종목도 있다. 가상현실 스포츠는 이 같은 제약을 넘어 실내에서도 사용자가 원하는 스포츠를 직간접적으로 체험할 수 있게 한다. VR 스포츠는 중계와 체험 두 가지 방향으로 발전하고 있다.

보는 즐거움을 배가시키는 VR 중계서비스는 가상현실 장비를 활용하여 스포츠 중계를 생생하게 실시간으로 시청할 수 있는 스트리밍 서비스 기술이다. 한편 체험의 즐거움을 배가시키는 VR 스포츠 체험 서비스는 가상현실·증강현실 기술을 스포츠 활동과 접목하여 사용자가 직접 체험해 볼 수 있게 하는 기술이다.

그림 6-8 가상현실 스포츠

4 교육

가상현실 · 증강현실 기술이 가져온 공간적 혁명과 교실 안팎에서 보이는 학습 방식의 다변화는 교육 효과를 한층 높이고 있다. 세계의 많은 디지털 정보 기업들은 가상현실 · 증강현실 기술이 적용된 교육 분야를 잠재성이 큰 사업 모델로 고려하여 그 성장성에 주목하고 있다. 많은 기업들이 교육 분야에 뛰어들어 관련된 H/W 장비와 S/W 등을 선보이고 있다. 가상현실 · 증강현실 기술이 교육에 새로운 패러다임을 제시하고, 오감 만족 교육의 시대로 이끌 것이라는 것이 업계의 전망이다.

그림 6-9 가상현실로 운전연습 교육

5 산업

제4차 산업혁명 시대가 도래하면서 산업 분야에서는 제조분야의 산업혁신을 통한 생산성 향상과 스마트 공장을 통한 기업의 경쟁력을 높이는 시도가 확대되고 있다. 산업현장에서 가상현실 · 증강현실 기술은 디자인, 설계와 분석, 제품생산, 유지보수는 물론 신규 생산 인력의 훈련 등 공정 프로세스 전반에 도입되어 제품의 출시 기간 단축과 개발비용의 획기적인 절감에 기여하고 있다.

공장을 운용하면서 제품의 생산 및 유지보수에 필요한 데이터를 직관적으로 제공한다. 직관적 데이터란 실제 환경의 데이터(작업 공정 데이터, 가상의 3D 디자인 · 설계 · 운용 · 유지 및 보수 데이터 등)를 가상현실을 통해 그 장소와 연동되게 보여주고 증강현실을 통해 합성하여 보여주는 것이다. 이렇게 되면 실제 상황과 동시에 투영된 데이터가 보인다.

그림 6-10　VR을 이용한 가스 산업 현장 체험

6 국방

안전과 비용 절감 측면에서 상대적으로 제약을 더 많이 받을 수밖에 없는 국방 분야에서도 가상현실·증강현실 기술은 많은 가능성을 제공한다. 국방 분야는 가상현실 기술을 활용한 지 꽤 오래되었다. 미국은 1970년대부터 전투훈련 시뮬레이션을 시작했으며, 캐나다 군이 2008년에 기갑학교에서 모의 전차훈련을 실제 훈련과 함께 실시하였다.

영상을 바탕으로 한 군사용 3차원 지형 복원 기술은 항공과 위성 등을 이용해 여러 영상을 촬영한 다음 영상 내의 특징점 추출과 일치점 획득, 삼각화 기법, 카메라 자세 추정 등의 방법으로 3차원 정보 추정과 3차원 매쉬 및 렌더링을 통해 3차원 지형 형상을 복원하는 기술이다. 또한 군사용 훈련 시뮬레이터 기술은 3차원 공간 정보를 기반으로 하여 항공기 조종 시뮬레이터, 낙하훈련 시뮬레이터, 전술훈련 시뮬레이터, 항공기 정비훈련 시뮬레이터, 군사용 시뮬레이션 조작도구 Software 기술 등이 있다.

그림 6-11　AR 헬멧장착 군사 훈련

사례연구 1 VR·AR, 5G 상용화를 앞두고 새로운 비즈니스 창출

▶ VR·AR 같은 몰입형 콘텐츠가 5세대 이동통신 상용화 이후 미디어 시장에서 핵심 경쟁 분야로 떠오를 전망이다.

▶ LG 유플러스는 5G 이후 VR·AR 콘텐츠가 중요해질 것이라 보고 구글과 손을 잡았다. 두 회사는 3차원 VR 콘텐츠를 제작하기 위해 공동 투자하여 자금을 조성할 계획이다. LG 유플러스가 지난해 인수한 3D 콘텐츠 회사가 제작을 하면 구글이 유튜브 플랫폼을 통해 독점 공급한다.

▶ KT는 550편의 영화와 예능을 가상현실 영상으로 제공한다. SKT처럼 KT 프로농구팀의 홈경기 전체를 VR로 감상할 수도 있다.

▶ 5G를 통하여 연결 속도와 처리 용량 등이 개선되면 지금 유통되는 콘텐츠보다 고화질과 고사양 콘텐츠를 즐길 수 있을 전망이다.

참조 • 가상현실, 5G 콘텐츠 전쟁의 핵심으로, 조선비즈
　　　http://biz.chosun.com/site/data/html_dir/2019/02/01/2019020102177.html

함께 생각해 봅시다

　　국내 통신업계는 5G 상용화를 앞두고 VR·AR분야에서 새로운 비즈니스 기회를 창출하기 위해 양질의 콘텐츠 개발에 집중하고 있다. VR·AR기술의 특성을 고려할 때 우선적으로 적용하기에 적합한 콘텐츠 분야는 무엇인지 생각해 보자.

사례연구 2 UAE에서는 이미 청소년에게 체험 교육 프로그램을 가상현실 기술로 제공

▶ 2018년 5월, 경기도 주관으로 VR·AR 관련 산업의 현재와 미래를 진단했던 글로벌 개발자 포럼이 올해에도 열려 VR·AR 산업에 대한 구체적인 비즈니스 모델과 관련된 전문가들의 노하우를 공유하였다.

▶ 판교 경기창조경제혁신센터에서 개최되는 글로벌 개발자 포럼 2018에는 영국, 캐나다, 중국, 일본, 두바이 등 세계 각국의 VR·AR 관련 인사와 업계관계자들이 참여하고, VR-퍼블릭과 VR-컨버전스, VR-커머스, VR-e스포츠 등 4개 분야로 나누어 포럼도 진행하였다. 슈잣(Shujat) VR·AR 협회 두바이 지역 회장은 '두바이 사례를 통해 살펴본 VR·AR 콘텐츠와 교육'이라는 주제로 강연을 하였다.

▶ VR·AR에 있어 교육은 많은 변화를 유도할 수 있는 분야로 손꼽히고 있다. 영상이나 책을 활용하여 습득하는 것보다 실제 체험을 통하여 습득하는 방법이 효과적이라는 점에서 착안했다.

▶ 교육은 '인식-참가-몰입'이라는 과정으로 이뤄지는데, VR·AR은 흥미로운 콘텐츠를 활용해 더 빠르게 배우고 결정 가능하도록 돕는다.

▶ UAE에서 가상현실 콘텐츠를 가장 적극적으로 활용하는 지역은 두바이이다. 주로 청소년들을 중심으로 역사적 공간을 간접 체험할 수 있게 교육 프로그램을 진행하고 있다. 또한 사르자 지역에서는 청소년들을 위한 페스티벌을 개최했는데 약 15,000여 명에게 VR·AR 체험을 제공하고 기술에 대한 거부감을 줄이는 데 초점을 맞추었다.

참조 • [GDF 2018] 'VR/AR은 아이들 교육을 바꾼다' 슈잣 머르자 VR/AR 협회 두바이 지역 회장, IT 동아
http://it.donga.com/27976/

함께 생각해 봅시다

가상현실이 발전함에 따라 가상현실 기술이 생활 곳곳에 적용되고 있다. UAE에서는 이미 청소년들에게 체험 교육 프로그램을 가상현실 기술로 제공하고 있다. 우리나라에서 실제 수업에 가상현실 기술을 도입하는 것은 어떨지 생각해 보자.

"찬성 vs 반대"

사례연구 3　'포켓몬 Go'성지들, 경제 활성화와 안전사고 예방에 만전

▶ 고양시 킨텍스와 일산호수공원, 파주시 헤이리 예술마을과 임진각, 의정부시 행복로, 연천 수레울 아트홀 등 경기 북부 지역이 모바일 게임인 '포켓몬 Go'의 성지로 알려지면서 관광객의 발길이 이어지고 있다.

▶ 롯데프리미엄아울렛 파주점도 '포켓몬 Go' 희귀 캐릭터인 망나농의 출현이 알려지면서 이용자의 발길이 이어지고 있다.

▶ 행정 구역으로는 경기도 가평군과 강원도 춘천이 맞닿아 있는 남이섬도 희귀한 포켓몬과 80개가 넘는 포켓스탑과 체육관이 있어 게임 성지로 꼽힌다.

▶ 의정부시 행복로와 고양시 일산호수공원 일대도 포켓스탑이 밀집되고 희귀 포켓몬도 자주 나와 서울에 사는 게임 이용자들의 원정이 많은 것으로 알려졌다.

▶ '포켓몬 Go' 게임 성지로 꼽히는 해당 지자체들은 관광객 증가로 지역 경제가 활성화되는 것을 호재로 기대하면서 또한 안전사고를 예방하기 위한 대책 마련을 서두르고 있다.

참조 • '포켓몬 Go 성지' 지자체들 기대반 걱정반, 한겨레신문
　　　http://www.hani.co.kr/arti/society/area/783235.html

함께 생각해 봅시다

　　몇 년 전 증강현실 기반 게임 '포켓몬 Go'가 유행하면서 여러 사고가 발생하였다. 현실과 가상현실을 혼합한 증강현실 세계에서 사용자의 현실에 대한 인지능력이 떨어진 것이 원인으로 꼽힌다. 증강현실 기술에 대한 규제로 어떤 것이 필요한지 생각해 보자.

토의 주제

1. 교육훈련용 가상 · 증강 · 혼합 · 확장현실 콘텐츠는 어떠한 것이 있는지 조사해 보자.

2. 가상 · 증강 · 혼합 · 확장현실의 각 산업, 업종별로 각광받고 있는 이유는 사업 경쟁력을 강화시켜 주고 신사업으로 매력적이기 때문이다. 특히 가상현실과 증강현실이 유망한 업종과 사업 기회를 조사해 보자.

3. 주목해야 할 국내외 가상 · 증강 · 혼합 · 확장현실 기업을 조사해 보자.

동영상 학습자료

제목	출처(URL)
1. VR 시대가 온다 | 당신이 알아야 할 VR 기술	https://www.youtube.com/watch?v=07o6LtatRCI
2. 가상현실 속 진짜 세상, 디지털트윈 [다큐S프라임] (YTN사이언스)	https://www.youtube.com/watch?v=CY4xZB9NhrU
3. 비대면 속 '혼합현실(AR+VR)' 뜬다…실감 넘는 '초실감' (KBS)	https://www.youtube.com/watch?v=5uNdQKgjhvY

제 **7** 장

드 론

7-1 드론의 이해

1 드론의 정의

무인항공기(UAV: Unmanned Aerial Vehicle)는 조종사가 탑승하지 않고 지정된 임무를 수행할 수 있도록 제작한 비행체를 말하며, 무인항공기의 다른 이름으로, '벌이 윙윙거린다'는 뜻으로 '드론(drone)'이라고도 불린다.

그림 7-1 드론의 유래

드론의 어원을 살펴보면, 1930년대 초반 세계최초로 개발한 영국의 표적기인 퀸비(Queen Bee, DH-82)가 낡고 노후되어 이를 무인기로 개조하였으나, 이를 무인기 명칭으로 사용하는 과정에서 여왕에 대한 존엄성 훼손이라는 주장이 제기되어 수벌인 '드론'으로 명명하였다는 학설이 있다.

현재의 드론이 화두가 되기 시작한 것은 2006년 중국의 프랭크 왕(와타오)이 DJI를 설립하고 2008년 프로펠러가 4개 달린 쿼드콥터 드론의 출시를 알리면서부터이다. 2014년 첫 팬텀을 출시한 이후 매년 신 모델을 개발하였다. 현재까지 팬텀과 인스파이어, 스파크, 매빅 등을 지속적으로 출시하여 전 세계의 드론 시장을 석권하고 있으며, 전 세계에 '드론'이라는 단어를 인식시키는 데 크게 일조하였다.

2013년 이후 국제민간항공기구(ICAO)에서는 RPAS(Remote Piloted Aircraft System)[1]를 공식 용어로 채택하여 사용하고 있다.

국립국어원에서는 드론(drone)을 우리말 '무인기'로 사용할 것을 권고하고 있다. 우리나라 항공안전법에서 무인항공기(무인기)는 '사람이 탑승하지 아니하고 연료를 제외한 무게가 150kg 이하인 무인동력 비행장치이다'라고 정의하고 있다. 무인동력 비행장치 중 사람이 탑승하지 않으면서 프로펠러를 여러 개 가진 비행체라는 뜻에서 '무인멀티콥터'라고 하며, 비슷한 시기에 미국에서 드론이라는 용어가 유행함에 따라 무인멀티콥터를 드론으로 많이 부르게 되었는데, 이는 실제로 무인항공기 전체를 지칭한다.

표 7-1 무인항공기의 이름과 개념

용어	일반적인 개념
드론 (drone)	대중 및 미디어에서 가장 많이 사용되는 용어로, 무인기를 통칭, 영국에서 대공 표적기(Queen Bee)를 부를 때 처음 사용되었고, 영국의 경우 소형 무인기(Small Unmanned Aircraft, SUAV)로 정의한다.
무인비행장치 (UAV)	Unmanned Aerial Vehicle의 약자로 항공기의 분류를 명확하게 하는 점진적 과정에서 생겨난 용어로 비행체를 의미하며 우리나라 등 대다수 국가에서 사용된다.
무인항공기시스템 (UAS)	Unmanned Aircraft System or Unmanned Aerial System의 약자로 UAV 등의 비행체, 임무장비, 지상통제장비, 중계장비(데이터링크), 지원 체계를 모두 포함한 개념으로, 전반적인 시스템을 지칭할 때 사용하며, 미국은 UAS로 통칭하고 있고 현재 우리나라 군에서 UAS로 칭한다.
무인항공기 (UA)	Unmanned Aircraft의 약자로 조종사가 탑승하지 않은 상태에서 원격조종 또는 탑재 컴퓨터 프로그래밍에 따라 비행이 가능한 비행체를 설명할 때 사용한다.
원격조종항공기 (RPA)	Remotely Piloted Aircraft의 약자로 국제민간항공기구인 ICAO에서 2011년부터 새롭게 사용하기 시작한 용어로, 원격조종하는 자에게 책임을 물을 수 있다는 의미를 지닌다.
원격조종항공기시스템 (RPAS)	Remote Piloted Aircraft System의 약자로 2013년부터 시작한 용어로 UAS와 같은 의미이며 국제민간항공기구(ICAO)에서는 RPAS(Remote Piloted Aircraft System)를 공식 용어로 채택하여 사용한다.

---

1   세계의 민간 무인항공기시스템(UAS) 관련 규제 현황(2015), 항공우주산업기술동향

2 드론의 역사

드론은 1903년 유인항공기 최초의 비행이 있기 전에 원래 군사용 목적으로 전투와 정찰용으로 사용되었다. 최초의 형태는 오스트리아에서 1849년에 발명된 폭격용 열기구(Bombing by Balloon) 또는 열기구 폭탄(Bombing by Balloon)으로 열기구에 폭탄을 달아 떨어뜨리는 방식이었고 베니스와의 전투에서 실제로 사용하였다. 미국에서도 이와 유사한 열기구인 공중폭격기(Perley's Aerial Bomber)가 있었는데, 이것은 1863년에 뉴욕출신 찰스 파레이가 무인폭격기 특허를 등록한 열기구로써 폭탄바구니를 실어 타이머에 맞춰 폭탄을 떨어뜨리도록 만들어졌다. 이후 더글라스 아치볼드는 에디스 공중 감시연(Eddy's Surveillance Kite)을 개발하여 1883년 최초의 항공사진을 찍는 데 성공하였다.

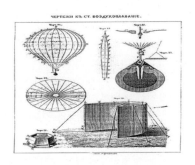
오스트리아의 열기구 폭탄

파레이의 열기구 폭탄 바구니

그림 7-2   최초의 드론 형태

1917년 미국에서 드론 '스페리 에어리얼 토페도(Sperry Aerial Torpedo)'가 100kg이 넘는 폭탄을 싣고 최초로 비행에 성공하였다. 제2차 세계대전을 치르던 1930년대에는 무인항공기의 가치가 더욱 중요해졌으며, 처음으로 왕복 가능한 무인항공기 퀸비(Queen Bee)를 영국에서 개발하게 된다. 이것이 드론의 원조 격으로 정통성을 인정받고 있으며 퀸비에 대비되는 드론이라는 어원을 탄생하게 한 비행체이다.

3 무인항공기의 분류

무인항공기는 형태에 따라 크게 고정익(fixed wing) 무인항공기와 회전익(rotary wing) 무인항공기, 두 가지의 혼합형인 틸트로터(tilt-rotor)형 무인항공기로 나눌 수 있다.

고정익 무인항공기는 일반적으로 비행기와 같이 고정된 날개 형태의 무인항공기 시스템으로, 연료소모가 상대적으로 적다. 하지만 이륙과 착륙을 위한 활주로나 넓은 개활지가 필요하며 바람의 영향을 많이 받는다. 따라서 평지 지형 및 기상의 변화가 적은 지역에서 운용하기에 적합하다. 비행 특성상 정지된 상태에서의 촬영은 어려우나 지형의 신속한 항공 코스 촬영과 영상 제작에는 매우 용이하며 위치 정밀도가 높은 편이다.

고정익 유인항공기   고정익 무인항공기

그림 7-3   고정익 항공기

회전익 무인항공기는 조종사 없이 회전하는 날개에 의하여 비행에 필요한 양력(craft)의 전부 또는 일부를 발생하게 하는 비행체이다.

최근 헬리캠이라 불리는 멀티콥터 방식은 3개 이상의 프로펠러를 서로 반대 방향으로 회전시켜 동체를 제어하는 방식으로 비행자세 제어와 기동성이 매우 뛰어나다. 프로펠러 개수에 따라 3개는 트리콥터, 4개는 쿼드콥터, 6개는 헥사콥터, 8개는 옥터콥터라 불린다. 회전익 무인항공기는 수직 이착륙이 가능하고 제자리·후진·상하 비행이 가능하여 정밀한 정찰이 가능하지만 고정익 무인항공기보다 비행속도는 느리다. 또한 고정익 무인항공기에 비해 운용 인원이 적고 운반은 쉽지만 구조가 복잡하고 가격이 비싼 단점이 있다.

트리콥트   쿼드콥터   헥사콥터   옥터콥터

그림 7-4   멀티콥터 방식의 회전익 항공기

4 우리나라 항공안전법에 따른 항공기 분류

우리나라 항공안전법에서는 최대 이륙 중량, 좌석 수 등을 기준으로 항공기를 분류한다. 항공기의 종류는 항공기, 경량항공기, 초경량비행장치 세 가지로 구분한다.

표 7-2 항공기 분류의 세부 기준

구분		내 용
항공기	비행기 또는 헬리콥터	• 유인항공기: 최대 이륙 중량이 600kg(수상비행에 사용하는 경우에는 650kg)을 초과할 것 등 • 무인항공기: 연료의 중량을 제외한 자체 중량이 150kg을 초과할 것 등
	비행선	• 유인비행선: 발동기가 1개 이상이고 탑승좌석 수가 1개 이상일 것 등 • 무인비행선: 연료의 중량을 제외한 자체 중량이 180kg을 초과하거나 비행선의 길이가 20m를 초과할 것 등
	활공기	• 자체중량 70kg을 초과할 것 등
경량 항공기	비행기, 헬리콥터, 자이로플레인, 동력패러슈트 등	• 최대 이륙 중량 600kg(수상비행에 사용하는 경우에는 650kg) 이하일 것 • 최대 실속 속도 또는 최소 정상 비행 속도가 45노트 이하일 것 등
초경량 비행장치	동력비행장치	• 고정익비행장치로 탑승자, 연료 및 비상용 장비의 중량을 제외한 자체 중량이 115kg 이하일 것 등
	행글라이더	• 탑승자 및 비상용 장비의 중량을 제외한 자체 중량이 70kg 이하로, 체중 이동, 타면조종 등의 방법으로 조종하는 비행장치
	패러글라이더	• 탑승자 및 비상용 장비의 중량을 제외한 자체 중량이 70kg 이하로서 날개에 부착된 줄을 이용하여 조종하는 비행 장치
	기구류	• 기체의 성질과 온도차 등을 이용하는 다음 각 목의 비행 장치 • 유인자유기구 또는 무인자유기구, 계류식기구
	무인비행장치	• 무인동력비행장치: 연료의 중량을 제외한 자체 중량이 150kg 이하인 무인비행기, 무인헬리콥터 또는 무인멀티콥터 • 무인비행선: 연료의 중량을 제외한 자체 중량이 180kg 이하이고 길이가 20m 이하인 무인비행선
	회전익비행장치	• 헬리콥터 또는 자이로플레인으로 탑승자, 연료 및 비상용 장비의 중량을 제외한 자체 중량이 115kg 이하일 것 등
	동력패러글라이더	• 패러글라이더에 추진력을 얻는 장치를 부착한 비행장치로, 착륙 장치가 있는 비행장치와 착륙장치가 없는 비행장치(자체 중량이 115kg 이하)
	낙하산류	• 항력을 발생시켜 대기 중을 낙하하는 사람 또는 물체의 속도를 느리게 하는 비행장치

7-2 드론의 구성과 운용

드론은 세 개 이상의 동력 축(모터)에 프로펠러를 장착하는 구조로 되어 있다. 작용과 반작용의 원리로 양력을 발생시키기 때문에 일반적으로 짝수의 동력 축과 프로펠러를 장착한다.

1 드론의 주요 구성품

드론은 일반적으로 비행체, 지상통제시스템(GCS: Ground Control System), 임무탑재장비(payload)로 구성되어 있다. 비행체에는 프레임(frame), 모터(motor), 프로펠러(propeller), 컨트롤러유닛(CU), 파워관리유닛(PMU), 변속기(ESC), 관성측정장치(IMU), 위성항법장치(GPS), 짐벌(gimbal), 배터리 등이 있다. 지상통제시스템에는 원격조종기, GCS 장비, 데이터링크 등이 있으며, 임무탑재장비에는 촬영용 카메라, 매핑(mapping) 장비(다중분광 카메라, LiDAR), 통신중계 장비, 특수 장비(인명 구조 장비, 약제 살포 장비) 등이 있다.

그림 7-5 드론의 구성과 원리

표 7-3   드론의 부품과 용도

부품명	용도
프레임(frame)	기체의 기본 틀을 가리키는 것으로 플라스틱, 알루미늄, 카본 등의 재질 사용
모터(motor)	기체의 추진력을 담당하며 비행에 가장 큰 영향을 줌
프로펠러(propeller)	회전력을 전진력으로 바꾸어 비행기나 헬리콥터의 추진 기관에 사용하는 장치로 로터(rotor)와 혼용해 지칭
컨트롤러 유닛(CU)	전원, 통신, 모터(motor), 좌표, 데이터 등 많은 입력데이터를 비교하고 분석하여 각각의 유닛(unit)을 제어 및 관리하는 장치로 비행제어기(flight controller)에 해당
파워관리 유닛(PMU)	배터리에서 공급된 전원을 관장하는 장치
변속기(ESC)	전자속도제어기(electronic speed controller)로 스로틀(throttle)[2]에 해당하는 모터(motor)의 속도를 조절해주는 장치
관성측정장치(IMU)	중력을 측정하는 가속도 센서와 각속도를 측정하는 자이로센서로 이루어짐
데이터표시장치 (IOSD)	비행 정보를 확인하는 장치로 배터리 잔량이나 비행시간, 기체의 기울기, 방위, 출발위치의 방향과 거리, 고도, 속도 등의 정보를 화면에 표시
위성항법장치(GPS)	위성에서 신호를 받아 현재 위치를 기체에 알려주는 기능을 하는 장치
짐벌(gimbal)	구조물의 흔들림과 관계없이 카메라의 위치를 정립 상태로 유지해 주는 장치
조종기/송수신기	모든 비행이 전파 통신으로 이루어지므로 통신 부분은 무인항공장치의 핵심, 사용 주파수는 2.4GHz(ISM), 차세대통신 LTE, 5G 등을 사용
배터리	전지는 화학적 에너지를 전기적 에너지로 바꾸는 장치, 용량에 따라 설계

2   드론 비행 전 준비사항

(1) 배터리 충전 상태 확인 및 충전

조종기 및 기체 배터리 충전 상태를 확인하고 부족할 때는 충전한다. 배터리는 반드시 정격 충전기를 이용하며, 드론에서 배터리 사용 시 주의사항은 다음과 같다.

① 다른 제품의 배터리를 연결해서는 안된다.

② 배터리 완충 후에는 충전기에서 분리한다.

---

2   유체가 국부적으로 면적이 작은 유로를 통과하면 압력이 내려간다. 이 좁은 유로 또는 압력이 내려가는 현상. 기화기 아랫부분에 설치되는 밸브. 이 밸브는 가속 페달 위치에 따라 밸브를 개폐하여 실린더에 들어가는 공기와 연료의 혼합 가스량을 조절함으로써 엔진의 회전속도를 변화시킨다.

③ 장기 보관 시 50~70% 상태로 방전 후 보관하여, 과충전 및 과방전은 반드시 피한다.

④ 손상입은 배터리 절대 사용하지 않는다.

⑤ 배터리 폐기 시 소금물에 2~3일 담가둔다(기포가 발생하지 않을 때까지).

⑥ 저전압 이하로 떨어질 경우 재충전이 불가하거나 성능이 저하된다.

(2) 기체 운반 시 유의사항

① 기체에서 배터리 등의 장착물을 분리하고 운반한다.

② 이동 전에 모든 전원 스위치가 꺼진 상태에 있는지 확인한다. 기체 전원 스위치가 켜진 상태로 이동하면 이동 전의 위치가 원래로 돌아온다.

③ 운반 시 프로펠러 등이 외부의 충격으로부터 파손되지 않도록 고정한 후 이동한다.

(3) 비행 전 육안 확인사항

① 기체 외관상의 파손

② 프로펠러(파손, 휨 현상 등), 모터(온도 등), 커넥터(벗겨짐 등), 배선(벗겨짐 등)의 이상 유무

③ 연결부위의 볼트와 너트 등의 결합 및 고정상태(볼트가 풀어져 느슨하지 않은지 등)

(4) 캘리브레이션(calibration)

　드론에 사용되는 장치나 센서의 초기 값에 문제가 있을 경우 이를 정상으로 복구해 주는 작업이다. 비행 전에 캘리브레이션을 통하여 기체가 정상적인 상태에서 조종자가 조종하는 대로 조종이 가능하도록 만들어 놓고 비행해야 한다.

3 드론 비행 절차

(1) 비행 안전 구역 확인 및 상황 판단

① 조종자가 비행하고자 하는 지역 주변에 다른 비행체(경비행기 또는 초경량비행장치)가 비행하는지를 반드시 확인해야 한다. 조종자 스스로가 비행에 대한 전반적인 상황 판단을 해야 하기 때문이다.

② 비행 전 기체의 이착륙 지점을 확인해야 한다.

③ 기체가 이륙 시 프로펠러가 회전하는 동안 기체가 안정화되지 않았기 때문에 우발상황에 대비하기 위하여 기체로부터 최소 15m 이상 떨어진 장소에 위치

하여 시동을 걸고 다른 일반인도 접근을 통제해야 한다.

(2) 기상 상태를 확인하여 비행 가능 여부 판단

① 풍속이 5m/s 이상인 상태라면 비행이 제한된다. 바람주머니(wind sock)나 손수건이 90°의 각도로 펄럭이는 상태이다.

② 지자계의 수치가 5 이상이라면 비행이 제한된다. 만약 5 이상의 수치로 확인이 되면 비행 장소를 재선정하거나 기다렸다가 지자계 수치가 낮아진 것을 확인한 후 비행해야 한다.

(3) 시동 전 조종기 점검 실시

① 시동 전 조종기의 스위치가 바르게 위치되어 있는지와 스틱에 이물질로 인한 조종 장애여부 등의 문제가 없는지를 다시 한 번 체크해야 한다.

② GPS 수신 상태를 확인한다. GPS 수신 여부를 알려주는 LED 등의 신호표시를 확인한다. 통상 녹색의 LED 등이 점멸하여 정상적으로 GPS가 수신되는 지를 알려준다.

(4) 비행 전 인허가 사항 점검

현재 12kg 이하의 드론으로 비행을 할 때, 비행 금지 구역을 제외한 지역에서는 비행 허가를 안 받아도 된다. 다만, 12kg 이하의 아주 작은 기체라도 카메라가 장착되어 있다면 드론 촬영은 직업이든 취미생활이든 반드시 비행 전 국방부, 서울은 수도방위사령부의 허가를 받아야 한다. 드론 촬영을 영리 목적으로 하는 사람이나 회사는 반드시 지방항공청에 기체 신고를 하고 '초경량 비행 장치 사용 사업'을 등록해야 한다.

4 조종사 준수사항

(1) 비행 금지 시간대

야간비행(일몰 후부터 일출 전까지)

(2) 비행 금지 장소

① 비행장으로부터 반경 9.3km 이내: 관제권으로 이착륙하는 항공기와 충돌위험이 있다.

드론 조종자 체크리스트

사고나 분실에 대비해 장치에는
소유자 이름, 연락처를 기재하도록 한다.

항상 육안거리 내에서 비행한다.

야간에 비행하지 않는다.
(야간 : 일몰 후부터 일출 전까지)

사람이 많은 곳 위로 비행을 자제한다.
(인구밀집 지역 위 위험한 방식으로
비행금지)

음주 상태에서 조종하지 않는다.

비행 중 위험한 낙하물을
투하하지 않는다.

항공 촬영시 관할 기관의
사전 승인이 필요하다.

비행하기 전 해당 제품의
매뉴얼을 숙지한다.

전파인증을 받은 제품인지
확인한다.

비행하기 전 반드시 승인 받아야할 경우

비행장 주변 관제권에서 비행
(반경 9.3km)

비행금지구역에서 비행
(서울 강북지역, 휴전선·원전 주변)

지상고도 150m 이상에서 비행
(지면, 수면, 장애물 기준 150m 이상)

※ 위의 준수사항을 위반할 경우 200만원 이하의 벌금 또는 과태료 처분 등 불이익을 받을 수 있습니다.

그림 7-6 드론 조종자 준수사항

② 비행 금지구역으로 휴전선 인근, 서울도심 상공 일부: 국방 보안상의 이유로 비행이 금지된 곳이다.

③ 150 m 이상의 고도: 항공기 비행항로가 설치된 공역이다.

④ 인구 밀집 지역 또는 사람이 많이 모인 곳의 상공: 스포츠 경기장, 각종 페스티 벌 등 인파가 많이 모인 곳에서 기체가 떨어질 경우 인명피해 위험이 높다.

※ 비행 금지 장소에서 비행하려는 경우 지방항공청 또는 국방부의 허가가 필요하다.

(3) 비행 금지 행위

① 낙하물 투하하는 행위 금지: 인명이나 재산에 위험을 초래할 우려가 있다.

② 조종자 음주 상태(혈중 알코올 0.02% 이상)에서 비행 금지

③ 조종자가 육안으로 장치를 직접 볼 수 없을 때 비행 금지: 안개, 황사 등으로 시야가 좋지 않은 경우 눈으로 직접 볼 수 없는 곳까지 멀리 날리지 않는다.

7-3 드론의 활용 및 미래 동향

2013년 기준으로 세계 무인항공기 시장 중에서 군사용 무인항공기가 90% 이상을 차지하고 있다. 최근 농업, 택배, 방송 촬영에서의 활용뿐만 아니라 재난 및 안전에 이르기까지 활용 범위가 점점 확대되고 있다.

1 군사용

제1차 세계대전 당시에 취미용으로 사용되던 원격조종기가 군사용으로 사용되는 것이 검토되었고, 이후 지속적인 개발과 제2차 세계대전 및 베트남 전쟁을 거치면서 군사용 무인항공기는 더욱 발전하였다.

미국 보잉사는 2010년 무인 공격기 '팬텀 레이(Phantom Ray)'를 공개하였다. 이날 공개된 팬텀레이는 지금까지의 어떤 무인기와 달리 본격적인 전투임무를 전제로 설계된 스텔스 무인 전투기였다. 무인전투기는 무장을 장착한 무인기이다. 말 그대로 조종사 없이 공대공 또는 공대지 임무를 성공적으로 수행할 수 있는 항공기를 의미한다. '팬텀 레이'는 정찰 외에도 적 방공망 제압, 전자전 공격 등에 사용될

수 있다. 영국의 BAE 시스템사가 개발한 '타라니스(Taranis)'라는 스텔스 무인 전
투기들이 하나둘씩 등장하면서 급속히 발전하였고 현대전에서 빼놓을 수 없는 무
기로 자리 잡고 있다.

팬텀 레이   타라니스

그림 7-7   군사용 드론

2 물류산업

아마존이 2013년 12월에 무인 택배서비스 프라임 에어 계획을 발표한 후 미국
연방 항공국(FAA: Federal Avication Aministration)이 승인한 여섯 곳에서 지
속적인 실험을 거듭하였다. 소비자가 주문한 상품을 원하는 위치에 보내는 것을 원
칙으로 소비자의 스마트폰 GPS를 통해 위치를 확인하고 그 장소에 상품을 배달하
는 것이다.

그림 7-8   택배 드론

세계 최대 인터넷 쇼핑몰인 중국 알리바바의 창업자 마윈(Ma Yun)은 2013년 5
월 물류사업에 뛰어들면서 '중국 전 지역 24시간 내 배송!'을 슬로건으로 내놓으며
2015년 2월 드론을 이용한 택배서비스를 시험하였다. 비행 시간이 1시간을 넘는

지역을 제외한 후, 베이징, 광저우, 상하이 등 9개 도시마다 배송 건은 50건으로 한정하여 총 450건을 지정한 후 중국의 유명브랜드인 무게 320 g짜리 생강차 상품을 주문 받은 뒤 드론이 배송지 근처에 도착해 물건을 내려놓으면 중국의 물류운송 업체인 YTO 익스프레스 기사가 고객에게 최종 전달하는 방식이었다. 드론을 이용하여 배송하는 데 성공했다고 밝혔지만 서비스 이후 알리바바 측은 '아직 드론 서비스가 가능할지 확신할 수는 없다'고 밝혔다.

아마존과 달리 독일의 운송업체 DHL은 사람의 접근이 어려운 지역에 긴급 화물을 수송하는 데 파셀콥터(parcelcopter, 소포와 헬리콥터의 합성어)를 운용하고 있다. 2014년 9월, 독일 북부 노르덴시 노르트다이흐 항구에서 이륙하여 12km 떨어진 북해의 위스트섬에 의약품인 소포를 배달하며 처음으로 상용화되었다.

③ 방송촬영

인간의 눈으로 볼 수 없는 영상을 제공할 수 있다는 장점 때문에 방송 분야에서도 드론의 활용도가 높아지고 있다.

미국 등 선진국에서는 10년 전부터 방송 제작에 드론을 사용하기 시작하였다. 대표적으로 2005년 미국 언론들은 뉴올리언스를 강타한 허리케인 소식을 드론을 활용하여 촬영하고, 각종 영상을 시청자들에게 전하였다.

드론은 2007년 캘리포니아 산불과 2010년 아이티 지진, 2011년 일본 동북부 대지진 및 2013년 필리핀 태풍 참사뿐만 아니라 BBC 등의 다큐멘터리 제작이나 내셔널지오그래픽 등에서 많이 이용되고 있다.

그림 7-9 방송촬영용 드론

우리나라에서는 대표적으로 예능프로그램 중에 '1박2일', '꽃보다 할배', '삼시세끼' 등 많은 프로그램 제작에서 드론이 사용되고 있다. 과거에 사용되었던 크레인, 지미집에 비해 전후좌우 및 정지영상을 마음대로 찍으며 안정적인 연출이 가능해지면서 방송사의 많은 관심이 집중되었다. 하지만 이러한 장점 외에 안전사고 위험, 사생활 침해 논란, 보안 논란 등의 문제점이 도사리고 있다.

4 농업

일본은 야마하 R-MAX 시리즈로 2013년까지 약 2,550여 대의 농약 살포용 무인 헬리콥터를 판매하였다. 또한 R-MAX 시리즈는 살충제 및 비료 살포를 통해 전체 농경지 40%에 이르는 규모에 사용되어 농촌 고령화에 따른 노동력 부족을 해결하고 있다.

소규모 농경지가 대부분인 일본에서 고정익 비행체는 비효율적이었고 유인 헬리콥터는 운용에 부담이 되면서 인명 피해가 적으면서 적은 비용으로 소규모 농경지에 살포가 가능한 R-MAX 시리즈가 자리 잡았다.

농업용 무인항공기 개발 및 제조사인 프레시전 호크(Precision Hawk)에서 개발한 버드는 농작물 재배에 필요한 데이터를 제공한다. 버드는 위치와 기상의 상황을 실시간으로 계산하여 용도에 따라 세부적인 농장 데이터를 축적하여 자동으로 프레시전 호크 서버로 보내지고 농부는 자신의 농가에 맞는 분석 결과를 제공받는다.

농업은 생산비를 아끼고 인력난을 없애는 방향으로 가야 한다. 이처럼 방대한 정보수집이 가능하고 정밀 농업이 확대되어 최소 인원으로 농장 운영이 가능해지면 농업의 발전을 앞당기는 데 큰 역할을 하게 될 것이다.

그림 7-10   농업용 드론

5　재난구조

최근 재난 구조현장에서 드론 장비를 적극 활용하여 재난 현장 상황을 빠르고 정확하게 파악하여 초기 대응할 수 있게 되었다. 이러한 입체적 접근을 통한 인명 구조 활동으로 정확한 현장 지휘를 할 수 있게 되었다. 모든 재난 및 구조 현장에 드론 장비를 즉각 투입하여 현장 정보를 실시간으로 각 부처가 공유하면서 일사불란하게 구조 활동을 지원하고 있다.

그림 7-11　재난현장용 드론

2015년 4월 25일, 규모 7.8의 강진으로 붕괴된 네팔의 다라하라 타워 상공에서 구글과 페이스북은 생존자들을 확인하고 위치를 확인할 수 있도록 IT 서비스를 제공하였다. 국제구호개발 NGO 휴먼인러브 긴급구조단의 수색구조팀에 합류한 드론프레스팀은 드론에서 전송받은 현장 사진을 바탕으로 피해 규모와 구조 방안도 도출하였으며, 적외선 카메라를 장착한 드론은 생존자를 발견하여 네팔 정부의 지진대책본부에 정보를 제공하였다.

재난현장용 드론은 저비용 고효율로 국민의 생명과 재산 보호는 물론 구조요원들이 직면하게 될 다양한 잠재 위험을 크게 줄일 수 있다. 또한 현장 지휘를 원활하게 할 수 있으며, 드론이 위험지역에 접근하여 수집한 상황 정보나 상공에서 입체적으로 수집한 정보를 토대로 인명구조를 보다 신속하고 과학적으로 수행할 수 있다. 앞으로 재난현장용 드론은 더욱 발전할 수 있을 것으로 기대된다.

6　마케팅

최근 IT 분야에서 가장 뜨거운 아이템으로 주목받으면서 트렌드에 민감한 광고·홍보 업계에서도 드론을 활용한 마케팅이 늘어나고 있다.

LG전자는 2015년 6월, 이스라엘의 항구 도시 텔아비브에서 'LG G4' 출시 기념으로 드론을 이용한 공중촬영을 진행하였다. 상공에서 흔들림 없이 담아낸 도시영상은 페이스북을 통해 조회수 50만 뷰를 돌파하며 시민에게 LG G4를 알리는 마케팅 역할을 톡톡히 해냈다.

현대약품은 이색 프로모션으로 식이섬유 음료 '글램'을 드론이 갖다 주도록 하여 시민들에게 즐거움을 선사했다. 거리에 놓인 대형 거울 앞에서 사람들이 옷맵시 등을 체크하면 어디선가 날아온 드론이 '글램'을 전달한다. '젊은 층의 외모를 가꾼다'는 제품의 속성이 드론의 활용과 잘 맞아 떨어진 마케팅 사례로 뽑히고 있다.

7 문화 예술 분야

흔히 드론 예술하면 드론 군집비행을 떠올린다. 인텔은 미국 캘리포니아주 팜스프링에서 100대의 드론을 동시 비행하는 데 성공하였고 이어 시드니 오페라하우스에서는 유스 오케스트라 음악에 맞춰 드론 군무를 선보였다. 오스트리아에서는 드론이 세계적 뉴미디어아트 기관인 아르스 일렉트로니카(Ars Electronica) 퓨처랩(FutureLab)과 협업하였다.

2018년 평창 동계올림픽 개막식에서는 드론 군집비행이 전 세계인을 매료시키며 이슈가 되었다. 특히 사람들이 놀란 특별한 기술, 즉 5G를 사용하여 1,218대의 드론이 만든 오륜기는 압권이었다. 2018년 평창 하늘을 수놓은 1,218대의 드론 공연은 드론이 물류 기능뿐만 아니라 엔터테인먼트적인 가능성도 있다는 것을 보여주며 기네스북에 등재되기까지 하였다.

그림 7-12   문화 · 예술 분야에서의 드론

사례연구 1 드론은 필요한 도구인가 vs 위험한 도구인가?

▶ 사우디 원유 시설이 '심장마비'되다.

▶ 워싱턴포스트(WP)는 '사담 후세인 전 이라크 대통령이 스커드 미사일을 쐈던 1991년 걸프전 후 가장 심각한 피해'라고 전하였다.

▶ 사우디 영공이 불과 드론 10대에 뚫렸다는 점도 우려를 낳고 있다. 뉴욕타임스(NYT)는 '후티가 한 대에 15,000달러(약 1,800만 원)에 불과한 저렴한 무기로 지난해 세계 군사비 지출 3위인 사우디에 피해를 주었다'고 진단하였다.

▶ 후티 반군을 포함한 반(反) 사우디 진영이 미국으로부터 천문학적 규모의 무기를 사들이고 있음에도 안보 체계가 예상외로 허술한 사우디의 약점을 파고든 셈이다.

▶ 향후, 레이더 추적이 어려운 드론 수십대로 비슷한 공격이 일어날 수 있음을 시사한다.

참조 • 드론 10대 공격에… 사우디 석유생산, 걸프전이후 최대 타격, 동아일보
　　　http://www.donga.com/news/article/all/20190916/97416357/1

함께 생각해 봅시다

누가 왜 드론을 가지고 엄청난 공격을 했는가?

드론은 필요한 도구인가 vs 위험한 도구인가

사례연구 2　감시하는 행위에 드론 활용

▶ 사설탐정 업체에서 고객들을 위해 의심스러운 배우자나 직원들을 감시하는 행위에 드론을 활용하고 있다.

▶ 캘리포니아의 한 탐정은 '고급 장난감 상점에서 카메라가 달린 드론을 구입한 후, 게임에 능숙한 젊은 층을 고용, 이를 조정하게끔 만들었다'고 자신의 드론 활용 사례를 소개하였다.

▶ 드론 기술이 발전함에 따라 드론의 활용 분야가 점점 확대되어 가고 있다. 드론의 활용 분야에서 긍정적인 측면이 많아지고 있지만 역으로 부정적인 측면에서도 드론이 이용되고 있다.

참조・무인 飛行體의 非行!… 기상천외 드론 악용 사례들, CIO Korea
　　　http://www.ciokorea.com/slideshow/24906#csidxb295e7f92f108c1ac937e70be8e9b90

함께 생각해 봅시다

　사생활 침해에 따른 범죄 행위가 종종 발생하고 있다. 개인이나 사유 재산 감시에 드론을 이용하는 것은 불법이다. 우리나라에서도 재산권의 영역을 영공으로 확대하는 법안을 도입하여 드론이 사유지를 통과하지 못하도록 규제하는 것에 대하여 생각해 보자.

"찬성 vs 반대"

사례연구 3 | 드론을 통한 유용한 감시 분야의 활용 사례

▶ 추석연휴기간 등 공휴일에 고속도로에서 버스전용차선을 위반하거나 갓길운행을 하는 등 위법행위를 하면 드론으로 적발해 현장을 단속한다.

▶ 국토교통부는 안전하고 쾌적한 추석 귀성 · 귀경길을 만들기 위해 한국도로공사와 한국철도공사, 한국공항공사와 함께 드론을 활용하여 시설물 안전을 사전 점검하고, 연휴기간 중에는 고속도로에서 현장단속을 실시한다.

▶ 국토교통부와 이들 공사는 추석연휴를 앞두고 교량, 비탈사면, 송전철탑 등 시설물 점검에 드론을 투입하여 시설물 안전은 물론 점검인력 안전을 확보하였다.

▶ 연휴기간 중에는 도로공사가 버스전용차로 및 지정차로 위반, 갓길운행, 끼어들기 등 얌체 위법행위 단속에 드론을 활용하고, 교통흐름을 개선하고 단속인력 안전도 확보한다.

▶ 국토교통부는 공공부문의 드론 활용을 확대하고 민간부문 창업 · 개발, 시험 · 인증, 운영 · 서비스 등 드론산업 생애 주기 전 과정에 걸친 맞춤형 지원을 범부처 협업을 통하여 확대해 나갈 계획이다.

▶ 국토교통부 관계자는 '정부는 드론의 다양한 활용 가능성에 주목해 전 국민의 명절인 추석 귀성 · 귀경길 안전과 현장관리에 드론을 시범 적용했다'면서 '드론 활용의 효용을 국민이 피부로 느낄 수 있도록 공공부문에서 드론 활용을 넓혀갈 계획'이라고 밝혔다.

참조 • 추석연휴 고속도로 얌체 운전자 드론으로 현장 단속, ZD Net Korea
http://www.donga.com/news/article/all/20190916/97416357/

함께 생각해 봅시다

드론 기술이 발전함에 따라 드론의 활용분야가 점점 확대되어 가고 있다. 드론으로 많은 위반 및 사건 사고 현장들을 감시하고 단속하는 도구로 이용되고 있다.

드론을 통한 감시 분야의 활용을 확대하는 것에 찬성 vs 반대

토의 주제

1. 드론 비행 시 반드시 지켜야 할 안전수칙에 대하여 조사해 보자.

2. 드론 활용이 우리 생활에 밀접해지면서 발생하는 사고 사례를 조사해 보자.

3. 드론이 다양한 분야에서 활용되면서 나타나는 일자리 변화에는 어떠한 것이 있는지 조사해 보자.

동영상 학습자료

제목	출처(URL)
1. 운송부터 직접 타격까지…군, 드론 활용 '진화' (MBN)	https://www.youtube.com/watch?v=76UCqJIKzY0
2. 드론의 진화…딸기 인공수정도 '척척' (YTN사이언스)	https://www.youtube.com/watch?v=mX3lf2T7eRY
3. '드론왕국' 中, 한국을 가장 무서워하는 이유 (MTN)	https://www.youtube.com/watch?v=4phT98Nybuo

제 8 장

3D프린팅

3D프린팅의 이해

3D프린터(3D printer)는 3차원의 입체물을 만들어 내는 프린터로, 컴퓨터로 작업한 3차원 모델링(modeling) 데이터를 입체적으로 인쇄하여 실제 사물로 생산해 주는 기계를 말한다. 또한 3D프린팅(Three Dimensional Printing)은 3D프린터를 활용하여 입체적인 결과물을 인쇄하여 제작하는 모든 과정을 포함한다. 특히 3D프린팅은 단순히 입체적으로 물건을 인쇄하여 제작하는 결과뿐만이 아니라, 3D입체물을 제작하기 위해 진행되는 디자인, 설계, 3D모델링 작업, 인쇄 등의 프로세스 전체를 지칭한다.

그림 8-1　3D프린터로 만든 입체물

3D프린팅은 일상생활에 활용되는 일반적인 제품에서부터 자전거 뼈대, 인공 뼈, 음식 등에 이르기까지 제작 가능한 제품의 범위가 무궁무진하다는 장점이 있다. 또한 기존 생산 방식에서 활용하던 제품 제작을 위한 특별 공정과정이 축소될 수 있고, 재료의 유통 과정 역시 최소화할 수 있다.

최초의 3D프린팅 기술은 1980년대 일본 나고야 공업연구소에서 시작되었는데, RP(Rapid Prototype)라고 불리는 프린팅 기술이 그 시초라고 한다. 하지만 3D프린팅에 대한 특허출원은 SLA(광경화성 수지 적층 조형) 기계를 만든 찰스 헐(Charles W. Hull)이었다. 찰스 헐은 현재 3D프린팅 시장에서 선도적 위치에 있는 '3D시스템스(3D Systems)'을 공동 창업하였는데, 여기에서 시제품 제작 시간을 단축하기 위한 방법을 고안하던 중 3D프린팅 기술을 개발하게 되었다[1]. 이때 헐이 처음으로 고안한 방식은 '스테레오 리소그래피(Stereo Lithography)'로, 광경화 조형(SLA: Stereo Lithographic Apparatus) 방식은 현재 3D프린팅 산업 현장에서 자주 쓰이는 기술이다. SLA 방식은 캐드(CAD) 등 3D모델링 소프트웨어로 설계한 입체 데이터를 송출하여 여러 개의 얇은 층으로 나누어 적층해 입체물을 제작하는 기술을 말한다. 마치 지도의 등고선을 얇은 층으로 분리한 후 차례대로 쌓아 올려 입체감 있는 물체를 완성하는 방식과 같다.

헐이 개발한 3D프린팅 기술은 현재 많은 산업 분야 중 특히 제조업 현장에서 매우 유용하게 활용되고 있다. 3D프린팅 기술은 실제 제품을 완성하기 전 디자인을 미리 보기 위한 시제품, 즉 목업(mock-up, 실물 크기 모형) 제작 단계의 혁신을 가져왔다. 일반적으로 시제품 제작 기간은 3D모델링 소프트웨어로 설계한 제품 디자인을 목업 제작 전문가에게 전달한 후 몇 주에서 길게는 한 달이 넘게 소요된다. 그 이유는 목업 최종 결과물을 받아 보기까지 디자인을 명확하게 구현하기 위해 세밀한 부분을 수정하는 데 많은 시간이 필요하기 때문이다. 하지만 3D프린팅 기술은 이 길고 지루한 과정을 단 몇 시간 안에 끝낼 수 있는 혁신을 가져왔다. 이는 시제품 제작에 드는 비용의 절감뿐만 아니라 긴 제작기간 동안 제품의 최종 디자인이 외부로 유출되는 사고도 방지할 수 있다. 하지만 초창기 3D프린팅의 기술력으로는 한 개의 시제품을 완성해 내는 데 길게는 24시간 정도가 소요되어 널리 활용되지는 못하였다. 이후 90년대에 이르러 제작시간이 짧고 생산비용도 저렴한 적층형

---

1 김경아, 3D프린팅 기술 기반 개인 주문 생산 비지니스의 필요조건 및 전략연구, 기초조형학연구 Vol. 20, No. 6, 2019. 12.

FDM(Fused Deposition Modeling) 방식이 상용화되고 나서야 3D프린팅의 활용이 보다 대중화될 수 있었다[2].

미국의 버락 오바마(Barack Obama) 전 대통령은 2013년 초 국정 연설 당시 '3D프린팅이 기존 제조방식에 혁명을 가져올 잠재력을 가지고 있다'고 언급하면서 3D프린팅에 대한 관심을 고조시켰다. 3D프린팅 기술은 3D 형태로 모델링된 데이터 파일만 있으면 몇 시간 만에 물건을 만들어 주기도 한다. 물론 3D모델링 자체가 다소 어렵긴 하지만 제품 등 산업 디자인 현장에서는 3D프린팅을 활용하지 않더라도 3D모델링 기술은 필수적이다. 특히 3D모델링 데이터는 한번 만들어 놓기만 하면 원하는 만큼 반복적으로 물건을 제작할 수 있다는 장점이 있다. 전문가가 아니라서 3D모델링을 스스로 만들지 못한다면, 3D모델링을 공유하는 사이트에서 원하는 파일을 다운로드하여 3D프린터로 물건을 만들어 낼 수도 있다.

8-2   3D프린팅 방식[3]

일반적인 프린터의 경우 인쇄 시 잉크와 토너로 이루어져 있으나, 3D프린터의 주요 구성은 플라스틱 소재나 고무, 세라믹 등에 이르기까지 그 종류가 다양하기 때문에 인쇄 방식이 일반 프린터와 구별된다. 일반적으로 3D프린터를 활용하는 방식은 크게 절삭형과 적층형의 두 가지로 나뉜다. 절삭형은 커다란 한 개의 덩어리를 조각하듯이 형태에 따라 깎아내는 방식이고, 적층형은 이와는 반대로 한 층씩 쌓아 올라가는 형식으로, 현재 상용화된 3D프린터는 이 적층형 방식이 대부분이다. 절삭형의 경우 전체 덩어리에서 여분을 깎아내서 만들기 때문에 재료의 손실이 큰 반면, 적층형은 필요한 부분만 쌓아서 올리기 때문에 최소한의 재료로 제품 제작이 가능하다는 장점이 있다. 이러한 적층형 방식도 활용 원리에 따라 약 20가지의 다양한 기술이 있는데, 그 중에서도 FDM, SLS, SLA 방식이 가장 많이 사용된다.

2   요리부터 인공장기까지 뚝딱, 한계에 도전하는 장비들, 더퍼스트미디어
     http://www.thefirstmedia.net/news/articleView.html?idxno=44828
3   4차 산업혁명 3D프린팅이란?, 시민의 소리
     http://www.siminsori.com/news/articleView.html?idxno=201255

1 용융 적층 모델링(FDM: Fused Deposition Modeling) 방식

고체형 재료 기반 방식으로 대부분의 보급형 프린터들이 사용하는 일반적인 방식이다. 용융 적층 모델링 방식인 FDM은 필라멘트라고 불리는 얇은 플라스틱 실을 녹인 후 이를 아래부터 위로 한 겹씩 층층이 쌓아 올라가는 방식이다. FDM 방식의 3D프린터는 다른 방식에 비해 프린터 가격 자체는 저렴한 편이지만 결과물의 표면이 다소 거칠기 때문에 제품의 완성도를 높이기 위해서는 반드시 후작업이 필요하다.

2 선택적 레이저 소결(SLS: Selective Laser Sintering) 방식

선택적 레이저 소결 방식인 SLS는 미세한 플라스틱 분말이나 모래, 금속 가루와 같이 파우더형 재료를 사용하여 입체물을 만드는 방식이다. 우선, 파우더형 재료가 담겨있는 수조에 레이저를 쏘아 얇은 막(layer)을 형성하는데, 이 막이 FDM 방식에서의 한 겹의 층과 같다. 이후 그 얇은 막 위에 파우더를 다시 뿌리고 레이저를 쏘면 생성되는 얇은 막을 반복적으로 층층이 적층하여 물체를 제작하는 원리이다. 이때 레이저 대신 접착제를 사용하기도 한다. 프린팅이 끝난 다음에는 파우더 가루더미에서 물체를 꺼내 정리해주면 된다. 이때 많은 분말이 발생해 뒤처리가 다소 어렵다는 단점이 있지만 무엇보다 제작 속도가 빠르고, 활용 가능한 재료도 다양하며, 완성품이 정교하다는 장점이 있다. 하지만 3D프린터 자체가 고가인데다 부피가 상대적으로 크고, 무엇보다 SLS 방식의 프린터의 사용을 위해서는 전문적인 교육이 필요하다는 것이 가장 큰 단점이다.

3 광경화 조형(SLA: Stereo Lithographic Apparatus) 방식

SLA 방식의 3D프린터는 액체형 재료를 사용하는데, 이 액체형 재료인 감광성 수지(photopolymer)는 평소에는 액체이지만, 레이저 등의 빛을 쏘면 고체로 굳는 특이한 성질의 플라스틱이다. 우선, 해당 액체가 들어있는 수조에 레이저를 쏘아 필요한 부문만 딱딱하게 고체화시켜 제품을 완성해 나간다. 레이저 광선을 사용하기 때문에 속도가 빠르고 정밀도가 높아 뛰어난 형상 구현이 가능하며, 대형보다는 소형제품 제작에 좋다. 무엇보다 FDM 방식에 비해 완성품의 표면이 매끄럽다는 장점이 있으나, 타 방식에 비해 내구성이 다소 떨어진다는 단점도 있다.

8-3 3D프린팅 진행 과정

3D프린팅은 3D모델링 → 3D프린팅 → 후처리의 3단계로 진행된다. 여기서 3D 모델링은 3D프린팅 시 인쇄할 데이터 파일을 만들어 주는 과정이며, 3D프린팅은 3D프린터가 실제로 프린팅을 하는 과정이고, 후처리는 3D프린팅 후 완성된 제품의 후처리하는 과정을 의미한다[4].

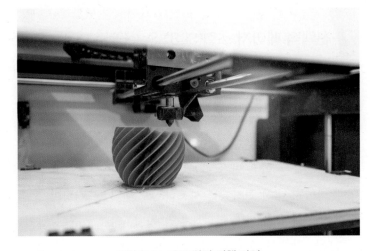

그림 8-2 3D프린팅 진행 과정

1 3D모델링

3D모델링 데이터는 3D프린팅을 위한 필수적인 요소로, 모델링 프로그램을 활용하여 사람이 직접 만들 수도 있고, 사람 얼굴 등을 3D스캐너로 스캔하여 데이터를 추출하는 방식으로도 제작 가능하다. 3D모델링 제작이 가능한 모델링 프로그램은 123D디자인, 퓨전360(Fusion 360)에서부터 오토캐드(AutoCAD), 라이노(Rhino), 카티아(CATIA), 맥스(3D MAX), 스컬프트리스(Sculptris), 스케치업(SketchUp) 등 그 종류가 매우 다양하다. 따라서 제작하고자 하는 제품의 특성에 따라 적합한 프로그램을 선택적으로 활용하면 된다. 하지만 모델링 프로그램은 프로그램별로 저장 방식이 다양하기 때문에 이 모든 파일을 3D프린터가 해석하는 데 한계가 있다. 이에

---

4 3D 프린터, 네이버 지식백과, https://terms.naver.com/entry.nhn?docId=1978613&cid=40942&categoryId=32374

3D프린터로 입체물을 출력하기 위해서는 우선 3D모델링 데이터를 STL이라는 파일 형식으로 변환해 주어야 한다. 이 STL 파일은 슬라이싱(slicing, 절편화) 작업을 위한 것으로, 3D프린터 출력 전에 거치게 되는 필수 단계이다.

② 3D프린팅

3D프린팅 과정은 크게 2단계로 나뉜다. 첫 번째는 3D프린팅을 위한 준비 단계인 슬라이싱 과정으로, 3D프린터가 한 층씩 쌓아올리는 방식으로 제품을 제작할 수 있도록 3D모델링을 완료한 후 STL 파일로 변환하는 과정을 통해 파일을 한 층씩 잘라내는 작업이다. 두 번째는 STL로 변환된 데이터를 실제로 프린팅하는 과정으로 일반적인 적층식의 경우 한 층씩 쌓아서 만들며, 이때는 냉각속도와 같은 다양한 물리적 변수들이 작용할 수 있기 때문에 프린팅하는 데 시간이 다소 소요되기도 한다.

③ 후처리

후처리는 3D프린팅의 마지막 단계로, 입체물을 제작한 후 표면을 가공하거나 도색하는 등 결과물의 완성도를 높이기 위한 모든 작업을 포함한다. 예를 들어, FDM 방식으로 제작한 입체물은 표면이 거칠기 때문에 이를 매끄럽게 가공하는 작업이 반드시 필요하다. 3D프린팅은 제작 방식에 따라서 후처리 방법이 달라지기 때문에 이 부분에서 전문적인 지식이 많이 요구되기도 한다.

그림 8-3 3D프린팅으로 제작한 신발

8-4 3D프린팅 기술의 활용분야[5]

3D프린팅의 시작은 시제품 제작 기간 단축이 주요 목적이었으나, 현재 3D프린팅은 제품, 자동차, 항공분야에서 활용되던 것에서 더 나아가 의료, 유통, 건설 등에 이르기까지 전 사업군으로 확장되고 있는 추세이다. 여기에서는 3D프린팅 기술 활용을 통해 제작 방식의 혁신을 가져온 분야에 대해 소개하고자 한다.

1 자동차 분야/우주항공 분야

3D프린팅은 자동차나 항공기의 엔진과 같은 고부가가치 부품을 제작하는 데 사용되며, 현재 나사(NASA)가 추진하는 달기지 제작과 같은 특수 환경 3D프린팅 기술도 개발되고 있다. 그 중 3D프린터는 자동차의 대시보드나 부속품의 시제품을 제작하는 등 자동차 생산 분야에서 활발히 사용되고 있다. 예를 들어, 콘셉트 카를 만드는 자동차 업체의 경우 기존에 알루미늄을 사용했던 자동차 문 프레임 소재를 3D프린팅으로 제작한 탄소봉으로 바꾸면서 전체 무게를 90%까지 낮춘 사례가 있으며, 3D프린팅을 활용해 소형 자동차 전체를 단 3일 만에 제작하는 기술도 선보이고 있다. 실제로 람보르기니는 아벤타도르(Aventador)라는 제품의 시제품 제작을 위해 3D프린터를 사용했는데, 기존에 4개월 동안 4만 달러가 소요된 작업이

그림 8-4 3D프린터로 제작한 자동차 부품들 예시

5 4차 산업과 3D프린팅 미래 기술 트렌드: 의료 · 3D 바이오/제조분야 융합모델/건축물, 지식산업정보원, R&D정보센터, 지식산업정보원, 2018.

3D프린터를 사용하면서는 제작 기간이 20일, 제조 단가가 3천 달러 수준으로 축소되었다. GM 역시 2014년 중형 세단 말리부(Malibu)를 제작할 때 3D프린터를 사용하여 시제품 제작 기간을 기존 대비 2년 정도 단축시킨 사례가 있다. 이는 기존의 자동차 시제품 제작 방식이 점토 조각을 활용했던 것에서 3D프린팅의 SLS와 SLA를 혼합한 공정으로 전환 후 비용과 시간이 줄어든 효과라고 할 수 있다.

시제품 제작뿐만 아닌 3D프린터를 활용하여 자동차 완성품을 제작하는 회사도 있다. 오바마 미국의 전 대통령이 혁신의 아이콘으로 극찬했던 회사인 로컬 모터스(Local Motors)가 그 주인공이다. 로컬 모터스는 자동차 디자인 프로세스에 고객을 참여시킬 뿐만 아니라 온라인을 통해 디자인에 대한 의사 결정을 진행한다. 기존 자동차의 디자인은 전문 디자이너가 많은 논의를 거쳐 결정하고, 끊임없는 시제품 제작을 통해 최종 완성품을 시장에 내놓는 것이 일반적이다. 하지만 로컬 모터스는 3D프린터로 자동차를 생산하기 때문에 고객들이 원하는 경우 디자인 작업에 적극적으로 참여함으로써 세상에 하나밖에 없는 나만의 자동차를 제작할 수 있다. 또한 3D프린터로 자동차를 제작하기 때문에 약 40시간이면 자동차 한 대를 완성한다. 무엇보다 기존 자동차 제작에는 공정별로 많은 작업자가 필요한 반면, 로컬 모터스는 생산 전 과정을 마무리할 때까지 한 명의 노동자만으로도 충분하다.

이렇듯 자동차를 하루 만에 뚝딱 만들 수 있는 힘은 3D프린터 두 대로 이루어진 마이크로 팩토리(micro factory)에서 나온다. 마이크로 팩토리는 기존 제품 생산 공장과는 차별화된 개념이다. 기존 산업단지는 5,000~8,000m^{2}의 규모가 요구되는 반면, 마이크로 팩토리는 도시 안에 들어설 수 있을 정도의 소규모로 운영될 수 있으며, 이는 4차 산업혁명에서 무엇보다 중요한 공장에 대한 고객의 접근성을 극대화한다[6]. 즉, 복잡하고 거대한 제품 생산의 공정 라인이 더 이상 필요하지 않게 되면서 공장의 규모가 작아질 수 있으며, 제품 생산에 요구되는 인력도 3D프린터를 운용할 수 있는 최소한의 인원으로 줄어들 수 있다.

2 교육 분야

3D프린팅은 교육 분야에서도 활용 가능하다. 기존 수업 자료는 대부분 평면적이 거나 입체의 경우 제한이 많았지만, 3D프린팅의 활용은 그 영역을 무한대로 확장시

---

6 KAMA웹저널, http://www.kama.or.kr/jsp/webzine/201811/main.jsp

킬 수 있다. 특히 3D프린팅 기술은 시각장애인이나 시력에 문제가 있는 사람들에게 도움을 주는 이상적인 도구로 각광받고 있다. 그 예로 콜로라도대학교의 컴퓨터 사이언스 분야 탐 예(Tom Yeh) 교수는 학생들과 협업하여 '촉각으로 읽는 그림책 프로젝트(tactile picture books project)'를 통해 '배고픈 애벌레(the very hungry catepillar)'라는 책을 제작하였다[7]. 각각의 페이지는 손으로 만지면 입체적으로 상상이 되도록 3D버전으로 제작되어 있고, 아래 부분에 그림을 설명하는 점자가 있다.

국내에서도 시각장애 학생들을 위하여 3차원 입체 교구를 개발한 사례가 있다. 기존의 점자책에는 점자가 중심이기 때문에 그림이 없는 경우가 대부분이다. 하지만 이 3차원 입체 교구는 3D프린팅을 활용하여 제작한 3차원 형상의 촉각 교재로, 그림의 크기나 정밀도를 초등학교 시각장애 학생들의 인지력을 고려해 제작하였다. 3차원 입체 교구는 고인돌, 석굴암, 첨성대 등의 유물이나 꽃의 성장 과정이나 빛의 굴절 등에 이르기까지 매우 다양하여 사회, 물리, 생물 과목 등의 실제 수업에서 사용하고 있다[8, 9].

그림 8-5   3D프린터를 활용한 교구 제작 및 활용 예시

---

7   3D-Printed Picture Books Let Blind Chilredn Feel the Narrative, PSFK https://www.psfk.com/2016/02/3d-printed-picture-books-let-blind-children-feel-stories.html

8   시각장애청소년을 위한 3D프린팅 촉각수학교재 모델 개발 연구-함수지도와 관련하여-, 이상구, 박경은, 함윤미, 수학교육논문집, Vol. 30, No. 4, 2016.

9   시각장애인의 예술작품 감상을 돕기 위한 컬러 정보 전달 다중 감각 인터페이스 컨셉디자인-"Blind-touch" 사례를 중심으로-, 조준동 외, 한국디자인학회, Vol. 2, No. 2, 2019. 10.

이렇듯 3D프린팅을 활용한 입체 교구를 활용하면 학생들의 수업 이해력과 창의력을 향상시킬 수 있을 뿐만 아니라 학생들이 직접 교구를 디자인 설계하고 형상 제작하는 등 여러 방면에서 참여가 가능하다는 장점이 있다.

3 건설 분야

3D프린팅는 주택건설시장에서도 시범적으로 적용되고 있다. 집채만 한 초대형 3D프린터 하나면 소형주택이나 가구를 불과 몇 시간 안에 출력할 수 있다. 2016년 러시아와 샌프란시스코에 본사를 두고 있는 아피스 코어(Apis Cor.) 회사의 3D 전문가들은 현지에서 모바일 프린터를 사용하여 집 한 채를 완성하였다[10].

일반적으로 건축 분야에서 3D프린팅이 활용될 때는 공장과 같은 건축 현장이 아닌 곳에서 제품을 선 제작한 후 건설 현장으로 옮기는 것이 보편적이지만, 아피스 코어사의 주택은 이동 가능한 3D프린터를 활용하여 현장에서 직접 주택을 제작했다는 데 차별성이 있다. 또한 우크라이나 한 주택 건설회사는 최근 3D인쇄로봇을 이용한 주택인 패시브 돔(Passive Dom)을 완성했는데, 이는 사람이 직접 집을 짓는 시간과 비용을 훨씬 절감해줄 뿐만 아니라 이동이 가능하다는 점에서 효율적이라는 평가를 받고 있다.

그림 8-6 3D프린터로 제작한 주택 예시

10 24시간 만에 집 한 채 '출력', CIO, http://www.ciokorea.com/news/33326

이와 더불어 네덜란드 아인트호벤에서는 사상 최초의 3D프린팅 임대주택 공급 사업인 '프로젝트 마일스톤(Project Milestone)'이 시작되었는데, 이는 실제 사람들이 입주해 살아갈 3D프린팅 주택 사업의 첫 상용화 사례라고 할 수 있다[11]. 그동안 미국, 중국, 네덜란드 등의 스타트업이나 연구기관들이 3D프린팅 주택 건축 기술을 이용한 건물이나 주택을 몇 차례 선보이기는 했지만 실제 상용화에 나선 적은 없었다. 아인트호벤 외곽 신흥 주택지역에 들어설 임대주택단지 조감도를 보면, 마치 들판에 커다란 돌덩어리들을 드문드문 세워놓은 것 같은 느낌을 준다. 주택들이 이처럼 독특한 형태를 띨 수 있는 것은 원하는 형태를 자유자재로 만들 수 있는 3D프린팅 기술 덕분이다.

이 3D 주택의 건축 방식은 3D프린팅을 활용한 다른 건축 방식과 유사하다. 첫 번째로, 대형 3D프린팅 기계로 노즐을 통해 시멘트 혼합물을 배출하면서 층층이 건물 구조를 만드는 데, 이 작업은 아인트호벤 공대 캠퍼스에서 이루어진다[12]. 이렇듯 3D프린팅을 활용하여 기본 구조물 제작이 완료되면 이를 주택 현장으로 이동하여 즉시 조립을 시작한다. 조립 시에는 기본 건축물에 건물에서 무엇보다 중요한 다양한 구조요소, 즉 창문이나 문, 배선이나 배수관을 설치하고 지붕을 얹어 최종적으로 건물을 완성한다.

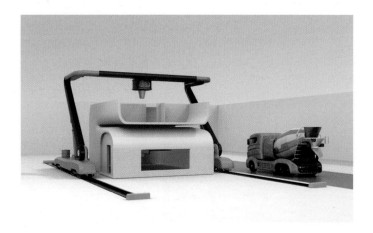

그림 8-7   3D프린터로 제작하는 건축물의 개념

11 Smithsonian.com, Netherlands will welcome its first community of 3D-Printed homes, https://www.smithsonianmag.com/smart-news/netherlands-set-welcome-worlds-first-functional-3d-printed-house-2019-180969272/

12 3D 프린팅으로 실제 살 집 짓는다, 한겨레, http://www.hani.co.kr/arti/science/future/848771.html

3D프린터로 주택을 생산하는 것의 장점은 거의 모든 형태의 건축물을 제작할 수 있다는 점이다. 또한 주택별로 고객 맞춤형 사양 추가가 얼마든지 가능하며, 3D프린팅을 이용하기 때문에 이러한 추가 요청 비용도 저렴하다는 장점이 있다.

4 의료분야

의학이나 헬스케어 분야는 모든 사람의 몸은 각기 다른 특징과 형상을 갖기 때문에 개개인의 상황에 적합한 맞춤형 제작 기술이 무엇보다 중요하다. 3D프린팅 기술은 이를 구현할 수 있는 최적의 맞춤형 기술이다[13]. 예를 들어, 얼굴뼈 등에 손상을 입은 환자의 경우 기존에는 몸의 다른 부분에서 뼈를 추출한 후 손상 입은 부위에 맞도록 그 뼈를 깎아서 이식해야 했으며, 수술시간도 8시간 이상 소요되었다. 하지만 3D프린팅 기술을 활용하며, 환자의 맞춤형으로 손상 부위에 완벽하게 일치하는 보형물을 삽입할 수 있다. 이 경우 뼈를 추출할 필요가 없어 환자의 고통도 줄고, 수술시간도 2시간 이내로 단축될 수 있다는 장점이 있다.

현재 3D프린팅 기술을 이용하여 제작할 수 있는 분야는 보청기에서부터 임플란트나 인공 뼈, 그리고 의학 보조기 등에 이르기까지 매우 다양하며, 활발한 연구가 진행 중이다. 헬스케어분야에서 3D프린팅을 활용한 의료기기의 활용은 2012년 약 1000만 달러에서 2025년, 약 19억 달러 규모로 성장할 것으로 예측되고 있다.

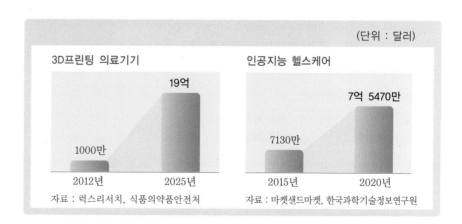

그림 8-8 헬스케어분야 3D프린팅과 인공지능 세계시장 규모

---

13 의료용 3D프린팅 기반 바이오, 메디칼 융합기술 시장 실태와 전망, CHO Alliance, 편집부, 서울: CHO Alliance, 2015.

미국 델라웨어 병원은 출생 시 관절 만곡증이라는 희귀성 근골격계 질환을 갖고 태어난 환자를 위하여 의료용 로봇 팔을 제작하는 데 3D프린터를 이용하였다. 또한 미국 코넬(Cornell University) 의대에서는 실제 귀와 동일한 형태의 인공 귀를 제작하기 위해 3D프린팅 기술을 기반으로 살아있는 세포로 만들어진 주입용 겔을 활용해 성공적으로 인공 귀를 생산해냈다. 최근에는 여기에서 더 나아가 세포 자체를 직접적으로 프린팅할 수 있는 기술 개발을 위해 활발한 연구를 진행 중이다. 또한 3D 바이오프린터 벤처기업인 오가노보(Organovo)사에서는 3D프린터로 제작한 간, 콩팥 등과 같은 바이오 프린팅 소재를 개발했으며, 이와 더불어 살아있는 조직을 모아 새로운 동맥을 제작할 수 있는 기계의 프로토타입(prototype)을 만드는 데 성공하였다. 물론 기술의 한계상 아직까지는 튜브 같은 혈관 정도만 제작할 수 있지만, 전문가들은 미래에는 신체의 모든 종류의 장기를 3D프린터로 생산할 수 있는 날도 머지않았다고 전망한다.

그림 8-9 의료용 3D프린팅 기술 적용 예시

5 에너지 · 나노 분야

3D프린팅은 에너지 · 나노 분야에서도 활용 가능하다. 미국의 하버드 대학교(Harvard University)와 어바나 샴페인 대학교(University of Illinois at Urbana-Champaign)의 연구진은 3D프린터로 의료용 로봇을 가동하는 데 성공하였다. 여기에는 세계에서 가장 작은 리튬이온 배터리의 제작 성공이 큰 역할을 했다. 이때 리튬이온 배터리 제작을 위해 사용된 초미세 3D프린터의 노즐 크기는 30마이크로미터(μm)에 불과하였다. 연구진은 16겹의 리튬 금속산화물층을 겹겹이 적층하여 서로 엇갈린 방식으로 형성된 다섯 갈래의 전극을 만들었다. 이 전지

의 전기화학적 성능을 판단하는 충방전 기능이나, 수명, 에너지 밀도 등 다양한 부분을 고려했을 때 기존의 상용화된 상업용 배터리와 견주어도 손색이 없다고 한다. 또한 기존 3D프린팅 소재의 경우 전도성이나 신축성의 한계가 있는데, 이를 극복하기 위해 그래핀 에어로젤 기반의 나노소재를 대량 합성하여 3D프린팅이 가능한 소재를 개발하였으며, 그래핀 소재를 이용한 다공성 대변형 구조체의 3D프린팅 성공 사례가 보고되기도 하였다[14].

8-5 3D프린팅의 미래

3D프린팅 산업은 PC가 어느 순간에 우리 사회 전반의 패러다임을 바꿔 놓았듯이, 현재 우리가 사는 세상을 급격하게 변화시킬 수 있는 잠재력을 지니고 있다. 현재 세계 3D프린팅 시장은 미국의 스트라타시스(Stratasys)와 3D 시스템즈(3D Systems)가 주도하고 있다. 하지만 산업계는 앞으로 3D프린팅에 이어 4D프린팅이 보급될 것으로 예측하고 있는 만큼 두 회사의 독점구도는 깨질 수도 있다[15].

그림 8-10 세계 3D프린팅 시장 현황과 전망

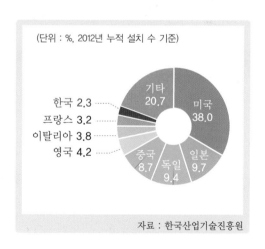

그림 8-11 주요국 3D프린터 시장 점유율

---

14 3D프린팅 공정이 가능한 유연 압전 나노발전 소재 및 소자 개발 연구, 김영대, 고려대학교 대학원 석사학위논문, 2020.

15 10년 후 4차산업혁명의 미래(2017), 디자인전략정책연구원, 일상과 이상

2013년 4월 미국 MIT의 스카일러 티비츠(Skylar Tibbits) 교수는 '4D프린팅'이라는 제목의 테드(TED) 강연을 통해 4D프린팅을 세상에 알렸다[16]. 그는 이 강연회에서 1차원의 선들이 3차원 정육면체로 변화하는 과정을 담은 획기적인 영상을 선보였는데 이것이 바로 물리적, 생물학적 물질들이 모양과 특성을 바꿀 수 있다는 4D프린팅의 개념이다. 예를 들면, 4D프린팅을 이용하면 형상기억합금과 같은 신소재를 프린터를 사용하여 출력할 수 있다. 이 출력된 물체는 시간 등 외부 환경이 변하면 다른 형태로 변화한다. 이 기술에 4D라는 이름을 붙인 것은 기존의 3차원 입체에 시간이라는 한 개의 차원이 추가되었기 때문이다. 실제로 4D프린터로 찍어낸 물체는 어떠한 인간의 개입 없이 열이나 진동, 중력, 공기 등 다양한 환경이나 에너지원의 자극을 받아 변화할 수 있다. 이러한 4D프린터는 소재산업, 항공우주, 자동차, 의류, 건설, 국방, 헬스케어 등에 이르기까지 다양한 분야에 광범위하게 적용되고 있다.

일각에서는 향후 10년 후를 기준으로 할 때 소품종 대량생산을 주로 하는 산업분야에는 이 3D프린팅이 보편적으로 활용되지는 않을 것이라고 예측한다. 그 이유로는 이미 대량생산 방식에 필요한 산업 인프라를 갖춘 국가에서는 3D프린팅으로 제품을 제작하기 위해서는 많은 투자가 전제되어야 하는데, 기존의 방식을 고수하는 것에 비교할 때 크게 저렴하지는 않을 것이기 때문이다. 그러나 여전히 3D프린팅 기술은 다양한 분야에서 강한 영향력을 행사할 것이다.

홀러스 어소시에이츠(Wohlers Associates)의 '세계 3D프린팅 시장 현황과 전망'에 관한 연구를 살펴보면, 3D프린팅 시장은 2011년 약 17억 달러에서 2019년에는 80억 달러, 2022년에는 약 180억 달러의 규모로 성장하였다. 주요국의 3D프린터 시장 점유율에서 한국은 약 2.3%의 규모인 것으로 나타난다. 앞으로 3D프린팅 생태계는 사람들과 제품 디자인 소스의 연계, 또는 제품 디자이너와 제조업자의 연계 등과 같이 상호간 연계를 통한 네트워크 구축으로 보다 확장될 가능성이 있다. 또한 3D프린팅의 활용 가능성을 확장하기 위해서는 끊임없는 3D프린팅 재료가 개발되어야 한다. 또한 3D로 제품을 디자인하는 데 있어 기존보다 간편하게 모델링 작업이 가능한 소프트웨어를 개발한다면 향후 3D프린팅이 다양한 산업분야로 확대될 기회가 될 수 있을 것이다.

---

16 The Science Times, '4D 프린터'시대가 오고 있다, https://www.sciencetimes.co.kr/?news=4d-%ED%94%84%EB%A6%B0%ED%84%B0-%EC%8B%9C%EB%8C%80%EA%B0%80-%EC%98%A4%EA%B3%A0-%EC%9E%88%EB%8B%A4

사례연구 **1** 로컬모터스 창업자 겸 CEO 존 로저슨 '3D프린터로 하루만에 차 생산'

▶ 로컬모터스 창업자 겸 최고경영자(CEO)인 존 로저슨은 '3D프린터로 만드는 자율주행차' 강연에서 '우리는 전 세계에서 최초로 3D프린팅 자동차를 만들었다. 24시간이면 프린터에서 자동차가 나온다.'며 '신제품 개발에도 1년 밖에 걸리지 않는다.'고 말하였다.

▶ 로컬모터스는 이렇게 빠른 시간에 기존에 없는 자동차를 생산해 낼 수 있는 비결을 글로벌 공동생산(Co-creation)과 마이크로 팩토리(Micro-factory, 초소형공장) 덕분이라고 하였다. 로컬모터스는 2009년 글로벌 공동생산을 통해 '랠리파이터'를 선보였는데, 이 차량은 영화 '트랜스포머4'에서 사막 경주용 자동차로 등장해 많은 이목을 집중시켰다.

▶ 로저스 CEO는 '글로벌 공동생산이란 회사와 고객이 디지털 기술을 통해 상호 협력해서 제품을 디자인하고 엔지니어링 하는 것'이라며, '랠리파이터 디자인에는 전 세계에서 500명이 참여했고 이들은 모두 로컬모터스 직원이 아니다.'고 강조하였다.

▶ 지난해 로컬모터스는 IBM의 인공지능 플랫폼 '왓슨(Watson)'을 장착한 자율주행 전기버스 '올리(Oli)'를 출시하였다. 로저스 CEO는 '올리는 3D프린터로 단 하루 만에 만들었다.'고 설명하였다.

참조 • 3D프린터로 하루만에 車 생산… "서울에 공장 짓고 싶다", 매일경제
http://news.mk.co.kr/newsRead.php?year=2017&no=694606

함께 생각해 봅시다

로컬모터스는 기존 자동차 생산을 위한 공장의 크기와는 비교가 안 될 정도로 작은 마이크로 팩토리와 최소한의 노동자만 있으면 자동차 생산이 가능한 시대를 열었다. 이는 생산방식에 있어 큰 변화이다.

"3D프린터의 활용으로 불러올 생산단계에서의 노동자의 축소는 긍정적이다 vs 부정적이다"

사례연구 2 **3D프린팅된 마스크, 스마트폰 언락가능**

▶ 최근 스마트폰은 지문 인식을 대체할 수 있는 얼굴 인식 기능을 통해 스마트폰 언락(phone unlock)할 수 있게 되었으나, 안전성에 대해 다소 의문을 가질 수 있게 하는 흥미로운 실험이 해외에서 진행되었다.

▶ 포브스의 스텝인 토마스 브루스터(Thomas Brewster)는 자신의 얼굴을 3D프린터로 정교하게 복제해 IPhone X, LG G7 ThinQ, Samsung S9, Samsung Note8, OnePlus 6 총 5대의 스마트폰 언락을 시도했다. 이 중 4대의 안드로이드 스마트폰에서는 모두 언락에 성공했으며, 아이폰 X에서만 언락에 실패했다고 밝혔다.

▶ 이는 애플이 '페이스 아이디'에 막대한 기술과 돈을 들이고 꾸준히 업데이트해 온 성과라고 보인다.

참조 • 3D프린팅된 마스크, 얼굴인식 스마트폰 언락가능… 아이폰은 실패, BodNara
https://www.bodnara.co.kr/bbs/article.html?num=151443

함께 생각해 봅시다

3D프린팅으로 제작 가능한 범위는 무궁무진하다. 3D프린터로 제작한 마스크로 스마트폰을 언락할 수 있다는 것은 그 자체로 많은 부분을 시사한다.

"3D프린팅으로 인간의 신체 정보를 복제할 수 있는 것에 대해
찬성한다 vs 반대한다"

사례연구 3 | '스마트 헬스케어' 진화하는 수술실 환경

▶ 사물인터넷, 3D프린터 등 다양한 기술이 발달하면서 국내외 의료서비스에도 수술실 통합 솔루션, 로봇, 전자 의료 기록(EHR) 등 혁신기술과 융합한 '스마트 헬스케어'가 화두로 떠오르고 있다.

▶ 올림푸스는 수술실 내의 의료기기와 장비 사용, 영상 송출 등 수술에 필요한 일련의 작업을 중앙에서 컨트롤 패널로 손쉽게 제어하는 수술실 통합 시스템인 '엔도알파'를 개발하였다.

▶ 최근 병원 내 감염문제가 지적되는 가운데, 로봇 개발사인 제넥스가 개발한 바이러스를 제거해주는 기술인 '라이트스트라이크 로봇'이 개발되었다.

▶ 메디사인은 실시간으로 환자의 전자 의료 기록과 의료진 및 스태프 정보를 업데이트해 보여줄 수 있는 디지털 병실 화이트보드를 개발하였다. 이는 직접 손으로 쓰고 지우는 번거로움을 덜어주고, 기록을 자동으로 업데이트해 주기 때문에 의료진간의 소통 착오에서 발생 가능한 의료사고를 감소시켜 준다.

참조 • 의료현장에도 '스마트 헬스케어'… 진화하는 수술실, 아시아경제
　　　http://www.asiae.co.kr/news/view.htm?idxno=2018080318161626369

함께 생각해 봅시다

　3D프린팅은 의료와 헬스케어 분야에서 획기적인 혁신을 불러왔다. 이러한 기술이 향후 개개인에 맞춤형 의료 서비스 등을 제공할 수 있다.

"3D프린팅이 의료와 헬스케어 분야에서 활용되는 것은
긍정적이다 vs 아니다"

토의 주제

1. 3D프린터는 지속적으로 발전할 것이며 그 파급력도 클 것이다. 어떤 분야에서도 긍정적인 효과를 발휘할 가능성이 있는 콘텐츠이지만 3D프린터로 인해 우려되는 부분이 있는지 조사해 보자.

2. 3D프린터를 통해 활용 가능한 범위가 넓어지면서 우리 삶에 긍정적인 영향을 미칠 수 있는 부분을 조사해 보자.

3. 3D프린터의 활용분야에 대한 사례를 조사해 보자.

동영상 학습자료

제목	출처(URL)
1. 4차 산업혁명 이끄는…참신한 3D프린터 (YTN사이언스)	https://www.youtube.com/watch?v=cEeWA4Mp8_8&t=10s
2. [특집 일상의 혁명 4차 산업] 6회 3D프린팅 (한국직업방송)	https://www.youtube.com/watch?v=4mazVd1Pl0k
3. 3D 프린터로 의료장비 양산…'방역 첨병'으로 주목 (YTN)	https://www.youtube.com/watch?v=OnTpoZN_O9w

제 9 장

헬스케어

9-1 헬스케어의 이해

헬스케어(health care)란 넓은 의미로 질병의 치료와 예방, 건강 관리 과정 전반을 포함한 것을 말하며, 좁은 의미로는 원격 진료나 건강 상담을 말한다. 헬스케어와 IT 기술이 함께 활용되어, 더욱 많은 사람들이 언제 어디서나 자유롭게 의료 서비스를 사용할 수 있는 원격 의료 서비스인 'U-헬스케어'가 하나의 예이다. 거주하고 있는 자택과 병의원 사이의 거리가 멀어서 진료를 받기 어려운 경우, U-헬스케어 시스템의 영상 통화 등을 통해 원격 진료를 해줄 수 있는 기기를 갖춘 보건소 및 전국의 병의원과 실시간으로 질병과 건강에 관한 상담 및 진료를 받을 수 있게 된다는 것이다.

헬스케어 분야는 IT 기술이 발전하면서, 디지털 헬스케어로서 인공지능(AI), 사물인터넷(IoT), 빅데이터(big data), 플랫폼 기술, SNS, 센서 등을 활용한 핵심기술을 기반으로 진료 환경 개선은 물론, 새로운 치료법을 제시하는 정밀의료를 현실화하고 있다. 디지털 헬스케어는 기존의 U-헬스, U-의학, U-실버, U-웰니스 등의 개념과 함께 건강 및 영양 관리, 운동 처방과 환자 교육 등 보다 다양하고 추가적인 역할을 포괄한다. 디지털 헬스케어에는 건강, 영양, 운동 및 환자 관리 등이 포함되고, 디지털 헬스케어 산업에는 개인 건강 및 의료 정보를 제공할 수 있는 의료기기, 의료정보 시스템 및 헬스케어 플랫폼 등과 관련된 의료 및 IT 산업의 융합으로 요약된다[1].

헬스케어 산업은 고용창출효과와 부가가치가 높은 산업으로 많은 전문가들이 특

---

1 김기봉, 한군희(2020), 4차 산업혁명 시대의 디지털 헬스케어 산업에 대한 연구, 융합정보논문지 Vol.10, No.3.

히 주목하는 분야로, 의약품산업, 의료기기산업, 의료서비스산업, 식품산업과 화장품산업 등을 포괄한다. 또한 인구의 고령화, 만성질환자의 증가, 소득수준의 향상, 건강에 대한 관심 증대 등으로 인해 국내 헬스케어산업 시장 규모는 앞으로도 꾸준히 확대될 것으로 전망하고 있다. 최근에는 휴대용 스마트 기기를 이용한 헬스케어도 늘어나고 있는데, 손목용 웨어러블 디바이스는 이미 많이 보편화되었다. 개인의 운동량과 혈압, 수면시간, 수면의 질 등을 확인하여 개인에게 필요한 운동량과 건강 상태의 간단한 진단, 그리고 건강에 대한 상식 등을 알려주고 관리해주는 기능을 한다.

미래에는 건강이라는 요소가 경제발전의 원동력이 되는 건강기반경제(health-based economy)로 변화하게 될 것이고, 세계경제포럼에서는 건강수명 극대화, 만성질환 예방, 정신질환 예방에 대한 투자가 모든 산업에 기회를 창출할 것이라 예견한 바 있다[2]. 따라서 4차 산업혁명으로 인해 초연결, 초지능 사회로 발전함으로써 우리는 그동안 경험하지 못한 다양한 헬스케어 산업의 변화를 맞이하게 될 것이다.

하나의 예로 '가상 자아(virtual twin)'를 들 수 있다. 현재 의료분야는 치료 중심에서 개개인의 질환과 건강 관리를 목적으로 하는 예방 중심으로 전환되고 있다. 기존의 환자관련 요인, 환경 요인, 질병 요인에 관한 정보들의 축적을 통해, 환자의 인구학적 특징뿐만 아니라 조직의 유전체 및 대사체, 단백질 정보를 포함한 영상 소견 등 질병에 관한 다각화된 정보와 식습관, 수면 등 생활 패턴 관련 정보 등을 총망라해서 한 명의 환자로부터 다각도로 정보를 얻어서 수천, 수만의 개인과 공유함으로써 삶의 질 향상과 질병 예측이 가능하게 하는 것이다. 이러한 빅데이터를 바탕으로 특정 환자만의 가상 자아가 생성될 수 있으며, 가상 자아를 통한 가상의 경험은 환자와 의료인 모두에게 큰 혜택이 될 것이다. 하나의 질환으로부터 다각도에서 정보를 얻어 빅데이터를 구축한 후 수학적 모델링 및 머신러닝을 통해 환자를 위한 최적의 치료법 및 치료 결과를 예측할 수 있게 되는 것이다[3].

이렇듯 헬스케어 분야에 인공지능, 빅데이터, 사물인터넷, 생명공학 및 나노기술 등이 접목되면서 미래 의료 환경에 커다란 혁신이 이뤄지고 있는데, 다음에서 이에 대한 내용을 포괄적으로 살펴보도록 한다.

---

2   World Economic Forum (2016) Future of Healthy: How to Realize Returns on Health. https://www.weforum.org

3   4차 산업혁명과 미래의료, 이종철, 2017.08.29., 병원신문(http://www.khanews.com)

9-2 디지털 헬스케어와 의료

1 인공지능과 의료

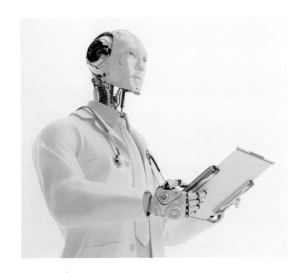

그림 9-1 휴머노이드 로봇 의사

'왓슨 포 온콜로지'(WFO: Watson For Oncology)는 의사들의 정확한 진단 및 치료를 돕는 세계 최초의 암 치료 인공지능이다. 이는 자연어 형식의 질문들에 답할 수 있는 인공지능 컴퓨터 시스템으로 200여 종의 의학 교과서, 290여 종의 의학 저널, 1200만 쪽의 의학 전문자료를 포함하고 있고 암 환자들의 빅데이터를 수집해 암 환자를 위한 치료법 제안에 최적화되어 있다.

우리나라에서는 2016년 12월 가천대병원이 최초로 '왓슨'을 도입한 이래, 2017년 암환자의 종양세포와 유전자 염기서열을 분석해 맞춤형 치료법을 추천하는 '왓슨 포 지노믹스'가 부산대병원에 도입되었다. 인공지능은 진단처방에 있어 기존의 오진율을 대폭 감소시키고, 신뢰성을 확보하는 방향으로 발전하게 될 것이다. 인공지능기반 이미지인식기술은 단순 방사선 촬영, CT(컴퓨터단층촬영), MRI(자기공명영상) 등 촬영된 이미지의 의사판독 정확도를 넘어서고 있고 학습속도가 날로 발전하고 있어 더욱더 정밀한 판독으로 이어져 환자의 의료질 향상에 큰 기여가 예측된다. 또한 3D프린터를 통해 맞춤형 의료기기 제조도 가능하게 되었는데, 골절 또는 인공관절 치환술의 경우 CT 스캔 및 3D 스캔을 통해 입체적 이미지를 얻고, 골절 부위 혹은 관절강 내에 완벽하게 들어맞는 임플란트를 제작해 고정하는 것 등이 가능하게 된 것이다[4].

대형병원을 중심으로 ICT를 접목한 '스마트병원' 전환 사업도 급물살을 타며 국내 보건의료 정보화 사업 예산도 계속 증가되고 있다. '루닛'이라는 딥러닝 기반 이미지인식기술이 헬스케어에 적용되어 의료영상 분석 시스템을 연구·개발하는 의료 인공지능 분야가 스타트업되었고, 인공지능을 활용해 데이터 기반 이미징 바이오마커(imaging biomarker)를 발견해서 질병의 진단, 치료 과정이 더욱 정확해지고 성과 효율이 향상되었다. 최근 루닛은 AI 영상판독 보조 시스템 '루닛 인사이트'를 서울대병원을 시작으로 상용화가 본격적으로 되고 있다. 루닛 인사이트는 루닛과 박창민 서울대병원 영상의학과 교수 연구팀이 공동 개발한 소프트웨어로 루닛만의 독자적인 딥러닝 기술과 20만 장에 이르는 양질의 X-선 영상 데이터를 접목시킨 인공지능 솔루션이다. 흉부 X-선 검사 시 폐암 진단에 활용되고 있는데 사람의 눈으로 발견되기 어려운 초기 병변에 대해서도 97%의 높은 진단 정확도를 보인다. 향후 폐암 외에도 다양한 질환에 대한 영상판독 기능을 선보일 예정으로 현재 유방암에 대해서는 세브란스병원과 순천향대 부천병원 등에서 임상시험을 진행 중으로, 향후 국내외 의료기관 임상 상용화에 더욱 박차를 가할 것으로 기대된다[5].

의료 인공지능의 세 유형은 첫째, 복잡한 의료 데이터의 분석 및 insight 도출, 둘째, 영상 의료/병리 데이터의 분석과 판독, 셋째, 연속 데이터의 모니터링 및 예방과 예측으로 나눌 수 있다[6,7]. 예를 들어 인공지능 감지 시스템은 호흡 수, 심장박동 수 등 환자의 다양한 자료를 자동으로 계산해 심정지 가능성을 미리 예측할 수 있는데, 의사는 똑같은 데이터로 심정지를 30분 전에야 어느 정도 가능성을 예측할 수 있지만, 인공지능 시스템은 24시간 전에 알아낼 수 있고, 예측 정확도도 70%가 넘어 의사의 예측도보다 훨씬 높다[8].

4 [문영래의 미래 의학] 4차 산업혁명 시대의 생활 속 의료 환경의 변화, 문영래, IT 조선, 2009.06.28. http://it.chosun.com/site/data/html_dir/2019/06/28/2019062800303. html

5 4차산업 헬스케어 스타트업, 의료서비스 혁신 주역, 메디칼타임즈, 2019.02.18., https://www.medicaltimes.com/Users/News/NewsView.html?ID=1124467

6 최윤섭(2020), 디지털 헬스케어 의료의 미래, 클라우드나인

7 최윤섭(2014), 헬스케어 이노베이션, 클라우드나인

8 SBS뉴스(2017.09), 인공지능, 심정지도 미리 알아낸다…하루 전 예측 가능, https://news.sbs.co.kr/news/endPage.do?news_id=N1004375268

2 디지털 의료기기와 의료

현재 의료 분야의 ICT 융합은 병원에서 환자를 치료하는 것뿐만 아니라 질병 예방 및 조기발견, 만성환자의 일상적 질병 관리의 영역까지 확대되고 있다. 웨어러블 의료기기의 확산은 이러한 예방 관리 분야에서 많은 기여를 하고 있다. 물론 병원 밖의 일상생활에서 이루어지는 저강도 의료행위들은 아무래도 병원에서 고가 전문장비와 전문인력을 통해서 이루어지는 진단 및 치료보다 덜 정밀하지만, 일상생활에서 실시간으로 언제나 몸 상태에 대해 추적 관찰할 수 있다는 것이 비교우위이다. 최근 정보통신기술의 발전으로 가정용 체온계, 혈압계보다 훨씬 많은 것을 측정하고 관리할 수 있는데, 스마트워치와 같은 장치로 맥박 등을 측정해서 부정맥이나 심장발작으로 이어질 수 있는 심장박동의 이상징후를 조기에 포착할 수 있다.

인공지능을 기반으로 한 모바일앱이 스마트폰 카메라로 피부에 생긴 반점 등을 촬영해서 곧바로 병원을 방문해야 하는 심각한 징후인지를 판단하게 해주는 서비스 등도 개발되고 있다. 스마트폰으로 홍채를 촬영해 당뇨병이 망막혈관 손상으로 이어지지 않았는지를 상시 추적해서 인공지능으로 판독하고, 이상이 의심되면 병원에 자동으로 데이터를 전송해서 의사의 판단을 구할 수도 있다. 또한 웨어러블 기기로 걸음걸이나 보폭 등을 포착해서 알츠하이머 증세를 조기에 진단하거나, 위험한 발작 증상의 징후를 사전에 포착하려는 연구도 진행되고 있다. 이렇듯 웨어러블 기기들은 일상에서 매우 다양한 데이터들을 수집하여 사전에 위험을 포착하거나, 추후 병원에서 진단 시 진료 기초 데이터로 활용할 수 있게 해주고 있다[9].

9-3 생명공학과 의료

1 생명공학의 이해

생명공학(BT: BioTechnology)이란 생물 유전자인 DNA를 인위적으로 재조합하여 형질 전환 혹은 생체기능 모방을 통해 다양한 분야에 응용하는 기술로서, 생물 기능 그 자체나 생명 현상을 인위적으로 조작하는 것이다. 즉, 생물체가 가지는 유전 · 번식 · 성장 · 물질대사 및 자기제어 등의 정보와 기능을 이용하여 인간에게

---

9 남충현, 하승주(2019), 4차 산업혁명 당신이 놓치는 12가지 질문, 스마트북스

필요한 물질 및 서비스를 생산하고 가공하는 기술이라 할 수 있다[10].

생명공학은 종래의 전통생명공학과 유전자 조작을 중심으로 하는 신생명공학으로 구분된다. 현대의 신생명공학은 생물의 기능을 이용하기 위한 수단으로 유전자조작기술(유전자공학), 세포융합기술(세포공학), 세포대량배양기술(세포배양공학), 그리고 바이오리액터기술(효소공학) 등의 핵심기술을 이용한다[11]. 생명공학은 생물공학이라고도 하는데, 이는 DNA 재조합 기술을 응용한 여러 가지 새로운 과학적 방법 등도 이에 속한다. 생명공학은 이학, 의학, 약학, 공학, 농학 등의 각 분야에 관계하는 광범위한 학제적인 분야이며, 따라서 생명공학의 발전은 기초적, 학문적 분야뿐만 아니라 의료, 건강, 식품, 에너지, 환경 등의 폭넓은 생물산업 분야에 대해서도 혁명적이라고 할 수 있는 변화를 가져오고 있다[12].

유전공학은 생명공학 안에 포함된다고 볼 수 있는데, DNA를 재조합하거나 변경하는 기술을 이용해 생물의 유전자를 인공적으로 가공하는 분야로, 이런 과정에서 인간이 필요한 새로운 물질을 얻는 기술에 관한 학문이다. 최근 많이 응용되고 있는 유전자 가위 기술(CRISPR-CAS9) 등이 포함된다.

그림 9-2 유전자 가위

---

10 Trey Dunham, John Wells, and Karissa White. Biotechnology Education: A Multiple Instructional Strategies Approach. *Journal of Technology Education*. Vol. 12, No. 1, 2002.

11 생명공학과 특허, 김병재 변리사, http://www.wonjon.com/korean/news/bio1.html

12 4차 산업혁명, 생명공학이란?, 이상수, http://www.siminsori.com/news/articleView. html?idxno=202311

2 생명공학을 활용한 의료[13]

(1) 보건의료 분야

유전자 치료는 유전자의 이상으로 발생하는 암, 당뇨병, 심장병 등에 유전자를 투입하는 방법이다. 유전자 이상과 관련된 질병은 보통 단백질 발현의 균형이 깨져서 발생한다. 줄기세포는 미분화세포로 혈액이나 근육, 연골, 신경 등 인체의 어떠한 세포로도 분화되고 성장할 수 있는 세포이다. 이러한 줄기세포 연구를 통해 각종 질병의 원인과 발생과정을 알아냄으로써 현재까지는 치료가 불가능하거나 어려운 난치성 질환들, 특히 노인성 질환 치료에 활용될 수 있는데, 치매, 파킨슨, 당뇨, 간질환, 심장병, 백혈병 등 여러 난치병 치료는 물론 망막 재생 등도 가능하다.

장기이식연구를 통해 가까운 미래에는 손상되거나 손실된 심장, 폐, 간, 췌장, 신장, 연골, 각막 등을 교체할 수 있으며, 장기이식이 필요한 환자가 본인의 건강한 세포를 채취하여 줄기세포를 만든 다음, 일정한 배양조건에서 원하는 장기를 만들어 환자 자신에게 이식도 가능하다.

복제기술은 생식세포복제, 체세포복제로 나눌 수 있는데, 생식세포복제는 난자와 정자가 결합된 수정란의 분할 과정에서 난세포를 채취해서 이용하는 방법이고, 체세포복제는 현재 살아있는 생명체를 구성하는 체세포를 채취하여 복제하는 방법이다. 복제양 돌리가 이러한 체세포복제기술에 의해 탄생한 후 각국에서 생쥐, 소, 흑염소 등의 복제가 뒤따랐다.

맞춤의약의 영역에서는 환자의 유전자 검사를 이용해, 본인의 유전형에 정확히 일치하는 약품을 처방함으로써 약효는 최대화, 부작용은 최소화할 수 있는데, 최근 자가세포치료법을 활용한 맞춤의약연구가 활발히 진행 중이다.

예측의학 측면에서는 개개인의 유전자 분석을 통해 유전적, 환경적 검사와 함께 주요 만성질환이나 치명적인 질병에 걸릴 확률을 추정함으로써 질병을 사전에 예방하는 것이 가능하며, 미래에는 자신의 DNA 칩이 내장된 카드를 지니고 다니고, 병원에서 DNA 칩을 읽을 수 있는 유전자 분석기를 이용하여 잘못된 유전자를 고치는 유전자 치료가 보편화되면, 각종 만성질환 및 난치병 치료에 획기적 계기가 마련될 것이다.

---

13 생명공학응용분야, 한국생명공학연구원, http://www.kribb.re.kr/cyber/data/cyber_04/bio%20main.html

(2) 게놈 정보 분야

사람의 유전자는 1개당 35Mb의 DNA 서열 데이터를 가지고 있는데, 사람에게 약 4만 개의 유전자가 있으므로 인간게놈의 정보량은 1,400,000Mb 정도이다. 게놈(genome)이란 유전체를 말하며, 하나의 개체 유전자의 총 염기서열이자 하나의 생물종의 거의 완전한 유전 정보의 통합을 뜻한다. 게놈 정보는 DNA에 저장되어 있으며, 인간의 게놈은 한 명의 인간 개체를 만들기 위해 필요한 모든 유전자들과 유전자 바깥 부분을 포함하는 약 30억 쌍 정도의 모든 DNA 염기서열을 통틀어 말한다. 인간의 게놈은 22쌍의 총 44개의 상염색체와 2개의 성염색체(X,Y), 그리고 미토콘드리아 DNA에 나뉘어서 유전된다. 생명체의 유전형질을 나타내는 모든 유전정보가 이러한 게놈에 들어 있다. 생물의 게놈 속 1개 염색체, 혹은 염색체의 일부만 상실하게 되어도 일상적 생활기능에 중대한 영향을 끼치게 된다.

생물 정보학은 인간의 게놈 프로젝트를 수행하면서 발생한 방대한 정보를 처리하기 위해 태동되어 컴퓨터를 활용하여 생물학적 데이터를 수집, 관리, 저장, 분석하는 기술 분야로, 그 중요성이 급부상 중이다. 생물정보학의 활용범위는 모든 단백질의 3차 구조 분석 및 정보 획득, 사람들간의 유전자 정보 차이를 데이터베이스화, 인간의 외모와 유전 정보와의 관계 규명, DNA칩, 맞춤약, 바이오신약개발 등에 유전자 정보를 활용하는 등 다양한 분야로 확산되고 있다.

(3) 전자 및 기계 분야

바이오칩(biochip)은 생물학적 활성을 갖고 있는 생체분자를 고체 상태의 소형 박막에 고밀도로 부착하여 반도체 칩 형태로 제작한 것으로, 랩온어칩(lab-on-a-chip), 단백질 칩(protain chip), DNA 칩, 신경세포 칩(neuron chip) 등 여러 종류가 있으며, 유전자 기능 연구, 유전자 발현, 질병관련 유전자 검색, 신약 개발, 임상진단 등의 분야에서 혁신적인 변화를 일으킬 전망이다.

바이오센서(biosensor)는 일반적으로 목표 분자들을 생체 인식 시스템을 이용하여 분석하는 장치로, 생체 인식을 감지 가능한 출력 신호로 변환시켜주는 물리화학 변환기와 결합되어 사용된다. 과학 연구, 의료 서비스, 환경측정, 식품안전, 군사응용, 생화학무기 감지용 등 많은 분야에서 응용되고 있는 것으로, 나노생체로봇에 부착되어 수술 없는 암 치료 등의 기술로 발전하고 있다.

그림 9-3　바이오멤스

바이오멤스(MEMS: Micro Electro Mechanical Systems)는 생명공학기술과 초소형 전자기계시스템이 접목된 것으로 생체 내에서 일어나는 미세한 신호를 정밀하게 분석할 수 있는 장치로, 이를 이용하면 DNA, 단백질, 세포 등에 대한 대량의 고속 진단 및 분석이 가능해져서 인체 구석구석을 돌며 각종 장기나 혈관의 상태를 진단하고 치료하는 의료용 로봇이 가능해진다[14].

9-4　나노기술과 의료

1　나노기술의 이해

나노기술(Nano Technology)은 나노미터 단위(10억분의 1미터)에 근접한 원자, 분자 및 초분자 정도의 작은 크기 단위에서 물질을 합성하고, 조립·제어하며 혹은 그 성질을 측정·규명하는 기술을 말한다. 즉, 물체를 원자, 분자 수준에서 분석, 조작, 혹은 제어하여 새로운 물질을 창조하는 기술을 말한다. 1nm~100nm 영역에서의 원자와 분자의 배열 제어를 이용해 소재, 소자 및 시스템 특성에 큰 영향을 미치는 기술로서, 이러한 나노기술을 이용하면 특별한 기능을 가진 신물질과 첨단제품 생산이 가능하기에 최소의 원료로 최고의 성능을 지닌 제품을 생산하는 기술

---

14 MEMS/NEMS, 나노전자소자연구실, 한양대학교, http://ndl.hanyang.ac.kr/xe/?mid=Rsch_LabProcess_MEMS

이라고도 할 수 있다[15, 16].

나노기술의 특징은 광범위한 학제간(interdisciplinary) 기술이 필요하다는 것으로 의학, 에너지, 물리, 화학, 전자, 재료, 기계, 생물, 환경 등 과학기술의 전반적인 분야의 공조가 필요하다[17].

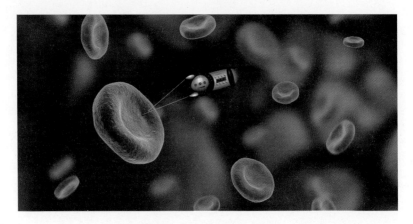

그림 9-4 나노로봇과 적혈구

2 나노기술을 활용한 의료

진단학, 치료학의 혁명이라 할 수 있는 효과적이고 빠른 염기서열 분석, 원격진료를 이용한 보건의료, 생체이식 소자를 이용한 저렴하고 효과적인 치료, 나노 구조물을 통한 새로운 방식의 약물전달 등이 이 분야에 속한다. 또한 암세포만을 표적으로 하는 표적 지향성 약물 운반 시스템, 암 조직에 나노 크기의 구멍을 내서 100nm 이하의 운반체를 이용해 항암제를 운반하는 시스템, 생체 친화력을 가진 내구성 있는 각종 인체 인공기관, 나노 센싱을 이용한 인체의 질병 진단 및 예방 시스템, 항원과 항체의 결합반응을 이용하는 방법 등 무궁무진하다. 그 외에도 풀러렌(fullerene)이라는 나노물질 운반체, 암세포 및 바이러스 등을 분쇄하거나 손상 세포의 복구를 돕는 나노로봇, 미세한 주사 바늘로 통증 없이 주사할 수 있는 나노 주사기 등이 있다. 또한 하이브리드 시스템으로 합성한 피부, 유전자의 분석과 조작, 분자 공학을 이용해서 제작하는 생화학적 분해가 가능한 화학물질, 동·식물의 유전자 분석 및 개선, 인간과 동물에게 적용할 수 있는 유전적 약물, 나노 배열 기

15 장우정(2016), 나노기술 중심으로, 충남대학교 교육대학원.
16 이상수(2018), "4차 산업혁명, 나노기술이란?", 시민의 소리.
17 김치원(2017), 의료, 4차 산업혁명을 만나다.

반 분석기술을 이용한 DNA 분석 등이 있다.

바이오 나노기술의 진화는 나노의 기술이나 구조를 이용한 의료 이미지화, 통신처리, 에너지 전환 등을 통하여 환경을 감지, 분석하는 고차원의 작업을 수행하는 것인데, 의료용 시약의 정확한 조준 전송, 태양광전지, 다이오드 레이저, 트랜지스터, 발광다이오드와 같은 소자가 그러한 활용의 사례들이다. 이렇게 부상하는 바이오 나노기술 분야는 살아있는 유기체의 화학적 법칙에 기초한 합성기술을 이용해 분자생물학과 나노기술을 연결시키는 것으로, 의학분야에서의 나노입자 응용은 무궁무진하다. 바이오나노 의학기술은 약물전달, 정밀탐지, 분자영상 및 재생공학 등으로 분류될 수 있고, 각 분야에서 상당한 수준의 기술향상을 이루어 영상이나 약물전달 등은 임상에 접근하기 위하여 많은 노력을 기울이고 있으며, 재생의학, 정밀탐지 분야도 최근 급속히 연구가 진전되고 있다.

대표적으로 현실화되고 있는 나노로봇에 대하여 분자 나노기술의 잠재력 연구로 저명한 미국 엔지니어 박사 에릭 드렉슬러(Dr. Eric Drexler)는 미래에는 '세포수복 기계'로 거의 모든 종류의 질병을 치료할 수 있을 것이라고 예측하였다[18, 19]. 또한 인간 몸의 모든 세포와 조직을 보다 젊은 상태로 복구하는 것도 가능하여 노화를 되돌려 놓음으로써 생명을 연장시킬 수 있으며, 의학용 나노로봇, 면역기계가 개발되어 상용화되면 인체 전반에 걸쳐 각종 침입자를 감지, 공격하고 완전 제거가 가능할 것으로 예측하였다. 로버트 A. 프라이타스는 산화 능력이 극대화된 인공호흡 세포인 혈구 나노로봇을 설계했는데, 이는 허파를 대체할 수 있으며, 뇌 안에서 활동하는 나노로봇, 신경계를 누비는 나노로봇 역시 현실화되어 뇌 기능 보강을 통해 여러 감각 능력, 기억과 관련된 능력까지 향상시켜 줄 수 있다고 보았다.

나노바이오를 접목한 미래 헬스케어를 살펴보면 첫째, 질병이 발생 후 치료하는 현대의 의학과는 달리 질병이 발생하기 전에 예방하는 것이 가능하게 되는데, 현재 환자의 신체 내부 관측에 주로 사용되는 MRI, PET, CT 등의 의료 장비 사용에 발생되는 한계를 미래엔 나노로봇을 이용하여 극복하게 될 것이다. 나노로봇은 실시간으로 인체 내부로 들어가서 건강을 관리하고, 질병으로 수술 시 나노로봇이 직접 인체 내부에서 수술을 실시하여, 피부에 상처를 남기지 않는 수술까지도 가능할 것이다. 둘째, 개인의 체질이나 유전자 특성에 맞는 맞춤 의학이 가능해지는데, 미래

18 Eric Drexler K., Nanosystems P. John Wiley & Sons Pub., 1992.

19 Eric. Drexler K., Engines of Creation: The Coming Era of Nanotechnology, Anchor Books, Doubleday, 1986.

에는 환자 개개인의 유전자 염기서열이 모두 분석되면서 각 개인의 분석된 유전자 서열로, 질병이 유전적인 요인으로 인한 질병인지, 환경적인 요인으로 인한 것인지 등 보다 명확한 원인 규명이 가능해지고, 그에 적합한 치료가 이루어질 것이다. 셋째로 랩온어칩(lab-on-a-chip) 등 바이오칩의 보다 큰 발전과 실현이 가능해질 것이다. 랩온어칩을 이용한 실험은 소량의 생체 시료, 시약 이용만으로도 가능하고, 분석의 효율성과 정확성을 꾀할 수 있으며, 단일 세포의 화학적, 생물학적 반응을 검출함으로써 차세대 진단 장치로 주목받고 있는데, 이러한 바이오칩을 이용하면 한 방울의 피만으로도 각종 암 진단, 적혈구, 백혈구의 세포 수 측정 등도 가능하다[20, 21].

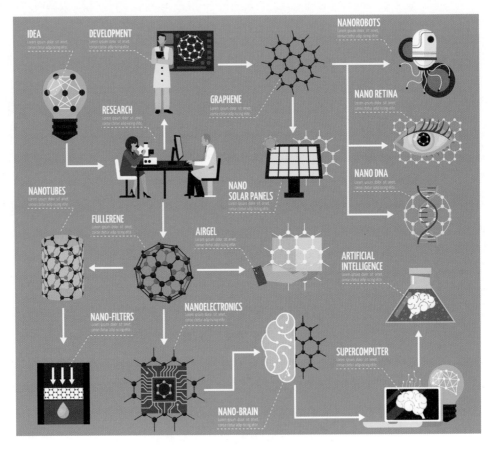

그림 9-5 나노바이오 헬스케어의 미래

20 김영화, 홍기종, 나노의학의 현황과 미래, 질병관리본부 주간 건강과 질병, Vol.7, No.34, 2014.8.21

21 블라트 게오르게스쿠 · 마리타 폴보른 지음, 박진희 옮김(2015), 나노바이오 테크놀로지

사례연구 1　4차 산업혁명과 바이오헬스 산업의 진화

▶ 최근 4차 산업혁명의 주요 기술들을 활용하여 더욱 정확하고 효율적인 의료서비스를 제공하는 여러 가지 시도들이 생겨나고 있다. 인공지능, 사물인터넷, 웨어러블 디바이스, 스마트폰, 빅데이터, 3D프린터 등 디지털 기술이 의료와 헬스 산업 분야에 다양하게 접목되면서 디지털 기술과 의료부문의 융합이 급속도로 진행되고 있다.

▶ 기술 발달과 건강에 대한 관심이 늘면서 인간의 수명이 길어지고 있는데, 2016년 기준 우리나라 평균 수명은 남성이 79.3세, 여성이 85.4세로 OECD 회원국 중 4위를 차지할 정도로 높다. 현재 60세인 남성의 경우 82세, 여성은 87세까지 살 것으로 전망된다. 하지만 늘어난 평균수명만큼 질병에 시달릴 기간도 길어지고 있다.

▶ 고령화 사회로 가는 길목에서 나타나는 사회적 부담의 해결방법 가운데 하나는 사전적 건강관리인데, 정부차원에서 헬스케어 서비스를 어떻게 제공해야 하는지, 고령화 등 인구구조 변화에 대응하는 사회적 헬스케어 시스템은 어떻게 만들어야 하는지에 대해 고민이 필요한 시기이다.

▶ 암 환자들의 데이터를 기반으로 환자진단 및 개인맞춤 치료방법을 제안하는 IBM의 왓슨이 개발되었고, APOE-e4유전자의 보유 여부에 따라 치매 진행 가능성을 판단하는 등 유전자 검사를 통해 자신을 정확히 알고 면밀하게 모니터링하는 사전적 예방이 가능해진다.

참조 • 4차 산업혁명과 바이오헬스 산업의 진화, 벤처창업신문
　　　http://www.startup4.co.kr/news/articleView.html?idxno=10826

함께 생각해 봅시다

우리나라는 연구개발(R&D)에 상대적으로 투자가 빈약해 세계시장에서 경쟁력을 잃고 있다.

**"앞으로 우리나라는 바이오헬스 기술에 대한 투자를 대폭 늘려야 한다.
vs 아니다"**

사례연구 2 │ 유전자 가위 등 생물학이 4차 산업혁명 이끌 것

▶ 4차 산업혁명 도래에 따라 유전자 가위(genome editing, 유전체 편집) 등의 생물학 기술이 주목받고 있다. 유전자 가위 기술의 경우 이미 시장 주도권을 가져가기 위한 경쟁이 치열한 상황이다. 이를 위해 일부 CRISPR/Cas9(3세대 유전자 가위, 크리스퍼) 관련 기업들은 빅파마와 제휴를 통해 경쟁력 강화에 나섰다. 향후 질병치료 분야에서 유전 질환이나 난치성 질환 치료 등에 활용될 것으로 기대되고 있다.

▶ 현대경제연구원 정민 연구위원은 각국 정부가 4차 산업혁명을 이끌 미래 산업 발굴에 뛰어들고 있고, 산업경쟁력 재고를 통해 일자리 창출, 생산력 향상, 새로운 성장동력 모색 등을 배경으로 4차 산업혁명이 더욱 가속될 것이라고 전망하였다. 특히 유전학, 합성생물학, 유전자 편집 등이 포함된 생물학적 기술이 4차 산업혁명을 이끌어나갈 대표적 기술로 부상하고 있다고 하였다. 현대경제연구원 정민 연구위원은 바이오 및 의료기술이 새로운 성장동력으로 부각되어 이를 육성하기 위한 각국 정부의 노력이 이어질 것이며, 4차 산업혁명에서는 3D프린팅과 IoT, 바이오 공학 등이 부상하고 이들 주요 기술이 융합되어 새로운 기술이 창출될 것이라고 하였다. 특히, 3D프린팅과 유전공학이 결합하여 생체조직프린팅이 발명되고, 물리학 · 디지털 · 생물학적 기술이 새로운 부가가치를 창출할 것으로 보인다고 하였다

▶ 한국바이오협회와 한국바이오경제연구센터가 최근 공동 발간한 '크리스퍼 기술 개발 진단과 시장 전망'에 따르면 현재까지 크리스퍼의 연구개발은 전임상 또는 임상 1상 정도의 초기 단계에 있다.

참조 • 유전자 가위 등 생물학이 4차 산업혁명 이끌 것, 청년의사
　　　http://www.docdocdoc.co.kr/news/articleView.html?idxno=1039487

함께 생각해 봅시다

　　4차 산업혁명과 생명공학의 만남으로 새로운 생명을 창조하는 근원이자, 생명의 모든 특징을 담고 있는 유전자를 자유롭게 자르고 붙일 방법을 손에 넣었다.

"값싸고 쉽게 유전자를 편집하는 기술의 부작용에 대해 우려스럽다 vs 아니다"

사례연구 3 4차 산업혁명의 주역 '인공지능'과 '생명윤리' 어떻게 조화시킬까?

▶ 자연생태계 파괴와 이용을 바탕으로 한 과학기술의 시민적 통제라는 관점에서 생명·인간·과학·기술 등에 대한 학문적 노력과 과학의 오만에 따른 오늘의 환경, 생명경시 문제점을 고려해야 한다. 생명과 자연은 인공을 어떻게 얼마만큼 활용해야 하고, 과도한 인공기술과 자본을 어떻게 통제할 것인가?

▶ 21세기의 화두는 자연과 인공의 경계가 허물어졌다는 데 초점을 두고 있다. 예를 들어, GNR(유전공학, 나노기술, 로봇공학)을 응용한 의학적 성형, 복제, 인공장기 이식 및 나노기술의 발달, 생명공학, 게놈 프로젝트 등으로 표현되는 인공의 절정에 과학과 기계가 있다.

▶ 인류는 현재 전 지구적 자본주의 체제와 그 속의 다양한 경제적 인센티브와 경쟁 압력 내에서 이들 새로운 테크놀로지들이 제시하는 약속들을 공격적으로 추구하고 있다. 따라서 윤리와 과학의 상보와 합의된 비전 제시가 필요하다.

▶ 인공지능 제작과 관련하여 윤리적 규제가 필요하다는 목소리가 높아지고 있는 가운데 지침 마련을 위한 움직임이 늘어나고 있다. 영국의회는 이에 대한 보고서를 발표하였고, 국제기구인 미국전기전자학회(IEEE)는 인공지능 제작에 앞서 관심을 기울여야 할 네 가지 쟁점(인권, 책임, 투명성, 교육)을 제시하였다.

▶ 급속도로 발전한 생명공학 기술의 발전은 더 극적이고, 급기야 인간을 복제할 수 있는 가능성의 문턱까지 다다랐다. 생명윤리를 둘러싼 다양한 도덕적 난제들을 제시하면서, 인간 생명의 근원을 재설계하는 것이 과연 옳은지에 대한 도덕적 판단이 필요하다.

참조 • 4차 산업혁명의 주역 '인공지능'과 '생명윤리' 어떻게 조화시킬까?. 아시아기자협회
　　　http://kor.theasian.asia/archives/195317

함께 생각해 봅시다

　　4차 산업혁명의 주역인 생명공학과 인공지능을 보다 효과적으로 활용할 수 있는 인간 감성지능을 어떻게 육성할 것인지 생각해 보고, 세계 자본의 이익추구(과학기술, 정보의 독점)를 어떻게 규제, 통제하고, 인간의 자유와 권리를 지켜낼 것인지 생각해 보자.

"인간 감성지능은 육성해야만 하고, 인간 복제기술도 발전시켜야 한다 vs 아니다"

토의 주제

1. 디지털 헬스케어를 활성화하기 위해서는 개인 건강정보의 활용이 필수적이다. 하지만 개인 정보보호 이슈로 여러 논란이 발생하고 있다. 이 논란성에 대하여 생각해 보자.

2. '크리스퍼'라는 유전자 가위 기술이 소개된 이후 최근 6년간 엄청난 속도로 발전하고 있는데, 이 기술이 제기하는 윤리적, 도덕적 문제에 대하여 생각해 보자.

3. 4차 산업혁명을 통해 타고나는 재능 또는 사람의 몸의 한계를 돈으로 극복할 수 있는 상황이 만들어진다면 부의 양극화가 더욱 심화될 수 있다. 이에 대하여 생각해 보자.

동영상 학습자료

제목	출처(URL)
1. 인공지능! 헬스케어와 만났다 (KAIST)	https://www.youtube.com/watch?v=FSAZxjwQmno
2. 건강관리, 스마트 헬스케어로 지킨다! (YTN사이언스)	https://www.youtube.com/watch?v=r9wDwHWVU08
3. 재수 없으면 200살까지 산다 (세바시)	https://www.youtube.com/watch?v=hNRK0PXDjmU

제10장

블록체인

10-1 블록체인의 이해

1 블록체인(block chain)의 개요

블록체인은 데이터를 저장·전송하는 정보 데이터베이스를 네트워크에 의해 검증된 금융거래 정보를 수집, 기록, 보관한다. 이런 네트워크를 블록이라고 부르는 단위들이 블록의 암호학적 해시 값을 통해서 사슬(체인)처럼 연결된 형태이다. 네트워크 합의 메커니즘으로 검증된 블록만 기존의 '블록들의 사슬'에 추가되며, 공인된 제3자 없이도 무결성 및 신뢰성을 확보할 수 있다. '블록체인'이라는 이름은 이러한 블록들의 사슬에서 비롯된 이름이다.

블록체인이라는 개념은 2008년 사토시 나카모토라는 개발자가 암호화 기술 커뮤니티 메인에 '비트코인: P2P 전자화폐 시스템'이라는 논문을 통해 최초로 소개되었다. 이 논문에서 사토시 나카모토는 비트코인을 "전적으로 거래 당사자 사이에서만 오가는 전자화폐"라고 소개하고 "P2P 네트워크를 이용해 이중 지불을 막는다"라고 설명했다. 그리고 두 달 뒤인 2009년 1월 3일, 사토시 나카모토는 논문으로 설명했던 기술을 비트코인이라는 가상화폐로 직접 구현해 보였다.

블록체인이 적용된 시스템에서는 사용자가 데이터 또는 정보 거래를 요청하면 거래 정보가 기록된 블록이 생성되어 네트워크상에 있는 모든 참여자들에게 P2P로 공유되고, 공유된 블록에 대해 다른 참여자들의 승인을 받게 되면 기존 블록체인에 거래 기록이 체인처럼 추가되면서 거래가 이루어진다. 기존 블록체인에 저장되어 있는 거래 정보를 수정하려면 전체 블록체인 네트워크 참여자의 과반수가 인정해야 하는데, 이로 인하여 해킹하는 것은 사실상 불가능하다고 할 수 있다. 해커가 데이터를 위·변조하기 위해서는 전 세계에 분산되어 저장된 장부를 과반수 이상 조작해야 하므로 해킹이 어렵다.

　블록체인을 원장 또는 장부로 비유한다면, 하나의 블록은 확인된 거래들을 기록하는 원장의 한 페이지 또는 하나의 표에 해당된다. 블록체인의 각 블록은 해시로 고유하게 식별되며, 헤더 부분과 본체로 구성된다. 헤더는 블록의 생성에 관한 정보(타임스탬프, 머클 루트, 넌스 값, 난이도 대상, 버전)와 이전 블록에 대한 참조로 구성되며, 본체는 승인된 거래들로 이루어진다. 하나의 블록이 성공적으로 검증되면(이를 "채굴되었다(Mined)"라고 말하기도 한다.) 그 블록은 공식 블록체인의 일부가 된다. 그러면 그 블록 안에서 새 비트코인들이 생성되고(코인베이스 거래), 그 비트코인들이 검증자(채굴자)들에게 지급된다[1].

그림 10-1　블록기술체인의 개념

2 블록체인의 종류

　블록체인은 크게 퍼블릭, 프라이빗, 컨소시엄 세 가지 유형으로 구분되어 있다. 컨소시엄과 프라이빗 블록체인은 원래의 블록체인 형태가 아니어서 '대안체인'이라고도 한다.

　퍼블릭 블록체인은 중앙관리자 없이 운영되며, 불특정 다수가 참여하는 것이 특징이다. 누구나 네트워크에 참여하여 정보 열람과 거래 검증, 트랜잭션 생성까지 할 수 있다. 그리고 트랜잭션을 생성하면 한번 정해진 법칙은 바꾸기가 어렵다.

1　알기쉬운 블록체인&암호화폐, 김상규, Book Star

신뢰성을 높이고자 전 세계의 모든 노드는 같은 데이터를 공유하며 노드 검증 과정을 거치므로 정보 처리 속도가 느리다. 데이터가 모인 블록을 공유하고 생성되는 시간을 고려했을 때 트랜잭션 속도는 약 10TPS(초당 처리속도)에 불과하다. 하지만 해외송금과 같은 금융거래에는 사용이 유용하다.

프라이빗 블록체인은 특정 기관에 제한하여 사용하도록 비공개형으로 만들어 놓은 네트워크로 구성되어 있다. 중앙관리자를 세워 속도와 안정성에 중점을 두고 기업형 서비스체인에 특화된 방식으로 진화했다. 서비스에 장애가 발생하면 실시간으로 대응할 수 있어 안정적이다. 노드 수가 제한적이므로 1000TPS 이상의 신속한 거래처리를 자랑한다. 퍼블릭 블록체인과 달리 51% 노드의 동의를 일일이 받을 필요도 없고, 암호화폐(코인) 없이도 유지된다는 점도 특징이다[2].

표 10-1 블록체인의 종류

구분	퍼블릭(public)	프라이빗(private)	컨소시엄(consortium)
정의	누구나 네트워크 참여	하나의 기관에서 독자적 사용	여러 기관 컨소시엄 참여
권한	누구나 정보 열람 가능	허가된 기관만 정보 열람 가능	
거래검증 및 승인	네트워크에 참여 시 누구나 검증/승인	승인된 기관과 감독기관만 가능	
거버넌스	한번 정한 법칙은 바꾸기 어렵다.	중앙기관 의사결정에 따름	
특성	공개성, 분산성	폐쇄성, 집중성	
트랜잭션 생성	누구나 트랜잭션 생성	법적으로 책임지는 기관만 참여	
거래속도	느림	빠름	
확장 가능성	네트워크 확장 어려움	네트워크 확장 쉬움	
용도	비트코인, 리플, 이더리움 등 지불 결재 용도에 사용	하이퍼레저 프로젝트, EEA, R3CEV 등 데이터 분산 관리 활용	

---

2 한국블록체인 뉴스, https://www.hkbnews.com/article/view/1655

퍼블릭 블록체인과 프라이빗 블록체인의 장단점을 살펴보면 다음과 같다.

퍼블릭은 거버넌스의 결정권을 특정 기득권 집단으로부터 독립시킬 수 있다는 장점이 있고, 속도와 효율성에서는 단점을 갖고 있다.

프라이빗 블록체인은 속도와 효율성에서 퍼블릭 블록체인보다 우월하지만 블록체인을 운영하는 특정한 주체, 기업, 소집단이 전권을 가지고 중앙집중식으로 운영하면서 기득권 지향적으로 운영될 수 있다는 단점이 있다. 하지만 하이브리드식으로 운영하면서 단점을 상쇄시킬 수 있다.

③ 블록체인의 기술발전

블록체인 1세대는 디지털 통화의 발행·유통·거래의 기능을 갖는 것으로 대표적인 비트코인이 1세대 블록체인이라고 볼 수 있다. 2009년 비트코인의 등장과 함께 시작되었다. 비트코인은 당초 송금을 위한 기술로 개발되었고 제한적인 분야에서 활용이 가능했다. 암호화폐와 비교하면 상대적으로 확장성도 낮고, 처리속도도 느리고, 수수료도 적지 않게 발생되는 것이 단점이다.

블록체인 2세대는 기존의 비트코인 한계를 극복하고 스마트 블록체인 계약을 도입하며 다양한 영역으로 확장한 이더리움이 대표적인 2세대 블록체인이다. 스마트 블록체인 계약은 사용자간 계약 프로그래밍을 통해 안전하고 편리하게 진행할 수 있다. 제3자가 없이 부동산 중개가 신속하고 안전하게 거래가 가능하다. 이더리움의 단점은 에너지 소모가 많은 작업방식을 사용하고, 사용자간 거래의 용량 제한과 의사결정 기능 부재 등의 한계가 단점이다.

블록체인 3세대는 2세대의 단점을 해결하고 기능을 탑재하는 것이 목표이다. 2세대 블록체인에서 발생하는 하드포크를 줄이는 것이며 시스템을 빠르게 개선하는 것이다. 3세대의 대표적으로는 퀀텀이며, 블록체인 위에서 다른 응용 프로그램이 동작할 수 있도록 만들어졌다. 탈중앙화 애플리케이션이라고 하는 스마트폰에서의 iOS, 안드로드에 올린 앱들이 DApp과 같다. 현재는 20여 개 디앱이 발표되었고, 우리나라가 개발하는 정보 블록체인 플랫폼인 메디블록도 퀀텀을 기반으로 개발되었다.

10-2 암호화폐의 이해

1 암호화폐의 개요

암호화폐란 블록체인 기술을 사용하여 코인을 발행하고 거래내역을 검증하는 시스템으로 이루어져 있다. 국가별 중앙은행에서 발행하는 기존 화폐와 달리 중앙관리 기관이 존재하지 않는 디지털 방식으로 표시된 전자정보로서 인터넷상 P2P 방식으로 분산 저장되어 운영·관리된다. 분산형의 새로운 통화 시스템이다. 전체 발행량이 미리 정해져 있고, 네트워크 참여자들이 암호화된 데이터를 풀어내는 채굴이라는 과정을 통해 화폐가 발행된다. 거래 정보를 기록한 장부를 특정 중개기관의 중앙 서버에 보관하는 대신 네트워크상에 분산하여 공동으로 기록하고 검증·관리한다.

비트코인의 출현으로 세상에 나오게 된 암호화폐는 기본적으로 거래를 위한 시스템이기 때문에 거래의 의미를 알아봄으로써 더 잘 이해할 수 있다. 거래는 쉽게 말하면 본인이 가지고 있는 것을 상대가 가치를 인정하고, 상대편이 가지고 있는 것을 내가 그 가치를 인정하여 서로 교환하는 것이다. 선사시대부터 물물교환으로 거래가 이루어졌고, 우리나라의 경우는 고려시대부터 화폐가 등장하여 거래가 이루어졌다. 엽전에서 근대에 사용하는 지폐까지, 최근에는 신용카드 또는 모바일로 결제하는 시대이다. 이제는 언제 어디든 모바일로 송금하고 결제하는 시스템이 되었다. 화폐의 형태는 쉽고 편하게 진화되고 있다[3].

2 암호화폐와 기존화폐의 차이

기존화폐는 제3의 중앙기관에서 총괄하여 관리하고, 암호화폐는 네트워크상의 모든 참여자를 함께 관리한다. 암호화폐 비트코인은 정보 시스템 관리에 대하여 발상의 전환을 이루어 냈다고 볼 수 있다. 중앙기관의 단독으로 정보를 가지고 있음으로써 문제가 발생하고 해킹과 위·변조의 위험에서 항상 시달리고 있다. 2019년 5월에 세계 1위인 비트코인 바이낸스 거래소가 해킹 공격으로 인하여 7,000BTC를 도난당했다고 발표했다. 기존화폐는 중앙기관에서 모든 정보를 통제 관리하지만 비트코인은 정보를 네트워크상의 모든 참여자를 공동 검증 관리하는 것이다. 비트코인

---

3 알기쉬운 블록체인&암호화폐, 김상규, Book Star

은 모든 거래 기록이 담긴 장부를 네트워크상의 참여자들이 나누어 갖는다. 현재 금융체계에서는 은행에서 거래내역에 대한 진위를 확인해 준다.

③ 암호화폐의 종류

암호화폐는 기본적으로 디지털 통화로서 송금만의 기능을 하는 것으로 블록체인 솔루션, 슈퍼컴퓨터, 카지노, 플랫폼, 에너지, 소셜 네트워크, 게임, 부동산 등 다양한 분야에 특화되어 발행되었다.

그림 10-2 암호화폐

2018년 기준 약 2,000여 개의 암호화폐가 존재한다. 대표적인 암호화폐는 비트코인을 비롯해 이더리움, 비트코인 골드, 비트코인 캐시, 리플, 대시, 라이트코인, 에이다, 모네로 등이 있는데, 현재 비트코인과 이더리움이 암호화폐 시장을 주도하고 있다.

(1) 비트코인

비트코인은 현재 가장 많이 거래되고 있는 코인이다. 2009년 1월 사토시 나카모토라는 필명의 프로그래머가 개발한 암호화폐이다. 비트코인이 처음 만들어진 2009년부터 4년 동안은 매 10분마다 문제를 푸는 사람에게 50비트코인을 발행했다. 하지만, 그 이후부터는 4년 단위로 발행량이 절반씩 줄어들도록 했다. 그리고 현재는 10분마다 25비트코인이 발행되고 있는데, 이 금액은 점점 줄어서 2040년이 되면 총 2,100만 비트코인을 끝으로 발행이 끝나게 된다. 총 발행량은 2,100만 개로 정해져 있다. 유통량이 일정 기준을 넘으면 한번에 채굴할 수 있는 양이 줄어들기 때문에 희소성이 높다고 한다.

비트코인에는 특별한 점이 있다. 화폐 시스템이 수학을 기반으로 운영된다는 점이다. 비트코인은 거래소에서 돈을 주고 환전할 수도 있지만, 돈을 들이지 않고도 수학 문제만 풀면 얻을 수 있게 설계되어 있다. 바로 이점이 비트코인 운영체계의 핵심이다. 기본적으로 암호를 풀기 위해 수많은 경우의 수 조합을 검토해야 한다. 따라서 비트코인을 얻고자 하는 사람은 컴퓨터를 이용해서 암호 문제 풀이에 도전한다. 수많은 계산과 검토 끝에 문제를 푸는 사람이 비트코인을 얻게 된다는 점은 마치 광부가 광산에서 곡괭이질을 거듭한 끝에 금을 캐내는 것과 비슷하다. 따라서 사람들은 비트코인을 얻는 과정을 "비트코인 채굴"이라고도 부른다.

(2) 이더리움

두 번째로 거래가 큰 시장을 갖고 있는 이더리움 코인이다. 러시아 이민자 출신 캐나다인 비탈리크 부테린(Vitalik Buterin)이 2014년 개발한 화폐이다. 블록체인 기술을 기반으로 스마트 계약 기능을 구현하기 위한 분산 컴퓨팅 플랫폼이자 운영체제이다. 이더리움이 제공하는 이더(Ether)는 비트코인과 마찬가지로 암호화폐의 일종으로 거래되고 있다. 이더리움의 화폐 단위는 ETH로 표시한다. 비트코인 이후에 등장한 알트코인 중 시가 총액이 가장 높은 대표적인 알트코인이다. Ethereum의 정확한 발음은 미국식으로는 이씨리엄([iˈθɹɪəm])이고, 영국식으로는 이씨어리엄([iˈθɪəri])이다. 이더리움은 초기에 '이시리움' 또는 '에테리움'이라고 표기하기도 하였으나, 요즘에는 '이더리움'으로 표기하는 경우가 많다[4].

(3) 라이트코인

2011년 10월 7일 찰리 리(Charlie Lee)가 개발한 암호화폐로 최대 채굴량이 약 2,100만 개인 비트코인에 비해 라이트코인은 약 8,400만 개로 4배가 많다. 라이트코인은 간편한 채굴이 가장 큰 장점이며, PC용 GPU로도 채굴이 가능하다. 거래 속도는 비트코인은 10분 정도 걸리고, 라이트코인은 평균적으로 2분 30초 소요된다.

---

4   위키피디아 ko.wikipedia.org

(4) 리플

전 세계 여러 은행들이 실시간으로 자금을 송금하기 위해 사용하는 프로토콜겸 암호화폐로, 화폐 단위는 XRP이다. 2013년 크리스 라슨(Chris Larsen)과 제드 맥케일럽(Jed McCaleb)이 C^{++} 언어로 공동 개발했다. 타원곡선 디지털서명 알고리즘(ECDSA)을 사용하여 채굴이 없이 합의에 의해 운영된다. 국제 송금을 위한 리플은 프라이빗 블록체인으로서 암호화폐를 발행한 사례에 해당한다.

(5) 에이다

총 450억 개 코인이 발행된 암호화폐이다. 이 중 260억 개가 유통되어 거래되고 있다. 화폐의 기능만 존재하던 1세대 블록체인 코인이 비트코인이라면, 거래 가능이 추가된 2세대 블록체인 코인은 이더리움과 리플이다. 에이다 코인은 기존 코인들의 채굴 독점행위로 인한 부작용을 분산시킬 수 있는 3세대 블록체인 코인이라고 한다.

4 암호화폐의 장점과 단점

(1) 암호화폐의 장점

일반적으로 암호화폐를 사용하면 가장 쉽게 느낄 수 있는 점은 기존화폐에 비해 국제적으로 송금이 빠르고 수수료가 저렴하다. 송금할 경우 국가간에도 송금 수수료가 비싸고 송금 기간도 몇 시간 걸리는 경우가 종종 있다. 국가간 송금 시 환전의 과정에서 많은 수수료가 지불되고, 많은 시간이 소비된다. 기존화폐는 국가에 의하여 통제되고 국가의 내·외부간 이해관계에 따라 환율 조작, 양적 완화, 금리 조정 등의 정책으로 인플레이션(inflation)을 유발하는 등 화폐 가치에 부정적인 영향을 미쳤다.

화폐를 관리하는 정부 정책에 따라 또는 국제 관계에 따라 가치가 변화하는 등 위험에서 벗어날 수 없는 숙명을 가지고 있다. 비트코인과 같은 암호화폐는 정해진 알고리즘에 따라 생산되기 때문에 누구나 발행량을 인위적으로 바꾸거나 조작할 수 없다. 암호화폐가 처음 설계된 당시부터 발행 과정이 확정되어 있어 거래내역이 공개되는 투명성이 장점이라고 할 수 있다.

비록 지금은 불법 물품 거래, 상속, 증여세 등을 회피하기 위해 불법 용도로 쓰이는 사례가 많으나 앞으로 개선될 것으로 본다. 보안성 측면에서 비트코인 네트워크의 기준으로 10년 동안 한번도 해킹당한 적이 없을 정도로 완벽하다고 볼 수 있다. 비트코인을 해킹하려면 전체 통신 네트워크가 가진 연산력 절반 이상의 파워를 가져야 한다. 사실상 불가능하며, 전 세계 슈퍼컴퓨터를 총 동원하여도 비트코인을 조작할 수 있는 파워의 1%도 못 미친다.

(2) 암호화폐의 단점

비트코인 등 일반적으로 암호화폐는 가치의 변동성이 높기 때문에 문제가 있다. 화폐의 가치가 상승할 경우 재화, 서비스 등 더 많은 구매를 할 수 있게 되지만, 디플레이션의 문제가 발생할 수 있다. 반대로 화폐의 가치가 하락할 경우는 인플레이션이 발생하게 되면 화폐에 대한 가치와 선호도도 감소한다.

화폐의 가치 변동성이 암호화폐의 화폐로서 사용하기 힘들게 하는 요소는 다음과 같다. 첫째는 암호화폐는 법정화폐가 아니므로 한계가 있다. 금, 은, 원자재 등과 같이 실물화폐처럼 그 자체가 가진 효용 가치에 의해 화폐의 가치가 보장되는 것이 아니다. 둘째는 비트코인의 활용처가 적다는 것이다. 화폐의 기능을 하려면 널리 통용되어야 하는데, 현재 비트코인 등 암호화폐가 기존의 화폐만큼 널리 사용되지 않고 있다. 비트코인은 아직 법적으로 보호를 받지 못하고 있다는 것이다.

10-3 블록체인의 다양한 활용분야

1 블록체인의 영역확장

암호화폐의 거래원장으로 사용되는 블록체인은 4차 산업혁명의 핵심 요소로 꼽히면서 뜨거운 관심을 받고 있다. 블록체인 기술은 디지털화폐뿐만 아니라 전 산업 영역으로 응용분야를 넓혀가고 있다. 보안성이 높다는 특징은 금융이나 의료 분야의 개인정보 보호에 적합하며, 스마트 컨트랙트를 통해 유형의 부동산에서부터 무형의 저작권까지 낮은 비용으로 안전한 거래를 구현할 수 있다. 이러한 블록체인의 가치에 따라 미국 시장조사기관 IDC는 시장규모가 2022년 108.6억 달러로 성장할 것이라 예상했으며, Markets & Markets는 2016~2021년 최소 55.9%에서 최대 68.9%의 성장률을 기록할 것이라 전망한 바 있다.

2 해운 물류 분야 적용사례

블록체인의 물류 서비스는 블록체인 기술과 사물인터넷(IoT) 기술을 연계하여 화물의 위치와 상태에 대한 정보를 거래에 참여하는 모든 사람들이 함께 공유할 수 있고 관리할 수 있는 서비스이다. 물류 서비스는 육상, 해상으로 분류할 수 있는데, 육상 물류는 SK텔레콤의 사물인터넷 전용망인 '로라'를 사용하여 육상으로 이동하는 화물의 위치를 확인하고 관리 및 기록할 수 있게 만들었다. 해상 물류는 바다로 운송할 때 화물의 상태 정보를 모아두었다가 항구에 도착했을 때 정보를 거래에 참여하는 모든 사람들에게 공유할 수 있게 만들었다.

해운 물류 분야는 현재 블록체인 적용이 많이 활용되고 이루어지는 분야 중 하나이며, 많은 전문가가 매우 긍정적으로 전망하고 있다. 블록체인 기술을 활용하기 위해서는 법제도적 측면과 블록체인 표준화 마련이 우선시 되어야 한다.

그림 10-3   물류 서비스 블록체인

물류 서비스에 블록체인을 적용한 이유는 블록체인 기술은 금융 분야에서 제일 처음 시작하여 현재 비즈니스 분야(paperless, tracing 등)에 사용되기 시작했다. 물류 서비스에는 물건이 출발하고 도착하는 데까지 화물에 대한 종이문서가 어마어마하게 많이 필요하고, 이러한 많은 종이문서들을 디지털화하여 쉽게 보관하고 공유할 수 있게 하는 것이다. 더 나아가 화물 보험 분야까지 현재 적용시키고 있다.

3 헬스케어/의료 분야 적용사례

그 동안 병원의 정보는 의료기관인 병원에서 진료 데이터 정보를 받고 관리 시스템상 근본적으로 의료 소비자인 환자가 정보 주체로서의 권한을 수행하기 어려운 구조로 되어 있었다. 블록체인 시스템의 도입을 통해 이러한 문제점을 해결할 수 있다. 의료 정보의 안전한 보관 체계가 확립되고 의료 소비자인 환자가 정보 주체로서 정보를 관리하고 원하는 곳에 공유 가능해지는 시스템을 구축할 수 있다.

의료 정보가 필요할 때마다 의료기관에 방문하여 발급받는 과정에서 소모되었던 과다한 비용과 시간도 해결될 수 있다. 의료 정보의 수집·저장·공유 시 블록체인 기반 시스템의 높은 보안성과 투명성을 바탕으로 개인 맞춤형 의료 정보 플랫폼, 자동 보험 청구 심사 등 새로운 서비스가 등장 할 수 있다[5].

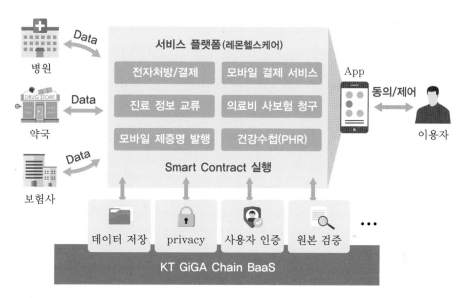

출처 : KT 제공

그림 10-4 스마트병원 서비스 개념도

KT는 민감한 개인 의료 정보를 보호하기 위해 의료 데이터를 유추가 불가능한 공개키로 전환하고, 이를 블록체인에 저장 및 관리하는 기술을 제공한다. 공개키와 결합되는 개인정보 등의 인증키는 '시큐어 스토리지' 기술이 적용된 블록체인 월렛에 안전하게 저장하고, 상호검증을 통해 위조를 방지한다. 또 병원이나 보험사가 진료기록, 처방전, 진단서 등 의료 데이터에 접근할 때, 환자의 동의를 얻은 기관만 열람 가능하도록 각 기관별로 권한을 부여하고 블록체인에 조회 이력이 저장되도록 고도화 할 계획이다. 블록체인 기술은 국내 40여 개 주요 대형병원 보험금 청구 서비스에 1차 적용되며, 연내 처방전 발행, 제증명 발급 등의 서비스가 순차 적용될 예정이다.

5 알기쉬운 블록체인&암호화폐, 김상규, Book Star

10-4 블록체인과 암호화폐 정책의 현황

1 미래에 쓰이게 되는 블록체인 기술

(1) 미래의 선거

선거 때마다 부정선거에 대한 의심은 끊임없이 이어지고 있다. 예비경선 후보자를 선정할 때 블록체인을 활용한 투표 앱으로 안전하고 긍정적인 투표를 치룰 수 있다. 특히 블록체인 기술을 활용하면 보안성, 신뢰성, 투명성을 강화할 수 있다.

21대 총선에 들었던 총선비용은 총 4,100억 원 들었다고 한다. 전국에 1만 4천여 곳 투표소에서 2만 7천여 개 투표함과 약 9천만 장의 투표용지를 인쇄하여 사용하였다.

블록체인을 이용한 전자투표는 이 비용을 줄일 수 있다. 블록체인을 이용하면 이번 선거처럼 긴 투표용지를 일일이 투표함과 투표 분류 작업을 할 필요도 없다. 또한 수천 명을 동원하여 출구조사를 할 필요도 없게 된다.

그림 10-5   블록체인 기반 투표 시스템

미래의 선거는 중앙선거관리위원회가 지정한 투표 장소에 직접 방문하지 않고 집에서 온라인으로 편리하게 투표할 수 있다. 투표 내용은 즉각 암호화되어 블록체인 시스템상에 기록된다. 투표자 ID와 선택 후보 ID를 담고 있는 각 데이터는 누구에게나 공개되어 각 후보의 득표 현황을 실시간으로 확인도 가능하다. 블록체인이 도입되면 개표와 결과, 저장까지 더욱 안전하고 신뢰할 수 있는 선거 시스템이 될 것으로 본다. 투표에 드는 비용이 절감되며, 선거 결과가 빠르게 확인되고 접근이 용이해진다. 투표 시스템은 투명성과 안정성, 유권자의 익명성이 보장되고, 누구도 부정선거에 대한 논란을 제기할 수 없게 된다.

전 세계에 블록체인 선거 열풍을 불러일으킨 역사적인 선거는 2018년 3월에 치뤄진 아프리카 시에라리온에서 세계 최초로 대통령 선거에 블록체인 스타트업 아고라가 운용하는 프라이빗 블록체인 기술이 적용되었다.

(2) 미래 부동산 거래

내 집을 마련하려면 매도자와의 만남이 필요하고 중개인도 있어야 한다. 블록체인을 적용하면 아파트 매도자와 매수자는 블록체인 시스템상에 저장되어 있는 해당 아파트의 과거 거래 정보 및 권리를 파악하고 스마트 계약 기능을 활용하여 암호화폐를 지급하고 매매를 하게 된다. 매매가 완료되면 바로 등기에 관한 정보는 국가 블록체인 등기소에 기록하게 된다. 등기 정보에 관한 위ㆍ변조가 불가능한 데이터로 남게 된다.

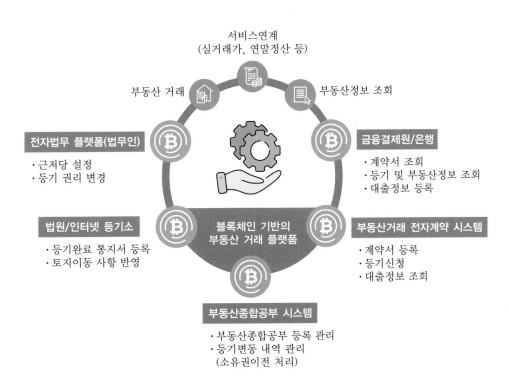

그림 10-6 블록체인 부동산 거래 시스템

세계 최초로 부동산 블록체인 시스템을 적용한 남미의 온두라스에서 등장하였고, 이후 계속해서 블록체인 부동산 거래가 늘고 있다. 이제는 부동산 거래도 블록체인이 보편화되고 있다고 볼 수 있다.

정부는 2024년까지 '블록체인 기반의 부동산 거래 플랫폼'을 구축할 계획이며, 이를 이용하여 아파트 계약을 진행하고 거래 단계별 부동산을 발급하며 확인하지 않아도 거래대상 부동산 물건을 각 기관에서 자동 실시간 확인·검증할 수 있다. 부동산 대출 시 은행 등 관련기관에 방문하여 서류제출을 줄일 수 있고, 안전하게 아파트 거래를 할 수 있다[6].

2 블록체인 법·제도적 현황

(1) 블록체인 활용에 큰 장벽과 제도

블록체인 기술을 활용하여 다양한 사업을 수행하는 스타트업 등 기업들은 혁신적인 아이디어를 끊임없이 창출하고 있다. 이와는 대조적으로 기존의 법·제도는 이러한 블록체인 산업이 활동하지 못하게 여러 가지 규제로 가득 차 있다. 블록체인 활용 및 응용 사례들은 늘어나고 있으나, 법·제도 체계는 이를 받아들일 준비가 되어 있지 않다. 이러한 법·제도 개선이 시급하다.

블록체인 기술은 우리가 상호 정보를 교환하는 방식에 혁신적인 가능성을 부여함과 동시에 도전적이고 복잡한 법적 이슈들에 직면하고 있다. 기존 법률의 한계와 제한을 뛰어넘는 새로운 체계가 필요하다. 현재 우리사회는 그동안 인터넷, 신의료기술, 소셜미디어 등의 변화에 대처했던 것처럼 법률도 블록체인 기술을 활용할 수 있도록 개·제정이 필요하다.

(2) 암호화폐 통화정책

비트코인과 같은 암호화폐는 은행이나 다른 금융기관에 의해 관리되지 않으며, 정부기관의 인증 및 확인 절차도 거치지 않고 있다. 세금 등의 문제로 정부기관에 알려야 하는 금전적인 거래가 있는 경우에도 보고하지 않고 있어 탈세할 수 있는 위험이 있다. 비트코인과 같은 암호화폐의 통화정책은 처음 코인이 설계된 소스코

---

6 알기쉬운 블록체인&암호화폐, 김상규, Book Star

드에 의해 결정되므로 코인의 발행이 정부에 의해 결정되지 않고 상품으로 되어 있기 때문이다. 수요와 공급에 따라 가격이 결정되고 있기 때문에 금과 유사한 성질의 자산이다.

비트코인이 화폐인지, 상품인지에 대한 논란은 계속되고 있다. 상품으로 간주될 경우, 미국 선물거래에서는 비트코인과 같은 암호화폐의 거래에 대한 세금을 부과할 것이다. 다만, 네바다주는 주정부가 세금을 부과하지 못하도록 법안을 만장일치로 통과한 적이 있다.

(3) 돈세탁 및 불법적 금전거래 악용

최근 웨스트버지니아주에서는 비트코인 등의 암호화폐를 이용하여 돈세탁하는 행위를 중범죄로 간주하고 돈세탁 방지법 개정안을 발표했다. 대부분의 국가에서는 금융 서비스에 고객 확인제도와 돈세탁 방지법에 대한 규칙을 준수하도록 한다. 고객 확인제도란 금융기관의 서비스가 자금세탁 등 불법 행위에 이용되지 않도록 고객의 신원, 실제 당사자 여부 및 거래 목적 등을 금융기관이 확인함으로써 고객에 대해 적절한 주의를 기울이는 제도이다.

우리나라에서는 특정 금융거래 정보의 보고 및 이용 등에 관한 법률에 해당하며, 금융거래를 이용한 자금세탁 행위를 규제하여 범죄 행위를 예방하고 건전하고 투명한 금융거래 질서를 확립하고자 돈세탁 방지법 제도를 신설 운영한다. 암호화폐의 사용도 이러한 규제 준수의 대상에 적용하며, 일부국가에서는 암호화폐의 사용을 엄격하게 금기하고 있다[7].

---

7 알기쉬운 블록체인&암호화폐, 김상규, Book Star

사례연구 1 블록체인을 활용한 … 원자력, 전력 거래, 데이터 저장

▶ 블록체인을 도입하면 전력 거래 시 중개기관을 거치지 않고 간소하게 시스템을 통해 비용 절감 등 효율성이 증가한다.

▶ 전력 데이터 기록을 보관, 저장하는 데 블록체인을 적용할 수 있다.

▶ 원자력 안전을 위한 조치 등에 블록체인 기술이 접목된다면 핵 안보, 핵 비확산에 도움이 될 수 있다.

참조 • 블록체인으로 이웃과 실시간 전력 거래한다. 아이뉴스24
　　　 http://www.inews24.com/view/1064390

함께 생각해 봅시다

　가상화폐 가격이 폭락했어도 여전히 '대박' 환상을 좇는 이들은 가상화폐에 매달리는 등 투기적 요소가 많다. 이에 가상화폐에 대한 투기를 잠재울 적절한 규제가 필요하다는 지적이 있다. 다른 한편으로 새로운 블록체인 기술이 개발되고 이를 토대로 새로운 코인기반 생태계가 구축되고 있다는 것 또한 무시 못 할 사실이다. 이에 대해 어떻게 생각하는가?

"가상화폐에 대한 투기를 잠재울 적절한 규제가 필요하다 vs
아직은 시기상조다"

사례연구 2 블록체인을 이용한 유통 거래 사업?

▶ 농림, 수산/축산 식품의 안전한 거래 유통을 위하여 블록체인을 적용할 수 있다.

▶ 부동산 중개인 없이 직접 블록체인을 활용한 거래를 할 수 있다.

▶ 중고차 거래에 블록체인이 적용되면 신뢰성과 안전한 거래를 할 수 있는 기반이 마련될 수 있다.

▶ 다이아몬드를 채굴부터 감정, 유통까지 전 공정에 블록체인을 도입하면 신뢰성이 확보될 것이다.

참조 • 블록체인 · IoT로 쇠고기 축산물 이력 확인한다, 디지털타임스

http://www.dt.co.kr/contents.html?article_no=2018112002109931041004&ref=daum

함께 생각해 봅시다

비트코인, 이더리움 등 가상화폐(암호화폐)는 블록체인 기술을 근간으로 한다. 최근 정부는 블록체인을 10대 기술로 선정하고 육성하고자 한다. 이를 통해 촘촘한 보안과 인프라를 구축하고, 블록체인 플랫폼을 통해 전자정부를 지원하겠다고 한다. 반면, 암호화폐는 규제하겠다고 한다. 암호화폐는 블록체인 기술의 결과물이라는 관점에서 암호화폐 산업 전체를 규제해서는 안 된다는 의견이 있다. 이에 대해 어떻게 생각하는가?

"블록체인 기술만 육성하는 것이 바람직하다 vs
암호화폐 산업도 함께 육성해야 한다"

사례연구 **3** 블록체인을 활용한 투표와 선거, 병원진료, 물류 적용!

▶ 국내 온라인 투표에 블록체인 기술을 활용하고, 아프리카에서는 세계 최초로 대통령 선거에 블록체인 기술을 적용하였다. 신뢰성과 투명성을 갖추고 구축비용을 절감할 수 있다.

▶ 의료−헬스케어 기업이 블록체인을 쉽게 적용하도록 돕는다

▶ 해운 및 육상 물류 시스템에 블록체인 기술이 적용되면 유통현황을 실시간 확인하고 업무 효율성 향상과 최적의 관리가 가능해 진다.

참조 • 아프리카에서 세계 첫 블록체인 대선 투표 진행, 아시아경제
　　　http://www.asiae.co.kr/news/view.htm?idxno=20180309093055941570

함께 생각해 봅시다

　비트코인, 이더리움 등 가상화폐(암호화폐)에 대한 관심이 커지고 있다. 향후 가상화폐가 일상생활에서 실질적인 화폐 기능을 수행할 것으로 생각하는가?

"화폐 기능을 수행할 것이다 vs 아니다"

토의 주제

1. 재난과 재해 복구 시스템에 블록체인 기술 기반으로 구축이 가능할 수 있는가?

2. 블록체인과 암호화폐는 분리할 수 없는 관계이다. 암호화폐 규제와 블록체인 육성에 대해 생각해 보자.

3. 암호화폐에 투자하면 누구나 돈을 벌 수 있는가?

동영상 학습자료

제목	출처(URL)
1. 세계 최초 블록체인 네트워크 … 늘어나는 활용사례	https://www.youtube.com/watch?v=fjQV2Ohent8
2. 블록체인이란 무엇일까?	https://www.youtube.com/watch?v=984gJ-DI3w0
3. 2021년 비대면시대 블록체인 트렌드	https://www.youtube.com/watch?v=8tFkOky1-XI

제11장

클라우드 컴퓨팅

11-1 클라우드 컴퓨팅의 이해

클라우드 컴퓨팅(cloud computing)은 **그림 11-1의 개념도처럼** 인터넷 상의 서버에 소프트웨어, 하드웨어 등을 두고 서비스를 하는 인터넷 기반 컴퓨팅 기술이다[1].

전기가 처음 사용되었을 때는 사용자들이 직접 발전기를 설치하여 전기를 만들어 썼다. 현재는 전력회사에서 전기를 대량으로 공급하고 소비자들은 필요한 만큼 사용하고 요금을 지불한다. 이처럼 컴퓨터나 소프트웨어 등 IT 자원도 소비자들이 필요한 만큼 빌려 사용하는 방식으로 바뀌고 있다.

그림 11-1 클라우드 컴퓨팅 개념도

1 클라우드 컴퓨팅(2018), 정보능력, 김포대학교

　　유휴 컴퓨팅 자원 활용을 위해 구글에 근무하던 크리스토프 비시글리아(Christophe Bisciglia)는 2006년 클라우드 컴퓨팅을 제안하였고, 이로써 IT 자원 공유 시대가 열렸다[2].

　　미래학자 니콜라스 카(Nicholas Carr)는 클라우드 컴퓨팅에 대해 다음과 같이 정의하였다. '클라우드 컴퓨팅은 대형 전력회사에서 전기를 받아쓰듯이 중앙 집중화된 대형 데이터센터에서 서비스를 받고 소프트웨어나 프로그램도 인터넷을 통해 자유롭게 빌려 쓰는 것, 즉 IT 자원을 구매하거나 소유하지 않고 필요한 만큼만 사용료를 주고 쓰는 서비스'라고 하였다.

　　현재는 많은 사람들이 이동식 저장 장치보다 N드라이브나 구글 드라이브 등의 클라우드 서비스를 선호한다. 이제 IT 자원도 소유에서 공유의 시대로 접어들어 클라우드 컴퓨팅을 기반으로 하는 서비스가 사용되고 클라우드 환경이 더욱 많은 가치를 만들어 내는 세상이 되었다[3].

　　클라우딩 컴퓨팅은 효율 향상, 비용 절감, 신속한 시장 대응 등의 장점을 가지고 있다. 자체적으로 인프라를 구축하는 경우 트래픽 폭주에 대비하여 설비투자를 과도하게 하는 경우가 많고, 미래 수요 예측도 어렵다. 클라우드를 이용하면 자유롭게 인프라를 증감할 수 있어서 서비스 규모에 따라 즉각 대응이 가능하고, 자동 조절 기능이 있는 오토 스케일링(auto-scaling)기술로 트래픽 폭주의 문제도 간단히 해결 가능하다. 또한 IT 인프라 구축에 필요한 소요 시간을 줄여 서비스를 적기에 출시할 수 있고 데이터 분석을 통해 시장의 변화에 발 빠르게 대응할 수 있다. 이와 같은 여러 가지 장점에도 불구하고 도입을 위해서는 고려해야할 사항이 많다.

　　클라우드 컴퓨팅이 아직은 기술적으로 완벽하지 않기에 적용 분야에 따라 신중하게 접근해야 한다. 예를 들어, 자율주행차와 같이 고도의 안정성과 신뢰성이 요구되는 분야에서는 아주 작은 데이터 전송 오류나 짧은 네트워크 지연에도 치명적인 사고로 이어질 수 있기에 주의가 요구된다. 이러한 이유로 엣지(edge) 컴퓨팅[4]이나 포그(fog) 컴퓨팅[5]처럼 데이터가 발생하는 가장 가까운 지점에서 정보를 처리하는 방법이 최근에 주목을 받고 있다.

2　클라우드 서비스의 종류, pplus.co.kr
3　클라우드 컴퓨팅(2018), 과학커뮤니케이션웹진
4　중앙의 클라우드 센터보다 더 가까운 가장자리(edge)에서 데이터를 처리하는 컴퓨터 시스템
5　클라우드(구름)보다 더 가까운 안개(fog)에서 데이터를 처리하는 컴퓨터 시스템을 비유적으로 표현

다른 이유로 기업의 입장에서는 클라우드 도입을 망설이는 경우도 있다. 회사의 중요한 정보가 외부에 있다는 점, 해킹에 대한 불안감 등이 도입을 주저하는 원인이다.

또한 소프트웨어 서비스나 플랫폼 서비스를 많이 사용하는 경우 운영비가 많이 들기 때문에 비용 절감의 효과가 미미할 수 있다.

11-2 클라우드 컴퓨팅의 서비스와 모델

1 클라우드 서비스 제공 방식

(1) 인프라 서비스(IaaS: Infra as a Service)

하드웨어 인프라(서버, 저장장치, 네트워크 장비 등)와 IT기술을 제공하는 서비스이다.

(2) 플랫폼 서비스(PaaS: Platform as a Service)

인프라와 운영체제뿐만 아니라 플랫폼 개발을 위한 각종 도구를 비롯한 가상화 기술까지 제공하는 서비스이다.

(3) 소프트웨어 서비스(SaaS: Software as a Service)

완성된 애플리케이션, 응용프로그램 등의 소프트웨어 제공 서비스이다.

초기에는 단순한 인프라 서비스가 주류를 이루었지만 점차 플랫폼 서비스의 비중이 커지는 추세이고 사용자 입장에서 가장 보편적인 서비스는 SaaS이다.

2 클라우드 배치 모델

(1) 사설형 클라우드(Private cloud)

데이터 센터가 개별 기관 내부에 있어 보안과 안정성을 중시하는 기업에 적합하다.

(2) 공공형 클라우드(Public cloud)

인터넷을 통해 서비스를 사용하며 수요에 따라 클라우드의 확장과 축소가 가능하지만 상대적으로 보안에 대한 취약점이 있다.

예 AWS(아마존), GCP(구글), Azure(마이크로소프트)

(3) 혼합형 클라우드(Hybrid cloud)

사설형과 공공형을 혼합한 방식으로 보안이 필요한 영역은 사설형으로, 비용의 효율성이 필요한 영역은 공공형을 이용한다.

그림 11-2는 세 가지 클라우드 모델의 상호 관계도이다.

그림 11-2 클라우드 모델

사설형 클라우드와 혼합형 클라우드 컴퓨팅 시장은 사용자의 접근성이 용이하여 성장세가 꾸준하고 추후 그 중요성이 더욱 부각될 전망이다.

클라우드 컴퓨팅 시장의 가장 중요한 요소는 애플리케이션 개발자이다. 개발자가 혁신을 통해 새로운 비즈니스 환경을 신속하게 대처하는 능력을 갖추는 것이 필요하다. 클라우드 시스템의 이러한 추세는 하나의 특정 인프라 플랫폼이 아니라 사설형과 공공형 클라우드를 모두 사용하도록 이끄는 데 있다. 따라서 사용자들은 공공형과 사설형 클라우드의 적절한 조합을 쉽게 활용하게 되고 특히 사설형 클라우드의 경제적 가치는 더욱 커지게 될 것이다. 이는 점진적으로 더욱 업그레이드된 혼합형 클라우드 환경으로 이어질 것으로 전망된다.

표 11-1은 2021년까지의 전 세계 퍼블릭 클라우드 매출 현황이고, 표 11-2는 국내 퍼블릭 클라우드 사용자 지출 현황이다[6].

표 11-1   전 세계 퍼블릭 클라우드 매출 현황과 예상액 （단위 : 10억 달러）

	2017년	2018년	2019년	2020년	2021년
클라우드 비즈니스 프로세스 서비스 (BPaaS, 서비스형 비즈니스 프로세스)	42.2	46.6	50.3	54.1	58.1
클라우드 애플리케이션 인프로 서비스 (PaaS, 서비스형 플랫폼)	11.9	15.2	18.8	23.0	27.7
클라우드 애플리케이션 서비스 (SaaS, 서비스형 소프트웨어)	58.8	72.2	85.1	98.9	113.1
클라우드 관리 및 보안 서비스	8.7	10.7	12.5	14.4	16.3
클라우드 시스템 인프라 서비스 (Iaas, 서비스형 인프라)	23.6	31.0	39.5	49.9	63.0
총계	145.3	178.8	206.2	240.3	278.3

출처: 가트너(2018), 반올림으로 인해 총계는 다를 수 있음

표 11-2   국내 퍼블릭 클라우드 서비스 최종 사용자 지출 합계와 예상액 （단위 : 백억 원）

	2017년	2018년	2019년	2020년	2021년
클라우드 비즈니스 프로세스 서비스 (BPaaS, 서비스형 비즈니스 프로세스)	15.33	17.42	19.65	22.01	24.47
클라우드 애플리케이션 인프로 서비스 (PaaS, 서비스형 플랫폼)	17.55	21.54	26.02	30.72	35.73
클라우드 애플리케이션 서비스 (SaaS, 서비스형 소프트웨어)	66.27	84.04	105.87	129.77	156.05
클라우드 관리 및 보안 서비스	16.35	19.5	22.89	26.35	30.07
클라우드 시스템 인프라 서비스 (Iaas, 서비스형 인프라)	47.45	57.73	69.7	82.88	98
총계	163	200	244	292	344

출처: 가트너(2018), 반올림으로 인해 총계는 다를 수 있음

---

6   2018 정보화백서(2019), 국가정보진흥원(NIA)

11-3 클라우드 컴퓨팅의 활용분야

클라우드 시장을 선도하는 아마존, 마이크로소프트, IBM은 우리나라 시장을 선점하기 위해 클라우드 데이터 센터를 개소하는 등 발 빠른 횡보를 보이면서 적극적인 시장 공략에 앞장서고 있다. 이러한 글로벌 기업들은 다국적 구축 경험과 가격 경쟁력 등 여러 노하우를 바탕으로 시장 경쟁의 우위에 있는 입장이다. 세부적으로는 자체 보유한 많은 솔루션, 클라우드에 확보된 방대한 데이터, 인공지능과 머신러닝 등과 연계된 최첨단 기능까지 4차 산업의 핵심자원을 내세우고 있다[7].

국내 기업으로는 KT, 가비아, NBP(NAVER Business Platform) 등의 클라우드 기업 등이 경쟁력을 갖추고 있다.

표 11-3 글로벌 클라우드 국내 진출 사례

구분	주요 내용
아마존	클라우드 데이터 센터 가동(서울 리전, 2016년) → 협력업체 : KT(목동), SKT(일산)
마이크로소프트	클라우드 데이터 센터 가동(2017년) → 협력업체 : LG유플러스(경기 평촌), LG CNC(부산)
IBM	클라우드 센터 공동 구축(판교, 2016년) → 협력업체 : SK C&C
알리바바	클라우드 센터 시동(알리윤, 2016년) → 협력업체 : SK C&C, 뱅크웨어글로벌

아마존은 실리콘 밸리의 가상화 부문 강자와 손잡고 VM웨어 온 AWS(VMware on AWS) 하이브리드 클라우드 상품을 출시하였다. 구글의 클라우드 플랫폼은 클라우드 업체의 강자인 VM웨어, 뉴타닉스 등의 업체와 협력관계를 맺고 있다. 마이크로소프트의 클라우드 서비스인 애저는 퍼블릭 클라우드 서비스를 시작으로 프라이빗 클라우드 플랫폼 서비스까지 확대 제공하고 있다. 이외에도 오라클과 IBM은 단독으로 자체 하이브리드 클라우드 상품을 보유하고 시장에 뛰어 들고 있다.

---

7 IT 트렌드/2020년 시장 481조 폭풍 성장 클라우드, www.linuxdata.co.kr

외국 업체뿐만 아니라 국내 기업들도 이동통신사, 중소 IT업체와 시스템 통합 솔루션 업체 등을 중심으로 클라우드 사업에 적극적으로 나서고 있다.

한국통신(KT)의 클라우드 서비스인 '유클라우드 비즈'는 국내에 3개 클라우드 데이터 센터를 운영하고, 미국에도 독자적인 데이터 센터를 운영하고 있다. LG-CNS는 국내외에 6개 데이터 센터를 구축·운영하고 있다. SK C&C는 '멀티 클라우드 서비스'를 강화하기 위해 IBM과 알리바바 클라우드 등과 협력하여 클라우드 서비스 산업에 진출하고 있다.

하이브리드 클라우드의 장점은 클라우드로 연결되는 네트워크를 최적화함으로써 클라우드 효과를 증대할 수 있다는 것이다. 앞으로 하이브리드 클라우드 컴퓨팅이 보편화되면 클라우드 네트워크 망의 구축, 관리, 최적화된 서비스가 가능할 것으로 전망된다.

1 국내 서비스 사례

우리 정부는 2009년 범정부 차원의 클라우드 컴퓨팅 도입 활성화를 위해 행정안전부·지식경제부·방송통신위원회가 합동으로 '정부 클라우드 컴퓨팅 활성화 종합 계획'을 수립하였다. 이 계획에는 산업 육성을 위한 다양한 계획이 포함되어 있다.

2015년에는 제정된 「클라우드 컴퓨팅 발전법」은 정보를 외부 업체에 맡기는 것에 대한 염려와 기업의 투자 회피 등을 보호하는 것을 목적으로 두고 있다. 2016년에는 「클라우드 컴퓨팅 발전법」의 후속 조치로 범정부 차원의 법정 계획인 'K-ICT 클라우드 컴퓨팅 활성화 계획'을 발표하여 법 적용을 위한 관련 법제도 정비를 추진하였다.

2015년 11월 발표한 'K-ICT 클라우드 컴퓨팅 활성화 계획'에서 제시한 단계별 비전은 다음과 같다. 1단계는 2018년까지 클라우드 산업 성장 동력을 마련하고, 2단계는 2021년까지 클라우드 서비스 선도국가로 도약하기 위한 비전을 제시하고 있다. 이 기본 계획의 주요 사항은 공공 부문에 클라우드를 선제적으로 도입함으로써 국내 클라우드 생태계를 구축하여 민간부문의 클라우드 이용을 확산토록 하는 것을 주요 골자로 하고 있다.

2017년 과학기술정보통신부 · 행정자치부의 '공공부문 클라우드 컴퓨팅 수요조사'에 따르면 246개 공공기관이 보유한 3,581개 시스템 중에서 민간 클라우드를 도입했거나 향후 도입할 예정인 시스템은 288개로 전체 시스템 중 8%에 불과하였다. 이는 공공부분의 민간 클라우드 이용이 활성화되고 있지 못하다는 것을 보여준다.

'K-ICT 클라우드 컴퓨팅 활성화 계획'에서 공공기관의 민간 클라우드 이용이 시스템 수 기준, 2020년 최대 15%로 확대될 것으로 예상하였는데 예상과는 다르게 현재 민간 클라우드 도입율은 상당히 낮은 수준이다[8].

이러한 공공부문의 클라우드 컴퓨팅 활성화 해결을 위해 민간 클라우드 서비스를 공공부문에 적극 도입하고 민간 클라우드 이용 범위를 대폭 확대할 예정이다. 또한 인공지능 등 첨단민간기술을 접목한 하이브리드 클라우드 서비스를 대국민서비스에 적극 활용할 계획이다. 정부가 급변하는 4차 산업의 기술 발전을 주도하기에는 시스템 유지에 어려움이 있고 비효율적이다. 민간 기업과 협력하여 클라우드 서비스 방식을 도입하는 것이 여러모로 유리하다.

정부의 '전자정부 클라우드 플랫폼'에 의하면 공공정보 개발 영역(인프라, 개발 · 실행환경, 정보자원)에 클라우드 서비스가 제공된다. 구축된 전자정부 플랫폼은 소프트웨어 서비스에 대한 배표 · 관리가 자동으로 이루어지고, 나아가 서비스 갱신을 위한 인프라, 개발도구, 데이터베이스 등과 함께 발전이 가능해진다. 이는 빅데이터에 AI와 같은 지능정보기술을 적용하거나 기업이 개발한 클라우드 서비스를 정부 기관에 활용할 때에도 탄력적인 운영이 가능할 것으로 전망된다. 전자정부 플랫폼은 기업 입장에서 보면 클라우드 공공 시스템을 쉽게 네트워크화할 수 있고, 정부 입장에서도 개방형 기술과 기업이 갖고 있는 정보자원을 공동으로 활용하는 등의 효율적인 서비스를 제공할 수 있다.

한편, 도서 업무를 수동으로 관리하는 작은 도서관은 전체의 46%에 달하고 운영비용을 자체 조달하고 있어 상황이 매우 열악한 것으로 조사되었다. 이러한 문제를 해결하기 위해 민간 클라우드 기반의 자료관리 시스템을 작은 도서관에 도입하여 인터넷과 모바일을 통해 도서검색, 도서예약, 회원관리 등의 업무를 서비스할 계획이다.

8　2018 정보화백서(2019), 국가정보진흥원(NIA)

표 11-4 공공부문 클라우드 컴퓨팅 도입 현황 및 계획 (단위 : 개)

구분			합계	중앙행정기관	중앙행정기관 소속기관	지방자치단체 및 소속기관	지방공기업	공공기관
대상기관	기관	–	1,118	47	378	245	115	333
응답기관	기관	–	733	31	192	177	87	246
	시스템	–	7,610	372	770	2,459	428	3,581
응답기관 중 클라우드 이용 실적 및 계획이 있는 경우	기관	합계	348	25	37	54	39	193
		G-클라우드	62	23	26	5	0	8
		자체 클라우드	169	1	6	44	16	102
		민간 클라우드	106	0	3	2	21	80
		형태 미정	11	1	2	3	2	3
	시스템	합계	1,608	95	128	247	86	1,052
		G-클라우드	276	90	89	5	0	92
		자체 클라우드	941	2	21	218	48	652
		민간 클라우드	332	0	11	2	31	288
		형태 미정	59	3	7	22	7	20

출처: 과학기술정보통신부 · 행정자치부(2017)

디지털스쿨백팩이란 소프트웨어관련 교육과 수업 관리, 과제 관리, 소통과 협업 기능 등이 제공되는 클라우드 서비스이다. 2015년 23개 초 · 중 · 고등학교를 대상으로 시작했으며, 2016년에는 87개 학교, 2017년에는 125개 학교로 확대 보급되고 있다.

이로 인해 초 · 중 · 고등학교 의무교육 과정에서 소프트웨어 교육이 필수화된 2018년부터는 소프트웨어 교육 시 발생하는 교사의 하드웨어, 소프트웨어 관리 부담이 덜어지고 있다. 또한 클라우드 기반으로 학생은 하교 후에도 수업시간과 동일한 온라인 학습을 이어갈 수 있다[9].

---

9 클라우드 스쿨팩 사업 모형(2017), 한국정보화진흥원

출처: 행정안전부(2018)

그림 11-3 전자정부 플랫폼

이러한 교육분야의 민간 클라우드 선도활용사업은 교육 환경의 개선과 함께 민간 클라우드 서비스 도입을 확대함으로써 공공분야에서도 민간 클라우드 이용 활성화가 기대된다.

클라우드 스토어 '씨앗(CEART, www.ceart.kr)'은 클라우드지원센터(한국정보화진흥원)를 통해서 운영되는데, 핵심 사업은 공공 클라우드 조달 시스템이다. 엄선된 다양한 클라우드 서비스를 한 곳에서 구매할 수 있으며, 미리 체험도 가능하다. 씨앗은 클라우드 서비스 제공자와 수요자가 쉽고 편리하게 연결되고 소통하도록 지원한다. 2014년 씨앗을 처음 구축한 이래로 2016년부터 KT, LG CNS, NHN 엔터테인멘트, 현대정보기술, 한글과컴퓨터 등 47개 민간 클라우드 서비스 제공자와 협약체결을 체결하여 클라우드 서비스를 등록하였고, 공공조달 편의 제공을 위해서 조달청 나라장터 종합쇼핑몰과 연계하여 구매지원 환경을 제공하고 있다.

그림 11-4 클라우드 교육

한편, 2017년부터 클라우드 스토어의 수요자·공급자 기반의 기능 고도화 및 관련 시스템 간 정보연계 추진이 필요함에 따라 클라우드 스토어 씨앗 3단계 구축사업을 진행하고 있다[10].

그림 11-5 클라우드 스토어

클라우드 보안 인증제는 서비스 제공자의 서비스에 대해「클라우드 컴퓨팅 발전법」제23조 제2항에 의거하여 정보보호 기준 준수 여부를 한국인터넷진흥원이 평가·인증하는 것이다. 이는 안정성 및 신뢰성 있는 클라우드 서비스를 공공기관에 공급하고 객관적이고 공정한 보안인증을 실시하여 사용자의 보안 우려를 해소할 목적으로 시행되고 있다.

---

10 클라우드 스토어 씨앗, https://www.ceart.kr/korean/pt/index.do

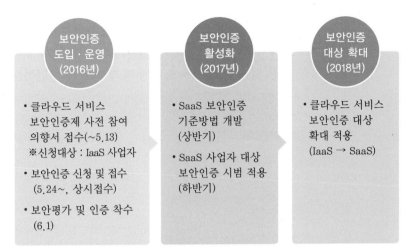

출처: 클라우드 컴퓨팅 보안인증제도 안내서(2017), 한국인터넷진흥원

그림 11-6 클라우드 컴퓨팅 보안인증제도

그리고 클라우드 서비스를 제공하려는 사업자를 대상으로, 총 14개 부문, 117개 통제 항목을 준수했는지를 평가하고 인증한다.

2016년 보안 인증이 시작되면서 IaaS 서비스를 제공하는 사업자를 대상으로 보안관련 평가·인증을 시행하였으며, 2016년 KT, 2017년에는 NBP와 가비아가 인증을 취득하였다. 그간 IaaS 중심의 인증에서 SaaS로 확대하기 위해 2017년부터 SaaS 사업자에 맞는 클라우드 보안 인증 기준을 마련하고 시범적용 중이다. 2018년에는 클라우드 보안 인증제 대상을 SaaS로 확대 운영하고 있다.

정부는 민간부문 클라우드 이용을 확산하기 위해 클라우드 신뢰성 확보 및 이용자 보호, 중소기업 및 산업 혁신 지원, 클라우드 친화적 여건 조성 등의 정책을 추진하는 중이다. 클라우드 친화적 여건 조성을 위한 지속적인 노력의 일환으로 관계부처와 함께 클라우드 관련 법령과 해설서의 마련, 기업 정보화 담당자 등과의 협업, 규제 개선분야 시범사업 등을 통해 국민 인식의 확산을 끌어내고 있다. 또한 서비스 기준안에 대한 협약 등을 준비하여 보안서비스 증명과 이용자의 신뢰성 확보를 통하여 클라우드 보안에 대한 문제점을 해소하는 데 중점을 두고 있다.

중소기업 및 산업의 혁신 지원 측면에서는 유관 부처와 공동으로 전국 산업단지 대상 클라우드 적용 확대(과학기술정보통신부), 클라우드 기반 스마트팜(농림부) 및 스마트공장 확산(산업통상자원부), 클라우드 활용 정밀의료 프로젝트(보건복지부, 과학기술정보통신부) 등을 추진 중이다.

이러한 민간 부문의 클라우드 이용 확산과 관련된 주요 사업은 다음과 같다.

그림 11-7에 안내한 바와 같이 산업단지 내 중소기업에게 클라우드 서비스를 제공하여 정보화 증진 및 국내 클라우드 시장 확대 기반을 마련하는 사업이다[11].

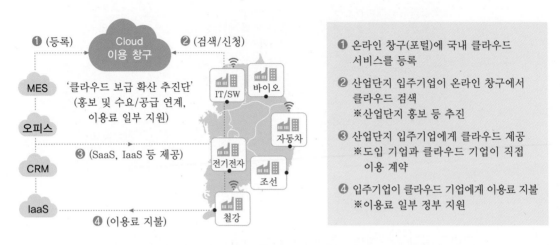

출처: 2017년 산업단지 클라우드 서비스 적용 확산사업 공고(2017), 정보통신산업진흥원

그림 11-7 산업단지 클라우드 적용 방안

2015년부터 추진한 클라우드 서비스 시범 사업은 2016년까지 10개 지자체, 13개 산업단지에서 1,000여 개 중소기업을 대상으로 ERP 등 IaaS와 SaaS 클라우드 서비스 보급 사업을 지원하였다. 2017년에는 지자체 제외, 클라우드 총괄사업자를 한 곳 선정하여 전국 산업단지 내 기업들의 클라우드 구축을 위한 컨설팅을 지원하고 있다. 이것은 산업단지를 상대로 IaaS, SaaS를 사용할 계획이 있는 기업을 조사하여 클라우드 서비스가 필요한 기업에게 알맞은 서비스를 제공하는 방식이다.

산업단지 내의 모든 클라우드 수요를 충족시키기 위하여 제조 산업, 첨단지식 산업, 임가공 산업으로 업종을 구분하고 SaaS 클라우드 서비스를 통하여 재무·회계 관리, 문서관리, 인사·급여관리 등을 공동으로 공급한다.

한편 2014년부터 산업자원부 주관으로 중소기업에 스마트공장 보급을 추진해왔다. 스마트 공장 추진 실적은 2014년 277개 사를 지원했고, 2015년에는 1,240개 사로 늘어났으며, 2016년에는 2,800개 사까지 확대되었다. 2017년부터는 기존 개별 구축형 스마트 공장에 부가하여 클라우드형 스마트 공장(원격지의 데이터 센

---

11 2017년 산업단지 클라우드 서비스 확산사업(2017), 정보통신산업진흥원

터에 있는 스마트 솔루션을 활용하고 월 사용료를 지불하는 형태의 공장)으로 업그레이드 되었다.

이러한 클라우드형 스마트 공장 보급을 위하여 45억 원의 예산을 확보하여 10개 기업 이상 특화된 동종 업종에 우선으로 보급하였다. 기존의 개별 구축형 스마트 공장에 비해 클라우드형 스마트 공장은 시스템 안정성, 설비투자비, 정보 보안, 유지보수 측면에서 만족할 만한 효과를 얻을 것으로 예상된다.

2 해외 서비스 사례

가트너 그룹의 클라우드 시장 보고서에 의하면 2017년부터 2021년까지 전 세계 공용 클라우드 시장이 연평균 약 17.6%씩 성장할 것이라고 전망하였다. 2017년 1,453억 달러의 클라우드 시장 규모는 2019년은 전년 대비 17.3% 증가한 2,062억 달러로 확장되었고, 2021년에는 91.5% 증가한 2,783억 달러 증가할 것으로 예상하였다. 클라우드 서비스 중에서 SaaS 서비스의 사용빈도가 가장 높은 것으로 조사되었고, 2017년 40.5%에 비하여 2021년 비중은 40.7%로 괄목할만한 성장세를 이룬다고 조사되었다. 클라우드 시장은 일단, IaaS와 PaaS가 주도할 것이며 2021년 시장 규모는 2017년 대비 각각 267%, 233% 증가할 것으로 전망된다.

앞으로는 멀티 형태의 하이브리드 클라우드에 대한 수요가 늘어남에 따라 기업들은 IaaS와 PaaS의 통합 서비스에 대한 수요가 증대될 것으로 예상된다. 한편, 2017년 29.1% 비중의 BPaaS는 2021년 20.9%로 점유율이 감소하였다.

미국, 영국, 중국, 일본 등 해외 주요 국가에서는 이전부터 클라우드 산업 육성과 도입 확산을 위해 관련 정책을 마련하여 시행 중이다. 클라우드 산업 도입과 확장 정책은 단순하게 일부 국가에 한정된 것이 아닌 전 세계의 흐름임을 알 수 있다.

해외 기업의 클라우드 시장 점유율은 아마존의 AWS가 선두 주자이고 MS와 구글, 알리바바가 그 뒤를 따르고 있다. **그림 11-8**, **그림 11-9**는 주요 기업별 클라우드 시장 점유율과 경쟁 포지션이다[12].

2006년부터 상용 클라우드 서비스를 시작한 미국은 아마존의 AWS가 전 세계 시장의 34%를 차지하면서 현재까지도 전 세계 시장을 점유하고 있다. 2010년에는 MS의 애저, 2013년의 구글 클라우드 등이 클라우드 시장에 진입하였다.

---

12 세계 클라우드 컴퓨팅 시장 현황과 전망(2019). KDB산업은행

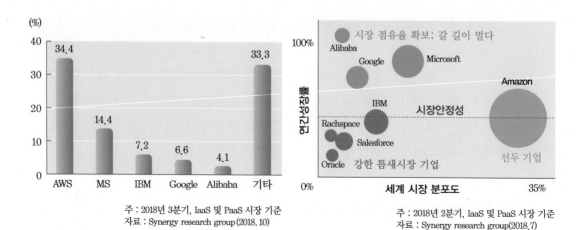

그림 11-8 주요 기업별 클라우드 시장 점유율   그림 11-9 주요 기업별 클라우드 경쟁 포지션

아마존의 AWS는 지배적 위치에 있는 이점을 바탕으로 계속하여 클라우드 시장을 이끌어갈 수 있는 선순환 사이클을 확보하고 있다. 클라우드 서비스를 사용하는 일반 기업체는 클라우드 컴퓨팅을 도입함으로써 많은 고객을 저렴한 가격으로 확보할 수 있고, 이를 통해 컴퓨팅 및 자원 활용률을 높게 유지하고 단위당 비용도 낮아져 고객 유치에 유리하다.

클라우드 서비스 업체 간 경쟁도 치열하다. 유통기업인 월마트(Wal-Mart)와 타겟(Target)은 최근 이해 상충 문제로 아마존에서 MS와 구글로 이동하였다. MS는 클라우드 우선 사업(cloud first) 전략을 바탕으로 시장 진입은 늦었지만 아마존이 쫓고 있으며, 구글도 머신러닝 분야의 우위를 토대로 빠르게 성장 중이다. AWS의 연간 성장률이 대략 45%인 반면에 MS와 구글은 85~98%의 성장률을 기록할 정도로 괄목할 만한 성장세를 이루었다. 또한 클라우드 서버의 능력을 평가하는 데이터센터 지역 수는 아마존 AWS는 19개, MS 애저는 44개, 구글은 17개의 지역데이터센터를 보유하고 있다.

한편, 클라우드 시장에서 고려해야 할 문제는 보안에 관한 사항인데 미국은 정보기관인 CIA가 클라우드 서비스를 도입하면서 자연스럽게 보안 문제를 접근할 수 있었고 클라우드 컴퓨팅 확산에 많은 기여를 했다. 이어서 2017년 트럼프 정부가 출범하면서 연방정부 주도하에 신규 도입하는 정보 시스템에 대해서 클라우드 서비스를 적용하는 행정명령을 발동하면서 더욱 발전하게 되었다. 이렇게 공공 부문에서도 적극적으로 클라우드를 도입하는 것을 보여줌으로써 세계 시장에 대한 지배력을 강화할 수 있는 토대를 구축할 수 있게 된 것이다. 이는 자국 기업의 주도권을 부여해 주고 클라우드 시장에서 한 발 앞서는 경쟁력을 확보하는 효과가 있다[13].

영국은 2011년 3월 정부 클라우드 전략(government cloud strategy)을 발표하고, G-클라우드라는 공공부문의 클라우드 컴퓨팅 인프라 구축 전략을 수립하였다. 그리고 공공부문의 클라우드 서비스 조달을 위해 2012년에 클라우드 스토어(cloud store)를 구축하였다. 영국 정부는 클라우드 컴퓨팅 도입으로 비용 절감 효과를 확인함에 따라 2013년 5월 '클라우드 퍼스트 정책'을 발표하여 공공부문 전분야로 클라우드 확산을 꾀하고 있다. 2014년에는 기존 클라우드 스토어를 새롭게 디지털 마켓플레이스 플랫폼으로 확장하였다.

호주는 2013년 '국가 클라우드 컴퓨팅 전략'을 발표하면서 본격적으로 클라우드 컴퓨팅 확산을 공표하였다. 또한 같은 해 7월 클라우드 컴퓨팅 보안 정책을 발표하였다. 2014년 들어서는 신규 클라우드 컴퓨팅 정책을 개선 보완하고 클라우드 우선 정책을 추진하여 모든 정부기관이 클라우드를 우선적으로 고려하도록 하였다. 그동안 호주 정부의 클라우드 환경은 다른 국가에 비하여 뒤처져있었다. 4차 산업에 부응하고자 새로운 클라우드 컴퓨팅 정책을 제시하고 있으며 우선 정부기관 위주로 클라우드 서비스 활용도를 전체 IT 예산의 30%까지 높이는 정책을 유도하였다.

표 11-5　주요국의 클라우드 정책 추진 현황

구분	주요 내용
미국	• 공공부문 클라우드 도입(클라우드 퍼스트 정책) • 행정 명령을 통한 클라우드 의무화
영국	• 공공 부문 클라우드 도입(클라우드 퍼스트 정책) • 중소기업 클라우드 서비스 활성화(디지털 마켓플레이스)
호주	• 공공 부문 클라우드 도입(클라우드 퍼스트 정책) • 클라우드 컴퓨팅 보안 정책 추진
중국	• 클라우드 핵심 기술 개발 및 클라우드 기업 육성 • 전통적인 기업과의 융화 조성

---

[13] 세계 클라우드 컴퓨팅 시장 현황과 전망(2019), KDB산업은행

중국의 클라우드 정책은 '클라우드 컴퓨팅 산업의 창의적인 발전 촉진 및 정보산업 신규 경영모델 육성 관련 의견'을 발표하면서 앞으로의 클라우드 컴퓨팅 산업에 대한 지원 방안을 제시하였다. 아직까지는 중국의 클라우드 수준은 기초적인 단계에 머물러 있으며, 향후 몇 년에 걸쳐 60% 정도의 성장률을 달성하도록 추진하고 있다. 중국 시장을 주도하는 알리바바와 텐센트를 중심으로 발전하고 있으며, 이 기업은 아시아 태평양 지역에서 시장점유율 2위와 5위를 기록하고 있다. 일부 조사기관에 의하면 알리바바의 글로벌 점유율을 IBM에 앞선 4위로 평가하기도 하는데, 여러 모로 눈여겨 볼만한 기록이다.

11-4 클라우드 컴퓨팅의 미래

글로벌 클라우드 시장은 지속적으로 성장하고, 이전의 IaaS 중심의 시장은 PaaS 서비스까지 통합한 형태로 발전될 전망이다. 특히 기존 퍼블릭 클라우드와 함께 기업 및 공공기관 자체적인 프라이빗 클라우드가 결합된 하이브리드 클라우드가 보편화될 것으로 전망된다. 하이브리드 클라우드는 사용자의 중요 데이터를 자체적으로 운영하면서 퍼블릭 클라우드의 확장성, 접근성 등의 장점을 결합하여 새로운 비즈니스 가치를 창출할 것으로 기대된다. 이러한 하이브리드 플랫폼을 위한 기업들의 솔루션이 활발하게 출시되고 있다.

다양한 시스템의 실행 환경 도입을 위해서 플랫폼의 이식성, 운용성, 공유성, 호환성 등이 중요하며, 이러한 요소들을 지원하기 위한 개발·운영·실행 환경의 도입이 필수적이다. 클라우드 컴퓨팅 기술은 미래전략 기술로 세계적으로 정부 및 기업들이 그 중요성을 인식하여 투자가 활발하게 이루어지고 있다. 특히, 전략적인 원천기술 확보를 위하여 플랫폼 및 관련 기술을 오픈소스로 공개하고 활용토록 하고 있다. 이렇게 개방된 수준 높은 오픈소스 자산들은 최대한 활용을 해야겠지만 장기적으로는 외국의 기술에 종속되지 않도록 자체 기술을 개발하는 것도 잊지 말아야 한다.

우리나라는 클라우드 법제화 등과 같이 활성화를 위한 정책을 수립·실행하고 있다. 그러나 실제 사용하고 있는 공공분야, 금융 등의 활용 실적은 다소 미진한 상황이다. 이러한 상황을 극복하기 위하여 개인 신용정보 및 고유 식별정보를 포함한 민감한 정보에도 클라우드 서비스를 활용할 수 있도록 범위를 확대할 예정이다.

또한, 민간 클라우드 서비스를 공공부문에 적극 도입하도록 유도하여 공공부문의 클라우드 서비스를 다양화할 계획이다. 정부 전용의 클라우드 플랫폼을 구축하여 클라우드 서비스를 통합 제공하고 AI, 빅데이터 등의 첨단 기술을 클라우드 서비스에 접목하여 국민의 정보화 서비스를 강화할 예정이다.

한편, 클라우드 서비스 활성화를 위해서는 기업들이 선진 클라우드 기술을 빠르게 도입하고 발전시킬 수 있도록 생태계 조성이 필요하다. 특히 공공사업 개발에 중소기업과 대기업이 상생 협력토록 하여 신기술을 도입하고, 연구개발을 위한 지원에 공동 협업하는 공생 관계가 요구된다. 이것을 실현하기 위해서는 개발자들이 서로 소통하고 협력할 수 있도록 유도하는 지원책이 필요하다.

클라우드 컴퓨팅은 디지털 혁신과 4차 산업혁명을 위한 패러다임의 핵심 기반 인프라이다. 이 핵심 자원을 확보하고 생태계를 선점하기 위해 전 세계 정부와 기업들은 사활을 걸고 있다. 알파고의 인공지능을 성공할 수 있도록 한 구글의 클라우드 머신러닝 사례에서 보듯이 다른 기술기반 인프라 혹은 플랫폼 서비스를 융합하여 시너지 효과를 낼 수 있다.

클라우드와 관련된 새로운 융복합 기술의 개발, 다양하고 고도화된 서비스 개선도 중요하고 나아가 클라우드 연구·개발에도 끊임없는 투자가 필요하다.

사례연구 1 행안부, 감성 AI · 멀티 클라우드 등 전자정부 10대 유망기술 발표

▶ 행정안전부는 감성 인공지능 및 멀티 클라우드 서비스 등 지능형 정부를 구현하기 위한 전자정부 10대 유망기술을 발표하였다.

▶ 서비스 분야별 핵심 기술로 감성 AI, 반응형 IoT, 비정형 데이터 분석, AI 윤리가 선정되었고, 국민을 위한 똑똑한 정부 서비스를 제공한다.

▶ 멀티 클라우드, 엣지 컴퓨팅과 확장현실(XR) 기술로 시공간 장벽을 없애고 스마트한 업무 환경을 제공한다.

▶ 표 11-6은 행정안전부 제공 2019년 대한민국 전자정부 기술트렌드이다.

표 11-6 2019년 전자정부 기술트렌드

구분	기술명	주요 내용
지능형 (intelligent) 서비스	감성 인공지능	기본적인 문맥 외에 인과관계 맥락을 분석하여 국민의 삶의 질 향상 서비스 제공
	비정형 데이터	비정형 데이터(텍스트, 이미지, 동영상 등)의 숨겨진 수요를 발견, 발굴하는 서비스 제공
	반응형 IoT	센서 데이터뿐만 아니라 반응형 사물인터넷을 통한 실시간 상호작용을 대응하는 서비스 제공
	인공지능 윤리	AI 기반의 공공서비스 환경의 원칙과 기준 제시
스마트(smart) 서비스	멀티 클라우드	사용자 수요에 유연하게 대응하는 개방형 업무환경 제공
	엣지 컴퓨팅	분산된 소형 서버(엣지)를 통한 즉각적인 실시간 서비스 용이
	확장 현실	VR, AR, MR, 홀로그램 기술 등을 아우르는 혁신적인 실감형 기술 (대면형 현장감 및 몰입감 가능)
매시(mesh) 보안 서비스	블록체인 플랫폼	블록체인 플랫폼을 활용한 전자정부 서비스 구축
	인공지능 보안	새롭게 등장하는 외부 위협정보에 효과적으로 대응하는 사전 보안체계 구축
	5G 인프라	빅데이터를 신속하게 처리하는 5G 네트워크 구축

출처 : 행정안전부

참조 • 대한민국 전자정부 기술트렌드, 전자신문

http://biz.chosun.com/site/data/html_dir/2018/10/26/2018102602666.html

함께 생각해 봅시다

    멀티 클라우드 서비스 환경에서는 협업·연계의 부담이 줄어들고 서비스 개발 기간 단축과 함께 정보 기반 시설의 효과적 운영이 가능해진다. 또한 클라우드 보완재 역할을 하는 엣지 컴퓨팅은 실시간 업무 대응에 유용하다. 2019년부터 중앙부처·지자체 대국민 서비스와 공공기관 모든 서비스는 민간 클라우드 이용이 가능하고 정부 자체의 클라우드 컴퓨팅도 고도화될 예정이다. 안보, 수사·재판, 개인 민감 정보 처리 시스템 등은 아직은 클라우드 서비스 예외에 속한다. 클라우드 서비스의 공공 사례를 알아보고 개인이 경험한 사례를 들어보자.

사례연구 2   실시간 반응하는 IoT의 자율신경 '엣지 컴퓨팅'… 클라우드 기업도 집중

▶ 다가오는 IoT 시대에는 클라우드 적용 범위가 넓어지며 관련 클라우드 기업들은 엣지 컴퓨팅 등의 수요자 접근성을 강화하는 전략을 펼치고 있다.

▶ 엣지 컴퓨팅이란 일종의 분산형 서버이고 클라우드까지의 데이터 연산을 할 필요 없이 현장 말단에서 바로 처리를 할 수 있는 컴퓨팅이다. 인간으로 치면 말초신경계의 자율신경이라고 이해할 수 있다.

▶ 클라우드 선두주자인 아마존웹서비스는 AWS 그린그래스(Greengrass) 등을 통해 솔루션을 제안한다.

▶ 엣지 컴퓨팅의 활용 분야는 농업이나 제조업 외에도 헬스케어, 결제 분야 등에서도 활용되고, 자율주행차 등에서도 활용 가능한 컴퓨팅이 될 전망이다.

참조 • '엣지 컴퓨팅' 클라우드 기업도 집중, 조선비즈
　　　　http://biz.chosun.com/site/data/html_dir/2018/10/26/2018102602666.html

함께 생각해 봅시다

　정보기술(IT) 업계가 주목하는 클라우드 시스템에서 엣지 컴퓨팅은 접근의 신속성과 효율화를 위한 컴퓨팅 기법이다. 과거에는 기업들이 인프라 서버를 클라우드로 옮기는 것을 시작으로 디지털 변혁이 일어났지만 최근에는 일반 제조공장이나 스마트 농장에서도 클라우드 솔루션을 필요로 한다. 따라서 기존보다 향상된 대응 방식, 불안정한 네트워크에서도 대응할 수 있는 솔루션을 원하고 있다. 즉, 네트워크가 연결된 때에는 클라우드 컴퓨팅으로 지원받고 혹여 네트워크가 불안한 상황이라면 엣지 컴퓨팅을 통해 현장에서 즉시 컴퓨팅 파워를 활용할 수 있게 만드는 것이 엣지 컴퓨팅의 핵심인 것이다. 클라우드 컴퓨팅 환경의 엣지 컴퓨팅 적용 방안을 사례를 들어 제시해 보자.

사례연구 3　　클라우드 보안 사고 시 책임 소재, 아직도 불분명…

▶ 클라우드 보안 단체(CSA)는 최근 'ERP 애플리케이션과 클라우드 적용' 보고서에서 미국(49%), 아태 지역(26%), EMEA 지역(25%)에서 근무하는 199명의 C레벨 임원들과의 면담을 통해 클라우드 보안에 대한 내용을 발표하였다.

▶ 연구 결과 조직들의 약 69%가 ERP 애플리케이션을 클라우드로 옮길 계획이 있다고 밝혔다.

▶ '클라우드로 이전했을 때의 가장 큰 장점은 무엇인가?'라는 응답에서 새로운 기술의 확장성(65%) 이라고 하였다. 그 다음으로 응답자들이 꼽은 것은 저렴한 소유비용(61%)과 클라우드 업체의 보안과 업데이트 책임(49%)이었다.

▶ 클라우드로의 이전을 고민하게 만드는 요인들은 데이터의 민감성(65%), 보안(59%), 컴플라이언스 문제(54%)가 꼽혔다.

▶ '클라우드 보안책임은 누구에게 있는가?'라는 물음에서는 응답자의 60%가 '클라우드 보안 업체에게 있다'고 답하였다.

▶ 반면, ERP 애플리케이션의 보호책임이 사용자 기업에 있다고 한 응답률은 77%였다. 가장 책임이 없는 곳은 서드파티(third party)라고 답하였다.

참조 • 클라우드 보안 사고, 보안뉴스
　　　https://www.boannews.com/media/view.asp?idx=76152

함께 생각해 봅시다

　사용자들이 점점 더 중요한 데이터와 애플리케이션을 클라우드로 옮기고 있는 시점에서 그것과 비례하여 보안사고 가능성이 높아지고 책임 소재도 불투명해진다. 많은 기업들이 자원을 클라우드로 이동시키고, 클라우드를 겨냥한 사이버 공격이 늘어날 것으로 보이는 분위기에서 클라우드의 데이터가 침해됐다면, 누가 책임을 져야 할까? 다시 한 번 나온 중요한 질문이다. 우리는 클라우드 업체 직원일 수도 있고 기업 사용자의 직원일 수도 있다. 두 업체의 입장에서 클라우드 보안의 책임 소재를 한 번 토론해 보자.

"클라우드 보안 업체에 책임이 크다 vs 사용자 기업의 책임이 크다"

토의 주제

1. 클라우드 컴퓨팅이란 무엇이고 응용 분야를 알아보자.

2. 클라우드 컴퓨팅의 엣지(edge) 컴퓨팅과 포그(fog) 컴퓨팅의 차이를 비교해 보자.

3. 클라우드 컴퓨팅의 서비스 유형 IaaS, PaaS, SaaS의 원 뜻을 조사하고 제공 서비스를 알아보자.

동영상 학습자료

제목	출처(URL)
1. AWS? 클라우드 컴퓨팅이 무엇인가요?	https://www.youtube.com/watch?v=IH7mUwunzlo
2. "1편-클라우드 시대의 서막" 프로그래머 이두희 (KBS)	https://www.youtube.com/watch?v=XuSGKoP5qnE
3. AWS Essential 1강 클라우드 컴퓨팅의 이해 (SKplanet)	https://www.youtube.com/watch?v=eViUVtL-_hw

제**12**장

4차 산업혁명과
신재생에너지

12-1 신재생에너지의 이해

우리나라는 70년대 이전에는 석탄이나 석유 외 특별한 에너지 자원이 전무하였다. 하지만 70년대 두 차례의 석유파동이 일어나면서 신재생에너지(renewable energy)에 대한 중요성이 부각되었고 에너지 다변화 정책을 추진하게 되었다. 그 결과로 고리 1호기가 1979년 첫 문을 연 이후, 현재까지 19호기의 원전이 가동 중이다. 이 원전들은 우리나라 전체 전력수요의 약 40%를 담당할 만큼 국내 에너지 산업에 큰 기여를 하였다. 특히 원전은 발전원가가 매우 저렴하기 때문에 82년부터 2003년까지 소비자물가가 무려 150% 수준으로 상승했음에도 불구하고, 전기요금 인상은 동기간 중 kWh당 70원에서 74원 수준으로 5.7% 상승에 그쳐 IMF 등 국가 위기상황을 무난히 극복하고 국가 경쟁력 제고에 큰 기여를 하였다[1].

특히 석탄이나 원자력을 기반으로 생산한 전기는 현재 한국전력이 약 kWh당 40원대에서 수매한다. 우리나라가 저원가 구조의 에너지 공급체계를 지향함으로써 전력에너지를 보다 안정적으로 공급하고자 했던 노력의 결과이다. 하지만 문제는 영원히 석탄이나 원자력에만 의존할 수는 없다는 점이다. 즉, 신재생에너지의 개발 및 생산에 대한 노력이 향후 우리나라 미래 에너지 산업에 무엇보다 중요하다. 하지만 현재 우리나라에서 주력으로 하고 있는 풍력에너지는 수매가가 100원이 넘고, 태양광 전기는 무려 700원이 넘는 수준으로 석탄이나 원자력 기반 에너지와 비교할 때 생산원가에 큰 차이를 보인다.

---

1   대체에너지에 대한 정확한 이해(2015), 한겨레, http://c.hani.co.kr/hantoma/509173

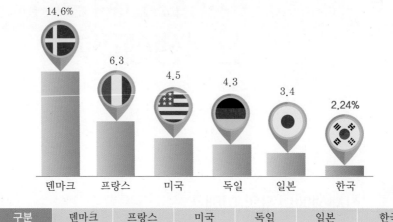

그림 12-1 각국의 대체에너지 보급 현황

구분	덴마크	프랑스	미국	독일	일본	한국
공급률(%)	14.6	6.3	4.5	4.3	3.4	2.24

생산원가 이외에도 바람이나 태양을 이용한 에너지 생산은 날씨에 많은 영향을 받아 생산량의 차이가 크며, 추가적인 대용량 저장시설도 필요하다. 무엇보다 생산된 에너지는 그 밀도가 매우 낮아 산업현장에서 필요로 하는 대용량의 양질의 전기를 공급하기에는 무리가 있다고 평가되고 있다. 예를 들어 구름이나 눈, 비 등이 영향을 주지 않는 아주 맑은 날, 태양에서부터 지구에 도달하는 에너지를 계산하면 지표면적 1평방미터당 약 700와트(W) 수준이다[2]. 이를 전기 에너지로 변환했을 때 최고 효율이 현재 15% 내외라고 한다. 이 최고 효율을 기준으로 100만 kW급 원자력발전소 1호기가 생산 가능한 에너지양을 생산하려면 태양광 발전소의 집광용 반도체 판은 약 1,000만평(약 260만평의 여의도 면적 4배 규모) 정도가 필요하다. 하지만 모든 날이 쾌청하지는 않기 때문에 흐리거나 비 오는 날을 대비하려면 엄청난 규모의 축전지도 추가로 필요하다. 풍력 발전은 태양광 에너지보다는 생산원가가 보다 저렴해 비교적 경쟁력이 있다고 평가된다. 하지만 풍력 발전을 위한 기반시설을 만들기 위해서는 현재 1kW 발전을 기준으로 600만원~1,000만원의 건설비가 발생한다. 또한 바람이 불지 않는 날을 제외한 연간 이용률이 약 20%라고 가정했을 때, 이 건설비의 효율성도 원자력 발전의 약 3~4배가 더 드는 수준이다.

이에 적극적으로 대응하기 위하여 우리나라는 2002년 3월 25일 신재생에너지개발을 본격화하기 위하여 '대체에너지 이용 발전 전력의 기준가격 지침'을 제정하였

---

2   신재생에너지의 허와 실(2013), 청년환경센터, http://energyjustice.kr/zbxe/10812

다. 이 지침에 따라 현재 태양광, 풍력뿐만 아니라 소(小)수력, 매립지가스 등의 생산 시설에 대한 건설비의 부분 지원뿐만 아니라 에너지 생산 시 원가보전까지 지원한다. 태양광발전은 716.40원/kWh(정부지원이 30% 미만인 3kW 이상의 자가용 및 사업용), 풍력은 107원/kWh의 가격 보상을 지원하고 있다.

현재 원자력 에너지에 대한 많은 반대 의견들이 있으며, 그들은 그 대체 방안으로 풍력 에너지를 꼽는다. 즉, 풍력 에너지는 급격한 기술발전을 통해 적절한 지원이 이루어진다면 충분한 경제성이 확보된다는 것이다[3]. 하지만, 경제성과 효율성을 최고로 하는 자본주의 시장원리에 따르면 이러한 풍력발전 산업은 시기상조라는 분위기다. 생산원가 및 효율을 볼 때 신재생에너지가 많은 단점이 있는 것처럼 보이지만 미래에는 신재생에너지의 활용이 필수적이며, 따라서 신재생에너지의 경제성을 확보할 때까지 개발과 지원을 멈출 수는 없다.

	독일	프랑스	영국	미국	일본	한국
1차 에너지 공급 (백만toe)	317.1	245.3	201.6	220.8	478	270.9
에너지 순수입 (백만toe)	199.6	124.1	86.9	374.9	435.3	228.6
에너지 자립도* (%)	37.1	49.4	56.9	83.0	8.9	15.6

* 에너지 자립도 = (1차 에너지 공급 − 에너지 순수입)/1차 에너지 공급(원자력 포함)

자료 : 에너지경제연구원, 「2014 에너지통계연보」에서 계산

그림 12-2 우리나라 에너지 자립도

3　에너지 산업의 환경변화에 다른 기업결합의 규제(2009), 김현제, 한국자원경제학회

12-2 화석연료의 문제점 및 신재생에너지의 필요성

신재생에너지 개발의 필요성은 화석연료의 이해로부터 출발할 수 있다. 그렇다면 화석연료란 무엇일까? 화석이란 지질시대에 살았던 생물체의 유해나 그 흔적이 남아 있는 것으로, 이때 식물성 유해가 땅 밑에 오랫동안 갇혀 있다가 돌처럼 단단하게 변한 것이 석탄이고 동물성 유해는 액체로 변해서 석유가 된다. 현재 우리가 사용하는 에너지의 대부분은 이 석탄이나 석유와 같은 화석연료를 활용하여 생산된다. 화석연료는 에너지를 생산하는 데 생산원가가 저렴해 경제성이 좋다는 장점이 있지만, 치명적인 단점은 이 유기물 탄소가 연소하면서 지구 온난화의 주범으로 지목되는 이산화탄소가 발생한다는 데 있다[4]. 또 다른 큰 문제점은 화석연료의 매장량이 한정되어 있다는 점이다. 즉, 지금처럼 계속 사용하면 언젠가는 고갈되어 더 이상 사용할 수 없다는 것이다. 또한 석유는 황과 질소가 연소될 때 아황산가스나 산화질소가 발생하여 공기오염의 원인이 된다는 점도 큰 문제점이다.

12-3 새로운 에너지 개발의 필요성

화석연료나 원자력 발전을 대체할 수 있는 에너지 개발은 그 필요성에도 불구하고, 많은 어려움이 있다. 서두에서 언급한바와 마찬가지로 특정 물질을 에너지로 변환시키는 개발 비용이 많이 들 뿐만 아니라 개발비용이나 생산원가, 건설비 등을 제외하고라도 시설을 지을 곳을 마련하는 것이 어렵다는 점도 큰 발전 저해 요소로 작용한다. 이러한 이유로 여전히 석유는 가장 주요한 에너지 개발원으로 여겨지기 때문에 석유 보유국들뿐만 아니라 다른 나라들도 석유가 있는 땅을 찾기 위해 많은 노력을 기울이고 있다. 하지만 이러한 노력에도 불구하고 천연자원의 매장량은 언젠가는 고갈될 것이다. 한계성을 갖는 천연자원을 찾으려고 애쓰기 보다 대체에너지 개발에 힘쓴다면 미래에 석유나 석탄이 고갈되었을 때 관련 산업에서 우위를 차지할 수 있을 것이다. 하지만 현재 우리나라는 미국, 일본 등 다른 나라의 신재생에

---

4 이산화탄소 저감을 위한 CCS법의 구성과 재구성, 김광수, 행정법이론실무학회 행정법연구, 55호, 2018. 11.

너지 보급현황과 비교할 때 보급률이 현저히 낮다. 특히 국내 에너지 산업군의 투자는 매우 미비한 수준이다.

이와는 반대로 애플(Apple)이나 구글(Google) 같은 글로벌 기업들은 신재생에너지에 대한 중요성을 인식하고 2014년 'RE100(Rewable Energy 100)' 캠페인을 통해 신재생에너지의 개발, 생산, 활용을 구체화하고 있다[5]. 2018년 애플은 태양광과 풍력을 활용해 필요 전력의 100%를 신재생에너지로만 활용하는 데 성공하였다. 구글은 태양광·풍력 발전 업체와의 협약을 통해 2017년부터 데이터센터 등에서 필요로 하는 전력을 모두 이 신재생에너지로 충당하고 있다.

태양광 발전 시설   구글(Google)사의 태양광 발전 시설, 미국 캘리포니아

그림 12-3   태양광 발전

대표적인 신재생에너지에는 우선 태양에너지가 있다. 태양은 무한대의 에너지를 내포하고 있다. 화석연료의 주요 문제점으로 지적되는 환경오염을 일으키지도 않으며 고갈될 염료도 없다. 태양에서 에너지를 발전하는 방식은 햇빛을 전기로 변환하는 태양광 발전 방식과 태양에너지를 집열 장치를 이용해 난방이나 온수용 열을 생산해내는 태양열 장치를 활용하는 방식이 있다[6].

바람에너지를 이용한 풍력발전 역시 신재생에너지로 각광받고 있다. 풍력에너지는 공기의 운동에너지를 이용하는 것으로, 돛단배나 요트를 이동하는데 바람을 이용하는 것이 대표적이다. 풍력에너지는 공해도 없고 에너지 생산비용도 높지 않다.

---

5   신재생에너지만 쓰는 애플과 구글(2017), 사이언스타임즈, www.sciencetimes.co.kr
6   신재생에너지 산업 전략(2016), 이영호, 한국 신재생에너지학회

그림 12-4 풍력 발전

하지만 바람이 부는 양에 따라 너무 세면 풍차가 망가질 수 있고 너무 약하면 에너지 생산 효율성이 떨어진다. 이러한 약점을 보완하기 위해 현재 우리나라에서 풍력발전소는 바람이 비교적 많은 제주도와 대관령 등에 집중 설치되어 있다.

다음으로 신재생에너지의 하나인 수력발전은 흐르는 물의 운동 에너지인 수력을 이용하는 것으로, 옛날 물레방아의 축에 방아를 연결해 곡식을 찧은 것이 대표적인 예이다. 수력발전은 주로 댐을 이용하는데, 이를 위해 물이 떨어지는 곳까지 높이의 차이가 분명하고 풍부한 물이 흐르는 큰 강이 중요하다.

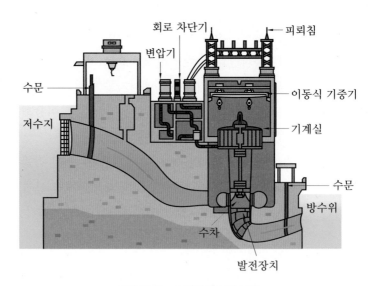

그림 12-5 수력발전소의 구조

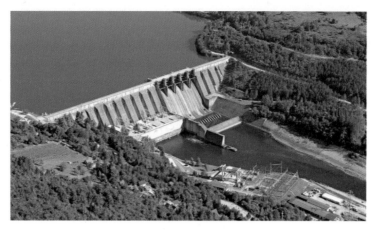

그림 12-6 수력발전소

수력발전은 공해를 발생시키지 않으며 발전 비용이 비교적 저렴하다는 장점이 있다. 하지만 일각에서는 대규모 댐 건설은 수중 생태계를 교란할 수 있으며 지진 발생의 원인이 된다고 반대하기도 한다.

현재는 신재생에너지 중 핵에너지를 이용한 원자력이 가장 많이 이용되고 있다. 우리나라 역시 화력발전을 제외하면 가장 큰 에너지 발전 의존도를 가진 것이 원자력발전이다. 원자력은 우라늄과 같은 방사성 물질이 분열하면서 막대한 에너지를 방출하는 원리를 이용한다. 우라늄의 핵분열로 발생하는 막대한 에너지가 물을 증기로 바꾸고 증기가 터빈을 돌려 에너지를 발전하는 방식이다. 이 원자력발전은 적은 원료만으로 막대한 에너지 생산이 가능하고, 화석연료처럼 공해를 발생하는 이산화탄소나 아황산가스 등을 배출하지도 않는다.

그림 12-7 원자력 발전소

하지만 원자력 발전은 핵이 분열하는 과정에서 방사선이 발생하는데, 이 방사선에 노출되면 유전자 변형이나 암을 발생시키는 등 문제점이 지적되고 있다[7].

12-4   신재생에너지의 활용분야

우리나라는 신재생에너지를 「신에너지 및 재생에너지 개발 · 이용 · 보급 촉진법」 제2조의 규정에 의거하여 '기존의 화석연료를 변환시켜 이용하거나 햇빛, 물, 지열, 강수, 생물유기체 등을 포함하여 재생 가능한 에너지를 변환시켜 이용하는 에너지'로 정의하고, 11개 분야로 구분하고 있다. 한국에너지공단에 따르면 재생에너지는 태양광, 태양열, 바이오, 풍력, 수력, 해양, 폐기물, 지열 등의 8개 분야, 신에너지는 연료전지, 석탄액화 · 가스화 및 중질잔사유가스화, 수소에너지 등 3개 분야로 분류 가능하다[8]. 이러한 신재생에너지의 특성과 개발 시 고려해야 하는 장점을 살펴보자.

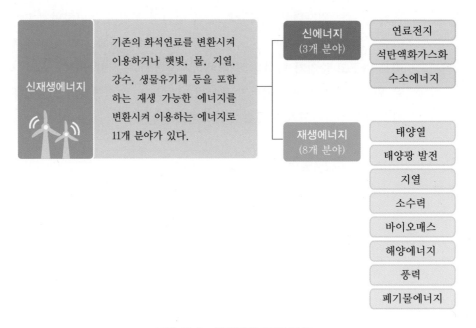

그림 12-8   신재생에너지의 종류

---

7   주요국 탈원전 정책의 결정 과정과 정책시사점 분석(2017), 노동석, 에너지 경제연구원
8   신재생에너지 BRIEF 동향자료(2016), 한국에너지공단, (사)한국신재생에너지협회

1 신에너지

(1) 연료전지

연료 전지는 연료가 산화될 때 발생하는 화학에너지를 직접적으로 전기에너지로 변환시키는 장치이다. 발전효율이 40~60%로, 열병합발전 시 80% 이상 효율성이 높아진다.

표 12-1 연료전지의 장단점

장점	단점
• 천연가스, 메탄올, 석탄가스 등 다양한 연료를 사용하여 생산 가능 • 환경공해감소: 배기가스 중 NO_x, SO_x 및 분진이 거의 발생하지 않고, 화력발전과 비교할 때 CO_2 발생량도 20~40% 감소 • 소음이 없고, 기존 화력 발전에서 사용하는 다량의 냉각수 불필요 • 도심부근에도 설치가능 • 설치 형태에 따라서 현지 설치용, 분산 배치형, 중앙 집중형 등 다양한 형태로 설치 가능	• 고도의 기술이 필요하고, 재료가 고가임을 감안할 때 경제성이 떨어짐 • 고상용화를 위해서는 내구성 개선, 대량생산과 저장, 운송, 공급 등 인프라 구축의 미비로 다양한 측면에서 해결해야 할 기술적 난재 존재

(2) 석탄액화 · 가스화

① 석탄(중질잔사유) 가스화

가스화 복합발전기술은 석탄, 중질잔사유 등의 저급한 원료를 고온 · 고압의 가스화기에서 수증기와 함께 한정된 산소로 불완전연소 및 가스화시켜 일산화탄소와 수소가 주성분인 합성가스를 만들어 정제공정 후 가스터빈 및 증기터빈 등을 구동하여 발전하는 기술이다.

② 석탄 액화

고체연료인 석탄을 휘발유 및 디젤유 등의 액체연료로 전환시키는 기술로 고온고압의 상태에서 용매를 사용하여 전환시키는 직접액화 방식과 석탄가스화 후 촉매상에서 액체연료로 전환시키는 간접액화 기술이 있다.

표 12-2   석탄액화와 석탄가스화의 장단점

장점	단점
• 폐기물 발생률이 낮고 효율은 높음 • 환경오염을 시키는 SO_x, NO_x를 각각 95%, 90% 이상 저감시켜주는 환경 친화적 기술 • 다양한 저급연료(석탄, 중질잔사유, 폐기물 등)를 에너지화하는 고부가가치 에너지 • 생산되는 합성가스의 다양한 사용(전기, 수소, 액화유, 화학연료 등)	• 설비구성과 제어가 복잡하여 설비 및 공정 최적화, 고효율화 및 저비용화 필요 • 필요 면적이 넓고 시스템 비용이 고가이므로 투자비가 높은 대형 장치산업으로 일부 대기업 중심의 기술개발로 한정 • 원료가 석탄 사용으로 제한적 • 석탄 사용으로 CO_2 발생 가능성이 높고, 석탄에 대한 부정적 인식이 있음

(3) 수소에너지

무한정적인 물, 유기물질과 같은 요소를 변환시켜 수소를 생산 또는 이용하는 기술이다.

표 12-3   수소에너지의 장단점

장점	단점
• 물을 전기분해하여 가장 쉽게 제조 • 수소가스는 액체이기 때문에 수송이 용이 • 극소량의 NO_x를 제외하고는 공해물질이 거의 없음 • 현재 모든 분야 에너지 시스템에 활용 가능	• 전지에너지에 비해 경제성이 떨어져 대체 전원 촉매를 이용한 기술 연구가 요구됨 • 단위 부피당 수소저장밀도가 너무 낮아 경제성과 안정성이 부족

2 재생에너지

(1) 태양열

태양열 발전은 태양열을 모아서 전기를 생산하는 발전 방식의 총칭이다. 흔히 태양광 발전과 혼동한다.

대부분 태양열을 모아서 거울을 통해 한 점(집열장치)으로 집중시켜 발생한 열에너지로 물을 끓여서 발생하는 증기로 증기터빈을 돌리는 방식으로 전기를 생산한다.

터빈을 돌릴 때 생기는 저온열과 집열 장치에 모으는 고온열을 축열장치에 저장해 두었다가 일몰 직후에 다시 한 번 더 터빈을 돌린다.

표 12-4 태양열의 장단점

장점	단점
• 에너지원이 청정하고 무제한적임 • 필요한 장소에 필요한 발전 가능 • 수명이 김(약 20년) • 유지보수가 용이하고 무인화가 가능	• 전력생산이 지역에 따른 일사량에 의존 • 에너지 밀도가 낮아 설치면적이 큼 • 설치장소가 매우 한정적 • 초기 투자비가 높음

(2) 태양광

햇빛을 받으면 광전효과에 의해 전기를 발생하는 태양전지를 이용한 발전방식이다. 태양광발전 시스템은 태양전지로 구성된 모듈과 축전지 및 전력변환장치로 구성되어 있다.

표 12-5 태양광의 장단점

장점	단점
• 배기가스, 폐열 등 환경오염이 적고 소음도 없음 • 기존 발전방식에 비해 2~30년간 에너지 창출 효과 기대 가능 • 발전용량의 신축성이 좋아 수요증가에 신속하게 대처 가능 • 발전시설의 유동성이 좋고, 무인 자동화 운전이 가능해 운용비 절감	• 전력생산량이 지역별 일사량에 의존해 효율성의 차이가 큼(야간, 우천 시에 발전 불가능) • 생산에너지의 밀도가 낮아 큰 설치 면적이 필요함 • 설치장소가 한정적, 시스템 비용이 고가 • 초기투자비가 높고, 시스템 비용이 고가이나 발전단가가 낮음 • 공급가능 생산량에 한계가 있어 급격한 전력 수요 대응 불가

(3) 바이오에너지

태양광을 이용하여 광합성되는 유기물 및 동식물을 소비하여 생성되는 모든 생물유기체(바이오매스)의 에너지이다.

표 12-6 바이오에너지의 장단점

장점	단점
• 풍부한 자원 • 환경친화적 생산 시스템 • 환경오염의 발생이 낮음 • 다양한 형태로 에너지 생성 가능(연료, 전력, 천연화학물 등)	• 자원이 산재되어 있어 수집, 수송이 불편 • 자원이 다양하여 각 자원별 활용 기술을 다양하게 개발해야 하는 어려움이 있음 • 환경자원을 활용하기 때문에 과도한 이용 시 환경파괴 가능성 • 단위 공정의 대규모 설비투자가 필요하며 투자비가 높음

출처: 에너지경제연구원 정책연구보고서

(4) 풍력

풍력이 가진 에너지를 흡수, 변환하는 운동량변환장치, 동력전달장치, 동력변환 장치, 제어장치 등으로 구성되어 있다. 각 구성요소들은 독립적으로 기능하지 못하고 상호 연관되어 전체적인 시스템으로 기능 수행 가능하다.

표 12-7 풍력의 장단점

장점	단점
• 바람은 무공해, 무한정하므로 환경에 영향이 적음 • 국토를 효율적으로 이용 가능(풍차가 차지하는 발전면적 1%, 나머지 면적은 목축, 농업 등의 다른 용도로 이용) • 대규모 발전 단지의 경우 발전단가가 기존의 발전방식과 경쟁 가능 • 발전량이 커 탄소배출권을 활용한 사업도 가능 • 특정지역의 경우 대규모 풍력 발전 단지 조성으로 관광 자원화 가능 • 낙도 등 전력보급이 다소 어려운 지역에 전략보급 가능	• 소음에 의한 피해우려 • 풍력 자원에 따라 발전단가가 확연히 달라질 수 있음 • 풍력발전기가 굉장히 커 시각적 불편함 야기 가능 • 에너지 밀도가 태양에너지보다 더 낮음(100만kW급 풍력발전소 1기를 건설하기 위해 여의도 면적의 100배 이상 필요)

① 수평축 풍력 시스템(HAWT)

수평축 풍력은 구조가 간단해 설치하기 편리하나 바람의 방향에 영향을 받는다.

② 수직축 풍력 시스템(VAWT)

수직축 풍력은 바람의 방향에 영향이 크게 없고, 사막이나 평원에도 설치 가능하지만 소재가 비싸고 수평축 풍차에 비해 효율이 떨어지는 단점이 있다.

(5) 해양에너지

해양에너지는 해양에 광범위하게 분포하는 청정 재생에너지 자원인 파랑, 조류, 조석, 수온 등의 물리적 에너지를 전기에너지로 변환하는 것이다.

표 12-8 해양에너지의 장단점

장점	단점
• 조력, 파력, 해상풍력 에너지원 등 자원이 풍부함 • 조류 발전은 서남쪽 해안 지역의 높은 조류 및 해류지역에서 다수 발생 • 3면이 바다인 지형적 입지조건으로 해수온도차가 좋음 • 풍부한 조력 에너지원(약6,500MW)보유 • 파력발전은 단순한 변환과정으로 에너지 생산 가능 • 시간당 발전비용이 매우 저렴함	• 해양에 설치해야 하므로 위치 선정에 한계가 있음 • 기술개발, 적용사례가 미미하고 경험이 적기 때문에 타 분야에 비해 국가지원이 부족 • 초기투자비용이 많이 들고, 단기간에 회수 불가 • 대용량 전력변환기술 연구 부족 • 중국 조선사업의 급부상으로 인한 해양구조물의 경쟁력 약화 • 시설의 부식 가능성 높음

(6) 수력

수력발전은 물의 유동에너지를 변환시켜 전기를 생산하는 것으로 시설용량 10,000 kW 이하의 수력발전을 의미한다.

소수력발전은 전력생산 외 농업용 저수지, 농업용 보, 하수처리장, 정수장, 다목적댐의 용수로 사용되며, 청정자원으로 개발할 가치가 큰 부존자원으로 평가된다.

표 12-9 수력의 장단점

장점	단점
• 국내 부존자원 활용 • 전력생산 외 농업용수 공급, 홍수조절에 기여 • 운영비가 저렴 • 정부의 지원혜택이 큼	• 대수력이나 양수발전과 같이 첨두부하에 대한 기여도가 적음 • 생태계 교란 등 환경 피해 발생 가능성이 있음 • 초기 건설비가 많이 들고, 발전량이 강수량에 따라 변동이 큼

(7) 폐기물

가연성 폐기물 중 에너지 함량이 높은 폐기물을 열분해에 의한 오일화기술, 성형 고체연료의 제조기술, 가스화에 의한 가연성 가스 제조기술 및 소각에 의한 열회수 기술 등의 가공·처리 방법을 통해 고체연료, 액체연료, 가스연료, 폐열 등을 생산하는 것이다.

표 12-10 폐기물의 장단점

장점	단점
• 비교적 단기간 내 상용화 가능 • 타 신재생에너지에 비해 경제성이 매우 좋고 조기보급이 가능 • 폐기물의 청정처리 및 자원으로의 재활용 효과 지대	• 고체연료로 액체나 기체연료에 비해 청정 연소 조건이 까다로움 • 분진·유해가스 처리시설 구비필수 • 소규모발전 시 공해방지시설 부담이 있어 경제성이 떨어짐

(8) 지열

시추공을 통하여 지하에 저류되어 있는 지열 유체를 분출시키거나 물을 주입시켜 고온의 물이나 수증기를 뽑아낸 후, 그 열에너지를 전기에너지로 변환하는 것이다. 태양열과 같이 공공건물에 신재생에너지가 의무화되어 있다.

표 12-11 지열의 장단점

장점	단점
• 발전비용이 저렴하고, 운전 기술이 간단 • 발생하는 공해물질이 없음 • 가동률이 높으며 발생하는 잉여 열을 지역에너지로 활용 가능함	• 화산지대가 거의 존재하지 않아 심층지열 이용 방식은 매우 어려움 • 대규모 열 채취 과정에 요구되는 물을 조달하는 데 어려움이 있음 • 지진, 지반 침하의 발생 가능성

12-5 기후변화 대응 방안

현재 지구는 급격한 기후변화로 위기에 직면해 있다. 이를 완화하기 위해 온실가스 배출 저감에 다양한 국가들이 많은 노력을 기울이고 있지만 이것만으로는 지구 온난화와 환경 파괴를 막기에 충분하지 않다. 무엇보다 이러한 위기의 문제점을 정확하게 파악하고 이에 대응하기 위해 현 상황을 토대로 미래에 발생 가능한 변화를 예측하여 이를 줄이기 위한 계획을 수립하는 것이 중요하다. 이러한 차원에서 기후변화 적응에 대한 중요성이 부각되고 있다. 즉, 기후변화 적응은 기후변화를 완화하려는 노력과 더불어 기후변화에 적극적으로 대응할 수 있는 필수적인 요소라는 것이다.

기후변화 적응이란 개인에서 나아가 공동체나 국가적 차원에서 모든 범주의 기후변화로 발생하는 영향에 적극적으로 대처해가는 전 과정을 의미한다. 예를 들어, 질병이나 병충해, 가뭄, 폭우 등으로 벼 생산량 감소가 예측되는 경우 기후변화에 잘 적응하는 벼 종자를 개량하거나 대체 식량 자원을 개발하는 노력을 기울이는 것이다. 이 기후변화 적응에 대한 중요성은 대부분의 산업이 수자원, 농업 등에 의존해 기후변화 영향에 민감할 수밖에 없는 개발도상국을 중심으로 이슈화되기 시작했다. 이들 국가는 기후변화의 위험이 발생할 시 이에 탄력적으로 대처 가능한 사회·경제적 여건이 미비하다는 약점이 있다. 특히 기후변화의 가장 큰 원인으로 지구 온난화를 유발하는 온실가스가 지적되면서, 이 온실가스 감소의 중요성이 국제적으로 큰 화두로 떠올랐다. 1994년 기후변화협약이 발효된 이래 1997년 12월 일본 도쿄에서 개최된 제3차 당사국총회에서 구체적인 온실가스 감축목표가 설정되었다. 우리나라는 2012년까지는 온실가스에 대한 의무 감축이 없었다[9].

이 기후변화 적응에 대한 논의는 제7차 당사국총회 이후 본격화되었다. 제8차 당사국총회에서는 개발도상국의 기후변화 적응을 위한 지원과 기술 이전의 중요성을 언급한 델리선언이 선포되었다. 이후 기후변화 적응 5개년 작업계획이 수립되었으며, 최종적으로 제12차 당사국총회에서는 기후변화 적응 5개년 작업계획인 '기후변화 영향, 취약성, 적응에 관한 나이로비 작업 프로그램(Nairobi work

---

[9] 녹색성장을 위한 신재생 에너지 활용방안 연구, 에너지경제연구원 정책연구보고서(2009), 정경화, 조성한

programme on impacts, vulnerability, and adaptation to climate change)'
이 확정되어 현재까지 국제사회가 공동으로 노력하고 있다[10].

한국의 경우 기온·해수면 상승 등 기후패턴이 변하고 있었으며, 미래에는 기후변화로 인한 피해가 더욱 증가할 것으로 전망하고 2010년에 14개 부처 합동으로 최초의 국가대책인『제1차 국가 기후 변화적응대책('11~'15)』을 수립, 추진하여 기후 전망자료를 마련하였고 농수산·건강·생태계·인프라 등의 취약성을 분석하여 관리를 강화하였으며 17개 광역, 168개 기초 지자체에서 대책을 수립하는 등의 성과를 이뤘다. 2015년에는 2차 대책('16~'20)을 수립, 추진하였는데, 1차 대책의 성과를 보완, 발전하여 과학적인 기후변화 리스크 분석을 바탕으로 분야별 연계·통합을 강화하여 국제적으로 적응 중요성을 강조하고 국내적으로 고령화 가속으로 인한 위험 증가 등 대내외 여건 변화도 반영하였는데, '저탄소 녹색성장 기본법' 제48조 및 동법 시행령 제38조를 법적 근거로 하였고, 이는 최초의 법정 국가 기후변화 적응대책이었고, IPCC 기후변화 新시나리오(2012년)에 따라 기존 대책을 수정·보완한 것이다[11].

2018년 기록적인 폭염과 한파, 2020년 1월의 이상고온 등 기후변화로 인한 피해는 생태계, 건강, 산업과 사회기반시설 피해 등 사회 전 부문에서 영향을 미치고 있어, 온실가스 감축과 함께 상당한 수준의 기후변화 적응 노력이 요구되고 있다. 특히 한반도의 기후변화 현상은 전 지구적 변화 속도에 비해 빠르게 진행되고 있어 이에 대한 이해와 대응이 매우 중요하다. 2020년 7월 환경부는 한반도에서 발생할 수 있는 기후변화 영향을 정확하게 파악하고 기후변화 적응정책에 반영하기 위해『한국 기후변화 평가보고서 2020』을 기상청과 공동으로 발간하였고, 환경부는 '기후변화 영향 및 적응'을, 기상청은 '기후변화 과학적 근거' 분야를 담당하였으며, 2020년 말 수립 예정인『제3차 국가 기후변화 적응대책('21~'25)』일정에 맞추어 「한국 기후변화 평가보고서 2014」 발간 이후 6년 동안 한반도의 기후변화 영향 및 취약성과 관련된 새로운 연구들을 집대성하여 정리하였다[12].

10 기후변화 대응을 위한 과학기술 정책 특집(2016), 과학기술정책연구원, 이일수
11 제2차 국가 기후변화 적응대책(2016-2020) 요약본, 관계부처합동, 2015.12.
12 한국 기후변화 평가보고서 2020 – 기후변화 영향 및 적응–, 환경부, 2020.07.

우리나라의 최근 20년간 이산화탄소 배출 증가속도는 OECD 회원국 중 가장 빠른데, OECD 회원국은 이산화탄소 배출량을 감소시키기 위해 1인당 이산화탄소 배출량을 10년 동안 7.2% 감소시켰지만 우리나라는 같은 기간 동안 110.8% 증가했다. 후쿠시마 원전 사고로 인해, 우리나라뿐만 아니라 전 세계에서 진행되고 있던 에너지 정책의 방향이 수정되었고, 이에 따라 신재생에너지가 녹색 에너지 산업의 주요 에너지원이 되면서, 세계에서는 신재생에너지에 대해 많은 관심과 투자를 유치하고 있는데, 현재 우리나라에서는 '제3차 에너지 기본계획'을 수립하여 정책을 진행 중이며, 신재생에너지의 발전 비중을 2040년까지 30~35% 정도로 끌어올리겠다는 계획을 세웠다[13].

---

13 정병수, 임경범(2019). 원자력 및 신재생에너지 발전 방향에 대한 분석. 차세대융합기술학회논문지, Vol.3, No.4, pp.158-164.

사례연구 1   "다시 짚어야 하는 에너지 정책"

▶ 우리가 가지고 있는 석탄이나 가스로 인한 발전은 원전보다 오염물 배출이 많다 그리고 정부가 추구하려는 재생에너지의 효율은 아직 원전보다 현저히 낮고 비용 또한 비싸다. 그럼에도 불구하고 탈원전정책의 강행으로 한국수력원자력은 2018년 엄청난 적자가 발생하였다.

▶ 안정성은 물론 인정된 기술력으로 수출까지 하던 원전을 정지시키니 국내는 물론이고 기존의 원전수출 수주까지 흔들리고 유망한 인재들이 이탈하였다. 지금의 기술력으로 석탄계 연료를 사용하지 않고 재생에너지로 우리가 사용하는 전력을 감당할 수 없다. 그럼 원전을 적게 쓰면서 화력발전을 돌리면서 재생에너지를 사용하자는 것인데 엄청난 비효율과 비용은 어떻게 감당할 것인가?

▶ 재생에너지로만 산업을 돌릴 수 있다는 결과물을 가지고 시작한 정책인지를 되묻고 싶다. 시야를 막는 미세먼지의 습격은 숨 쉬는 것을 힘들게 하며 우리 미래 동력에 대한 생각을 다시하게 만든다.

▶ 정부는 원전문제를 일방적인 결정과 추진으로 일관할 것이 아니라 드러내 놓아야 한다. 에너지는 한 나라의 미래와 직결된다. 새로운 차원의 에너지원을 만들어내지 못하는 한 지금보다 비용도 높고 효율도 낮은 에너지로의 전환은 합리적이지 못하다.

▶ 에너지 생태만 보아도 무리수가 보이고 이와 연계되는 전후방 산업에 미치는 영향과 도시생태에 미치는 영향 등을 보았을 때는 분명 다시 봐야 하는 정책이다. 급격한 변화는 혼동을 초래하고, 대체 가능한 것이 아닌 가능성만 보고 시행하는 정책은 반드시 실패한다.

참조 • "다시 짚어야 하는 에너지 정책", 천지일보
　　　http://www.newscj.com/news/articleView.html?idxno=592010

함께 생각해 봅시다

재생에너지 확대는 온실가스를 감축하고 국민들의 삶을 개선할 수 있다. 우리나라가 재생에너지 개발과 발전 설비 비중을 늘려야 할지 생각해 보자.

"늘려야 한다 vs 아니다"

사례연구 2   '탄소제로' 시대 온다… 신재생에너지 생태계 구축해야

▶ 경제협력개발기구(OECD) 산하 국제에너지기구(IEA)에 따르면 2040년 전세계전력발전에서 재생에너지 발전이 차지하는 비중은 현재 25%에서 40%까지 급증할 것으로 전망된다. 반면 현재 40%를 차지하는 석탄발전 비중은 25%로 축소될 것으로 관측된다.

▶ 우리나라의 신재생에너지 발전비중은 2017년 기준으로 7.6%에 그치고 있는데다 2030년 20% 목표치 달성도 쉽지 않은 상황이다.

▶ 우리 정부는 재생에너지 발전량을 늘리겠다는 계획은 세웠지만 풍력, 태양광 핵심기술은 대부분 수입에 의존하고 있는 형편이다.

참조 • '탄소제로' 시대 온다… 신재생에너지 생태계 구축해야, 이데일리
http://www.edaily.co.kr/news/read?newsId=01262806622360344&mediaCodeNo=257&OutLnkChk=Y

함께 생각해 봅시다

미세먼지 등 환경문제도 있지만 우리나라의 탈원전정책이 옳은지 생각해 보자.

"옳다 vs 아니다"

토의 주제

1. 신재생에너지로 각광받고 있는 에너지의 장단점을 조사해 보자.

2. 화석에너지가 제한된 가운데, 지속가능한 사회를 위하여 신재생에너지의 필요성에 대하여 조사해 보자.

3. 조력 발전과 같은 대규모 시설은 재생가능에너지의 바람직한 형태가 될 수 있는지 조사해 보자.

동영상 학습자료

제목	출처(URL)
1. 신재생에너지란 무엇인가? 　 (YTN사이언스)	https://www.youtube.com/watch?v=CIxhlYjgJZI
2. 물 위에서 '태양광 발전'…재생에너 　 지 대안 되나? (MBC)	https://www.youtube.com/watch?v=2XyrqcW7r6U
3. 신재생에너지 UCC 16 　 ((사)소비자공익네트워크)	https://www.youtube.com/watch?v=21v7v1KeAz0

제13장

4차 산업혁명과 한류문화

13-1 한류 및 관광문화의 변화

국립국어원 표준국어대사전에 따르면 한류는 우리나라 대중문화 요소가 외국에서 유행하는 현상이며, 1990년대 말에 일본, 중국, 동남아시아에서부터 비롯되었다고 정의되어 있다[1]. 즉, 넓은 의미로 보면 한국의 대중문화가 해외로 수출되는 현상을 한류라고 부를 수 있다. 한류(韓流)는 한국의 방송, 영화, 대중음악, 패션 등의 대중문화가 해외에서 인기몰이를 하고 있는 현상을 말한다[2]. '한류'라는 용어는 한국의 대중문화가 알려지면서 대만, 중국, 일본 등에서 사용하기 시작하였으며, 중국에서 한국 대중문화에 대한 열풍이 일기 시작하자 2000년 2월 중국 언론에서 이러한 현상을 한류라고 표현하며 널리 알려졌다[3]. 한류는 대중문화를 중심으로 한국의 문화 예술과 연계된 모든 문화산업 전반으로 전 세계에 확산되고 있으며, 범위도 한국문화(K-culture) 전반으로 확대되고 있다. 이에 따라 한류에 대한 이해도 아시아를 중심으로 대중문화에 국한되었던 협의의 한류에서 벗어나서 세계를 상대로 한국적인 스타일(K-style)을 지닌 광의의 한국문화로 확장되고 있다.

한류 대중문화는 다음과 같은 세 가지의 특징으로 확장되었다.

첫째, 한류 장르의 다양화이다. K-drama는 한류를 탄생시킨 1997년부터 2000년대 중반까지 중국과 일본 등 동아시아 TV 드라마 시장에서 저렴한 가격 경쟁력과 문화적 근접성을 바탕으로 큰 호응을 얻었다. 한류의 확산은 2000년대부터 2010년 초반까지 K-pop 주도의 낮은 문화할인율을 기반으로 상업화와 세

---

1   국립국어원 표준국어대사전, https://stdict.korean.go.kr/search/searchView.do
2   한류의 어원과 사용에 관한 연구(2011), 장규수
3   네이버 지식백과, https://terms.naver.com/entry.nhn?docId=1221901&cid=40942&categoryId=316

계화를 이루었다. 한류 3.0의 다양화를 견인하는 2010년대 초반 이후 본격화한 K-culture는 만화, 게임, 패션, 음식, 공연 등 다양한 장르와 분야로 심화되었다. 장르의 다양한 확산은 다양한 플랫폼과 매체에서 생산과 소비, 지역화와 세계화가 상호작용하는 문화 글로벌화를 지향하고 있다.

둘째, 매체 환경의 적응력이다. 한류 1.0은 TV나 음반 등의 한방향 매체를 통해 전파되었고, 한류 2.0은 Youtube, SNS 등 다방향 쌍방향 매체로 성공했으나 한류 3.0은 매체를 자유롭고 다양하게 선택하는 양상을 보여준다. K-comics의 경우 새롭게 등장한 스마트 미디어와 인터넷 포털에 최적화된 앱툰(apptoon) 혹은 웹툰의 장르를 만들어 생산과 유통에 최적화된 모델을 보여주고 있다.

셋째, 소비확산과 주체의 다변화이다. 한류 1.0은 일본, 중국 등 동아시아에 머물렀으나, 한류 2.0은 아시아, 중동, 미국 등 세계로 확대되었으며, 한류 3.0은 전 세계를 포괄하면서 특정장르 혹은 상품에 대해 호감을 보이는 문화권역별 소비의 다변화가 일어나고 있다[4].

표 13-1　단계별 한류의 발전

구 분	한류 1.0	한류 2.0	한류 3.0
특징	한류 태동 영상콘텐츠 중심	한류 확산 아이돌스타 중심	한류 다양화
시기	1997년~2005년	2006년~2010년 초반	2010년 초반 이후
대상국가	아시아	아시아, 아프리카, 중동, 유럽일부, 중남미, 미국	전 세계
핵심 분야	드라마	K-pop	K-culture
장르	가요, 영화, 드라마	대중문화, 문화예술	전통문화, 대중문화, 문화예술
주요소비자	일부 마니아	10~20대	다국적 사람
주요매체	인터넷, 위성 및 케이블TV	SNS, 유튜브	다양한 매체

이는 한류가 능동적소비와 참여적 몰입양상을 나타내는 '상호작용적 문화 글로벌화'에 따른 효과라고 할 수 있으며, SNS와 Youtube를 비롯한 뉴 미디어를 기반

4　지속가능한 한류를 위한 문화콘텐츠 전략(2018), 박종천, 이재수, 국학연구

으로 참여적 몰입이라는 새로운 흐름과 충성도 높은 팬덤을 형성하였다.

한류 콘텐츠는 방탄소년단, 트와이스, 워너원, 레드벨벳, 블랙핑크 등으로 대표되는 K-pop, SBS런닝맨, 태양의 후예 등으로 대표되는 드라마, 성형기술, 문화관광, 화장품을 비롯하여 뷰티, 패션, 음식 등을 포함한다. 한류는 엔터테인먼트를 산업의 단계로 키웠고, 한류 영역은 다양해지고 깊어졌다. 엔터테인먼트 산업 수출과 더불어 외국관광객이 1,700만 명에 근접하고 있으며, 콘텐츠 시장 110조 원 시대를 열었다[5]. 한류의 성공은 참여적 몰입에 의해 성장되어 왔으며, 노래와 춤을 따라하는 플래시 몹(flash mob)[6] 등은 SNS와 Youtube의 참여적 몰입이라는 새로운 흐름과 충성도 높은 팬덤을 형성하였다.

봉준호 감독의 '기생충'은 아카데미 작품상을 차지하며 한국영화의 새로운 역사를 썼다. 한국영화 최초일 뿐더러, 92년간의 아카데미 시상식에서 비영어 영화의 작품상 수상은 처음이다. 2019년 '기생충'은 후보에 오른 6개 부문 중 감독·각본·국제영화상까지 총 4관왕을 받았다. 각본상은 한국영화뿐 아니라 아시아 영화 최초의 수상이었다. 칸영화제 황금종려상을 거머쥐며 화제작에 등극한 '기생충'은 세계적 관심을 보였다. 흥행 분석 사이트 박스오피스모조에 따르면 '기생충'의 북미 수입은 3547만 달러(약 420억 원)로 역대 비영어 영화 북미 흥행 6위다[7].

관광산업과 정보통신기술의 융합은 SNS와 스마트폰의 등장으로 스마트 관광으로 새롭게 발전하고 있다. 초기의 스마트 관광의 개념은 위치 확인과 관광지의 정보를 얻고자 스마트 기기를 사용하는 관광이었지만, 현재에는 사용자가 여행 정보를 검색하고 SNS를 이용하는 과정에서 발생하는 시간, 위치, 상황, 사용자의 감정, 소비패턴 등 다양한 정보를 빅데이터로 실시간 구축하여 생산자와 소비자가 다시 활용하는 순환 시스템으로 확장되고 있다[8]. 스마트 관광은 관광객이 ICT를 기반으로 스마트 기기를 이용하여 사물 및 사용자들과 상호작용을 통해 발생되는 정보를 자동 축적하여 사용자에게 다시 맞춤형 정보를 실시간으로 제공하는 것이다.

---

5 4차산업혁명 시대, 한류와 블록체인의 융합 전략(2018), 인터넷교보문고

6 이메일이나 휴대폰 연락을 통해 약속장소에 모여 아주 짧은 시간 동안 주어진 행동을 하고, 곧바로 흩어지는 모임이나 행위를 지칭한다.

7 봉준호 '기생충' 작품상까지 4관왕…아카데미 역사 뒤집혔다.(2020), 중앙일보. https://news.joins.com/article/23702144

8 국내 스마트관광 사례분석과 시사점(2017), 산업연구원

관광객의 다양한 니즈를 반영하여 고객들의 다양한 가치와 선택을 추구하도록 하였다. 스마트 관광은 관광산업의 물리적 측면과 정보통신기술이 융합되어 여행의 체험 및 경험이 교환되고 창출되는 패러다임으로 발전하고 있다. 관광산업의 디지털화는 여행의 모든 단계에 영향을 미치고 선택권을 강화하여 여행과 관광의 질을 높이고 있다. 관광객들은 장소와 시간에 관계없이 정보통신기술을 이용하여 여행정보에 접속하고 의사를 결정하며, 온오프라인을 자유로이 이동하고 소비하며 네트워크에 흔적을 남긴다. 관광산업에서 정보통신기술은 고객중심 여행이 가능하도록 환경을 제공하고 고객의 선호도와 동선을 수집·분석하여 최적화된 개인서비스를 가능하게 한다. 플랫폼 경제에서 고객과 생산자는 지속적인 관계를 유지하고 자신의 제품을 계속 이용하도록 유도하며 소비에서 제품 자체를 구입하여 소유하기 보다는 접속하는 형태를 사용권 구입으로 하는 공유경제(sharing economy)를 가속화하고 있다[9].

여행계획에 있어 핵심이 되었던 3차 산업혁명에서의 e-tourism은 숙박, 항공권 등과 여러 관광시장에 대한 정보검색 등이었으며 항공, 호텔, 렌트카 등은 그들만의 예약 시스템(CRS: Computer Reservation System)을 통하여 수익증대와 업무의 효율성을 이루었지만 점차 포화상태의 관광 상품은 이용자들의 욕구 다변화로 인하여 서비스의 한계점에 도달하게 이르렀다.

표 13-2 4차 산업혁명 특성과 관광산업의 변화

특성	초연결	초지능	초융합화
개념	사람, 사물 등 객체 간의 유기적 연계	데이터 공유를 기반으로 최적의 의사결정	이종 기술 및 산업 간 결합을 통하여 신기술, 산업의 출현
관광 산업의 변화	• 관광산업 생태계의 플랫폼 경제기반으로 신가치창출 　- 에어비앤비, 우버 등 • OTA(온라인 여행사) 　- 가치성장 및 시장규모 확대	• 관광객 패턴변화의 빅데이터 분석과 진단 • 플랫폼 연결을 통한 개별적 맞춤 여행의 서비스 제공	• 공유 경제를 바탕으로 숙박, 교통 등 개별 서비스 상호 간 신규 연계 영역의 비즈니스 모델 등장

이에 4차 산업혁명을 기반으로 한 사물인터넷(IoT) 즉, GPS 기반의 앱(app)사용 스마트기기 등을 이용한 데이터분석으로 관광산업의 새로운 비즈니스 플랫폼이

---

9 4차 산업혁명 시대의 스마트관광 생태계 고찰(2018), 신선진 외, 기업경영연구

나타나고 있으며 스마트호텔 활성화와 관광산업 발전을 위하여 VR, AR 기술접목으로 스마트 관광산업이 발전하고 있다[10].

관광산업에서는 설명되는 초지능화, 초연결, 초융합화로, 온라인여행사(OTA: Online Travel Agency) 등은 플랫폼 모델의 등장으로 유기적 연계를 강화하는 초연결로 확대되고 있으며, 빅데이터 기반의 큐레이션(curation)[11]과 온디맨드(on-demand)[12] 방식의 초지능 관광서비스가 이루어지고 있다. 또한, 개별 서비스 간 연계영역에서 공유경제를 기반으로 한 초융합화로 새로운 산업의 출현과 기술 등이 나타나고 있다. 관광산업은 플랫폼을 기반으로, OTA는 ICT와 데이터를 통해 고객에 대한 편리한 프로세스 운영과 서비스를 제공하는 등 효율적인 마케팅으로 시장가치 및 규모를 확대하고 있다. 관광객은 ICT로 무장하여 자신에게 적합한 관광서비스를 채널의 경계 없이 제공받도록 발전하고 있으며, 관광객은 가격비교 사이트나 소셜 미디어를 통하여 정보를 실시간으로 공유하며, 가장 맞는 구매조건을 검색한다.

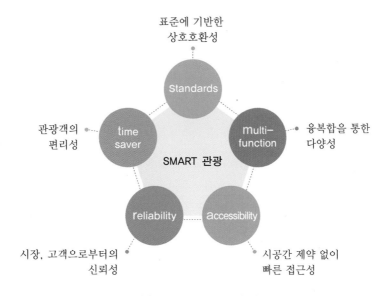

그림 13-1 스마트관광의 개념

---

10 4차 산업혁명 시대의 스마트관광도시 발전 방안(2018), 김효경, 문재영, 한국컴퓨터정보학회 학술발표논문집

11 여러 정보를 수집, 선별하고 이에 새로운 가치를 부여해 전파하는 일을 뜻하는 말이다. 본래 미술 작품이나 예술 작품의 수집과 보존, 전시하는 일을 지칭하였으나 최근 광범위하게 쓰이고 있다.

12 이용자의 요구에 따라 맞춤형 제품 및 서비스를 제공하는 경제활동을 의미한다.

스마트한 여행소비는 온라인과 오프라인의 연결인 기술혁명과 O2O(Online to Offline)[13]로 관광소비를 지능화, 자동화로 진화시키고 있다. 빅데이터를 이용한 신용카드 사용현황 분석, 관광객의 소비패턴 파악, 관광정보의 검색엔진패턴 분석으로 성별, 연령별, 지역별 관광목적지 선호도 파악도 가능해졌다[14].

표 13-3   4차 산업혁명과 관광산업의 분야별 변화

분야	핵심기술	내용
여행업	맞춤형 트립스앱 개발	• 많은 관광지에 대한 안내 및 구글 히스토리를 기반으로 개인별 행선지나 레스토랑 등을 추천하는 개별 맞춤형 구글 트립스앱 개발
	여행보조 가상 서비스 제공	• 인공지능 기능의 가상 컨시어지 모바일 여행사 파나(Pana)는 예약 방법 응대 및 여행 옵션 제공 • 자동 체크인 및 여행 경비의 가격 알림 등의 기능 제공
호텔업	안내서비스의 인공지능 로봇	• IBM과 제휴를 통한 미국 전역의 호텔 체인에 고객안내서비스을 위하여 인공지능 로봇의 도입 추진 • 헨나 호텔(Henn-Na hotel)은 최초로 인공지능 로봇을 상용화하여 수하물 운반 및 룸서비스를 제공
	IoT 호텔용 전원 자동화	• 호텔의 시스템에 IoT기술을 적용한 Cytex One은 조명, 환기, 움직임 감지 및 미니바, 엔터테인먼트 등 서비스의 예측과 진단을 원격 모니터링
	IoT 기반 플랫폼	• 전문 IoT 플랫폼 기업과 호텔 전용 IoT 기반의 플랫폼 'Smart Stay' 공동 사업 추진
	VR 체험 객실 서비스	• 메리어트 호텔은 객실 내의 엔터테인먼트 VR 룸서비스 제공
카지노	인공지능 딜러	• 홍콩 파라다이스 호텔은 여성 카지노 딜러를 대신하여 로봇 딜러 배치 • 추후 인공지능 딜러 로봇 개발을 발표
항공업	3D프린팅	• 에어버스는 프로토 타입 제작, 항공기 부품 제작, 툴링에 3D 프린팅 기술을 적용
	개인맞춤형 데이터	• 콴타스(Qantas) 항공은 Umbel(고객데이터 플랫폼 기업)과 협력하여 데이터허브 구축과 개인 맞춤형 서비스 제공
	로봇 가이드	• KLM(네덜란드 항공사)은 암스테르담 공항에서 로봇 가이드 'Spencer'를 배치하여 환승객을 게이트로 안내하는 업무를 지원

---

13 주로 마케팅 분야에서 사용하는 개념으로, 온라인의 기술을 이용해서 오프라인과 결합하는 현상을 말한다.

14 4차 산업혁명과 문화 · 관광 산업 정책방향(2017), 김규찬 외, 한국문화관광연구원

여행객이 다른 지역관광을 위하여 먼저 고려하는 부분 중 하나는 숙박이다. 트립 어드바이저(Trip Advisor) 온라인 리뷰 사이트에서는 여행자들이 자신이 묵었던 호텔에 대한 후기를 남기고 이를 공유함으로써 호텔 예약에 많은 영향을 미치고 있다. 또한, 관광산업에서 공유경제 모델의 새로운 연결 시스템으로 등장한 에어비앤비(Airbnb)는 일반인 소유의 거주공간을 여행자에게 연결해주는 플랫폼 서비스로 숙박업의 생산구조와 호텔산업을 변화시키고 있다[15].

관광산업은 정보가 의사결정의 핵심인 정보 집약적 산업으로 정보통신기술(ICT)의 발전은 정보의 활용범위를 확대하여 스마트 관광산업의 가치를 증대시키고 있다[16].

또한, 4차 산업혁명에 따라 여행업, 숙박업, 호텔업, 항공업 등 관광산업에서 디지털 기반의 다양한 변화가 진행되고 있다[17].

외식업계도 최근 변화를 보이고 있다. 식품유통 서비스와 정보통신기술(ICT)을 결합한 '푸드테크'는 식품(food)과 기술(technology)을 합친 용어로 식품가공산업, 외식산업, 식품유통산업 등 식품산업과 농림축수산업 등의 연관 산업에 정보통신기술이나 인공지능, 사물인터넷, 빅데이터 등을 접목시켜 신시장을 개척하는 기술이다. 푸드테크는 식품 생산과정에 로봇 등을 투입하여 식품의 생산성을 높이고 비용을 절감하기도 하며, 소비자의 식품 소비 관련 정보를 분석하여 맞춤형 상품이나 서비스를 제공하기도 한다. 또한, 식물이나 세포배양기술을 이용하여 소고기나 계란 등 기존 식품을 대체하기도 하며, 그동안 인간이 잘 먹지 않았던 곤충 등을 이용한 식품을 만들어내기도 한다. 자연재해로 인한 농작물 피해를 최소화하기 위해 환경 조건을 인위적으로 조작할 수 있는 식물공장도 푸드테크의 한 사례라 할 수 있다. 이렇듯 푸드테크는 먹거리를 대상으로 다양한 기술들을 적용하여 식량문제나 환경문제 등을 극복하고 새로운 부가가치를 창출하고 있다[18].

---

15 제4차 산업혁명 시대 관광산업의 대응방안. 한국관광정책(2017), 구철모

16 ICT 신기술을 활용한 스마트관광의 추진 사례 분석 및 활성화 방안 연구(2015), 정병옥, 한국콘텐츠학회논문

17 4차 산업혁명 시대의 스마트관광 생태계 고찰(2018), 신선진 외, 기업경영연구

18 푸드테크, 두산백과, https://terms.naver.com/entry.nhn?docId=5704181&cid=40942&categoryId=32828

무인 정보 단말기 키오스크(kiosk)는[19] 본래 터키어에서 유래된 말로 옥외에 설치된 대형 천막을 뜻하는 간이 판매대, 소형매점을 가리키는 말이었으나 최근에는 대중들이 쉽게 이용할 수 있도록 기관이나 자치단체, 백화점 및 은행 등 공공장소에 설치하여 사용한다. 고객은 원하는 서비스를 보다 편리하고 신속하게 이용할 수 있고, 외식기업에서는 운영비와 인건비를 줄이고 효율성의 증대를 위하여 앞으로도 외식분야에서 키오스크 등을 활용한 무인화는 계속될 것이다[20].

그림 13-2   키오스크

온라인 주문 고객을 오프라인으로 끌어들이는 O2O 서비스도 잇달아 등장하고 있으며, 사이렌 오더(siren order)[21]는 오프라인과 온라인의 장점을 접목하여 새로운 시장을 만들기 위하여 나온 마케팅 방식이다. O2O는 예약픽업 서비스를 제공하며, 스마트폰의 GPS 정보를 기반으로 어플을 이용해 가까운 매장을 검색하여 나만의 음료를 만들어 간단하게 QR코드로 주문, 결제할 수 있고 선택한 매장에서 빠르게 음료를 받을 수 있다. 스타벅스의 사이렌 오더가 대표적이다. 이에 스타벅스는 SK텔레콤 AI '누구'에 사이렌 오더를 연동할 계획이며, 사이렌 오더를 이용하기 위해 음성으로 매장선택부터 결제까지 처리할 수 있다.

---

19 이용자에게 효율적인 정보를 제공하는 무인 종합정보안내 시스템이다.
20 4차 산업혁명의 도래가 외식업계에 미치는 영향 및 발전방향에 관한 연구(2018), 김도연
21 스타벅스의 모바일 주문 및 결제 시스템으로, 스마트폰 앱을 통해 주문 및 결제가 가능하다. 현재 한국에서는 이디야, 롯데리아 등에서 '스마트 오더'라는 이름으로 비슷한 시스템이 사용되고 있다.

출처: http://www.istarbucks.co.kr/whats_new/newsView.do?seq=3416

그림 13-3 스타벅스 사이렌 오더

스마트 오더에 대한 고객 수요가 증가하면서 국내업체들도 해당 서비스를 적극적으로 도입하고 있으며 전통의 오프라인 산업으로 꼽혀온 식음료 판매와 유통에도 신기술이 도입되고 있다[22].

카페역사 460여년 만에 미국 샌프란시스코 지역의 '카페 엑스테크놀로지스(Cafe X Technologies)'는 미국에서 처음으로 커피머신 제조업체 WMF[23]의 도움을 받아 전문 바리스타 수준의 블렌딩 능력을 뽐내는 로봇을 개발하여 카페를 열었다. 도쿄 시부야의 일본 여행사 HIS 본사는 구내상점에 자동 커피메이커와 로봇 팔을 갖춘 로봇 카페를 열었다. '이상하다'라는 의미의 헨나 카페(Henn Na Cafe)는 프론트 데스크에서 공룡로봇이 고객을 응대하는 나가사키현 사세보의 헨나 호텔

출처: http://www.h-n-h.jp/en/

그림 13-4 헨나 호텔

---

22 전통 식품외식업계, AI·O2O로 진격... '푸드테크' 확산(2017), news.naver.com
23 독일 프리미엄 주방용품 전문기업으로 1853년부터 현재까지 이어져 오고 있다.

(Henn Na Hotel)과 HIS의 동일한 로봇 시리즈이다. 키오스크에서 고객이 원하는 음료티켓을 구매하면 티켓의 QR코드를 로봇이 스캔하여 주문을 처리하며, 커피 원두를 교체하고 필터를 청소하는 등의 역할을 한다.

인공지능과 로봇을 기반으로 일본에서는 인공지능 로봇이 호텔에서 사람을 대신해 서비스를 제공하고 있는 헨나 호텔을 비롯하여 해외 체인 호텔들도 컨시어즈, 예약 서비스 등을 로봇이 대체 중에 있다. 이러한 호텔들을 선두로 우리나라에서는 인천공항 제2터미널에 '비트' 로봇 카페가 만들어져 운영되고 있으며, 현재까지 인천공항 외 두 지점이 오픈하여 운영 중이다.

13-2 만화, 콘텐츠 및 뷰티 산업의 변화

최근 스마트 미디어의 환경에서 만화콘텐츠가 변화하고 있다. 현재 만화는 인터넷과 스마트폰의 보급과 더불어 웹툰으로 진화하고 있으며 다양한 플랫폼과 작가적 실험을 통해 발전하고 있다. 실제로 웹툰은 만화책을 스캔하여 보여주었던 0세대 디지털 만화와 스크롤 기반의 웹툰 1세대에서 이펙트(effect)를 첨가한 2세대와 최적화한 스마트 미디어 어플리케이션 형태의 3세대 웹툰으로 발전하였고, 다양한 유료 수익형 웹툰 플랫폼으로 진화하고 있다.

한류 3.0 시대의 핵심 콘텐츠로써 미디어의 작은 환경변화는 OSMU(One Source Multi Use)[24]의 기반으로 운영되어 다른 콘텐츠 분야의 원천 지식재산권으로 중요한 기초가 된다. 그 예로 포털 사이트의 웹툰은 광고 분야의 요소이자 브랜드로 그 가치가 새롭게 인식되고 있다.

네이버는 최근 웹툰의 국내 성공을 기반으로, SNS형 서비스로 발전한 라인(LINE)을 통해 일본 진출은 물론, 중국과도 협약을 맺는 등 만화산업을 발전시키고 있다. 세계 최대 시장인 중국도 웨이보(微博: weibo)와 바이두(百度: baidu)를 중심으로 인터넷과 SNS 환경이 조성되고 있다. 기존의 단행본과 만화잡지에서 벗어나 인터넷과 스마트 기기를 기반으로 새로운 디지털 미디어에 최적화된 대중문화산업 비즈니스 모델로 유통과 생산에서 문화콘텐츠로서 한류의 새로운 지속가능성을 보여주고 있다. 한국의 웹툰은 저렴한 가격과 초고속 인터넷 환경의 대중적

---

24 하나의 콘텐츠를 여러 유형으로 개발하여 판매하는 전략이다.

접근성을 기반으로 활성화된 뉴 디지털 미디어에 창조적으로 최적화된 플랫폼을 구현하고 스크롤(scroll) 방식의 표현을 통해 온라인 만화장르의 창작과 배급방식을 혁신하고 있다. 또한 포털을 통해 다양한 스토리의 작품들을 집대성하여 규모의 경제(economy of scale)를 실현하고, 온라인 출판지원으로 다양한 아마추어 작가의 새로운 시도를 소개하고 있다[25].

웹툰은 출판형태의 만화가 혁신한 것으로, 저장매체 변화, 이용행태 변화, 이용환경 변화, 제작형식 변화, 이용매체 변화 등을 거치면서 한국형 디지털만화 웹툰이 만들어졌다. 웹툰의 특징으로는 창작과 소비의 디지털화, 인터넷 브라우저와 마우스 스크롤 기능에 최적화, 고객성향에 입각한 작품편성, 사용자 유입 확대 및 무료 서비스, 인지도 상승으로 2차 콘텐츠의 상품화 등이 있다[26].

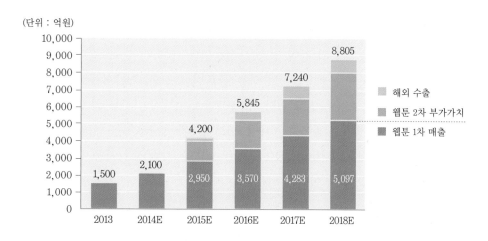

■ **1차 매출** : 온라인 만화제작, 유통업 매출 참고(한국콘텐츠진흥원)
　　　　　　포탈의 웹툰 원고료 및 PPS, 유료콘텐츠 등을 고려(업계 관계자 인터뷰 등 참고)
　　　　　　문화체육관광부 '만화산업 육성 중장기계획' 내 만화산업 매출액 목표에 근거하여 산출
　　　　　　('15년 이후부터는 2차 저작권료 및 판권 수입 등은 2차 부가가치로 별도 분리)
■ **부가가치** : OSMU(One Source Multi Use)에 따른 수입, 캐릭터 상품/광고 매출, 연관 산업 고용창출
　　　　　　등을 고려
■ **해외 수출** : 문화체육관광부 '만화산업 육성 중장기계획' 내 만화산업 수출액 목표에 근거하여 산출

출처: KT경제경영연구소, 2015

그림 13-5　국내 웹툰 시장규모 추이

---

25 웹툰 산업의 실태와 문제점, 디지털콘텐츠와 문화정책(2009), 박석환, 가톨릭대학교 문화비즈니스연구소
26 지속가능한 한류를 위한 문화콘텐츠 전략(2018), 박종천, 이재수, 국학연구

인기 웹툰은 출판은 물론이고 영화, 드라마, 뮤지컬, 가방, 티셔츠 등의 상품과 이모티콘 등의 콘텐츠로 재탄생하며 OSMU의 비즈니스 가능성을 확대하였다. 또한, 새로운 세계 만화 시장의 흐름은 한국형 포털 웹툰이 미국 진출로 인기를 끌면서 문화산업의 모델로 적용되고 있다. 작품 완성도 제고와 광고 수익 및 OSMU 가능성 확대 등 파생적, 간접적 수익모델의 인식은 문화산업적 측면에서 새로운 가능성을 높이 평가할 만하다[27].

틱톡(TikTok)은 더 많은 이용자를 참여하게 하는 핵심 과제에 대한 해답으로 머신러닝 기술을 선구적으로 사용하며 이를 통해 반복적으로 동영상을 보여주고 당신의 마음에 들 때까지 반복하여 콘텐츠를 노출한다고 하였다. 무엇보다 틱톡은 친구와의 네트워킹 중심이라는 이전의 틀을 깨고 사용자 취향 중심 콘텐츠 노출과 자발적 소비확산에 중점을 두는 새로운 SNS 문법을 쓰고 있어 틱톡이 세계적으로 주목받는 이유를 설명하였다[28]. 또한, 뉴욕타임스(The New York Times)는 틱톡의 성공 비결을 다음과 같이 심층 분석하였다. 틱톡은 댄스, 음악, 코미디 등 다양한 분야의 이용자 콘텐츠를 공유하는 글로벌 쇼트 비디오 어플로 국내 젊은 세대에서도 폭발적인 호응을 얻고 있다. 뉴욕타임스는 특집 기사를 통해 틱톡이 세상과 SNS 세계를 다시 쓰는 법이라는 내용으로 틱톡의 성공요인을 설명하였다. 특히, 알고리즘 운용은 머신러닝(machine learning)[29]을 기반으로 사용자 콘텐츠 노출에서 스냅챗, 페이스북 등 이전의 SNS와는 차별화된 서비스를 제공한다.

출처: 틱톡 홈페이지

그림 13-6 틱톡

시장 조사기관 가트너는 2017년 이후 주목할 '주요 전망 10'을 발표하였는데, VR, AR 같은 시스템 기술이 사람들과 소통하는 방법으로 변화하고 있으며, 2020

---

27 웹툰 11년, 손 안으로 들어온 만화한류 콘텐츠로 부상(2014), 박호현, 서울경제
28 https://www.tiktok.com/ko/about
29 컴퓨터가 학습 모형을 기반으로 외부에서 주어진 데이터를 통해 스스로 학습하는 것을 말한다.

년에는 1억 명의 소비자가 AR 기술로 쇼핑할 것이라고 전망하였다. 이에 뷰티 산업에서는 빠른 속도로 인공지능(AI)과 가상현실(VR) 기술을 융합한 마케팅이 성장할 것으로 예상하였고, 뷰티와 IT 기술의 융합은 맞춤형 고객서비스를 가능하게 할 것으로 전망된다.

뷰티 테크(beauty tech)는 미용과 기술의 합성어를 AI, VR, AR, IoT 등 새로운 기술을 뷰티산업에 융합시켜 소비자의 개인취향에 적합한 뷰티서비스를 편리하게 체험할 수 있는 솔루션을 말한다. 예를 들어, AR 기술과 안면인식 기술을 활용하면 성형, 가상 메이크업 등을 경험할 수 있고, VR 기술을 활용하여 가상으로 헤어스타일을 체험할 수 있으며, AR 기술과 AI 기술을 활용하여 원하는 네일 디자인을 프린팅 머신(printing machine)으로 빠른 시간에 쉽게 시술받을 수 있게 되었다. 이처럼 뷰티와 IT 기술의 융합은 고객 맞춤형 서비스로 진화될 것으로 기대되고 있다[30].

뷰티와 얼굴분석기술의 융합은 매장에서의 제품체험 부문을 보완해 주고 있으며 고객은 오프라인 매장을 방문하지 않고도 자신의 얼굴형이나 피부톤, 눈, 코, 입 형태에 어울리는 제품을 체험하고 온라인에서 제품을 구매할 수도 있다. 퍼펙트(Perfect Corp.)는 AR을 뷰티앱 유캠 메이크업(YouCam Makeup)에 접목하여

표 13-4 메이크업 가상체험

	최신 앱의 출시로 가상현실 뷰티 솔루션을 개인에게 제공		제품 변화를 추진할 새로운 비즈니스 솔루션 제공
	헤어 케어 브랜드 Madison Reed의 가상현실 화장법을 제공		인쇄 및 디지털 가상현실 경험을 세계 각국 사용자에게 제공
	캠 메이크업 응용 프로그램으로 유행하는 립스틱 색조를 제공		글로벌 가상현실 뷰티 챌린지 제공
	인공지능 파트너 샵 거래를 통한 서비스 제공		YouCam Makeup의 협력으로 인공지능 체험 어플을 제공

---

30 글로벌 뷰티산업 경쟁 양상이 달라지고 있다(2017), 고은지, LG경제연구원

피부 분석 툴을 더해 사용자가 피부를 실시간으로 분석할 수 있도록 하였다. 스킨케어 기능은 4가지(잡티, 피부결, 주름, 다크서클) 항목에 점수를 부여하고 간단히 얼굴을 촬영해 매일 기록으로 남기면 사용하고 있는 최근 스킨케어 제품의 효과를 그래프와 점수로 확인할 수 있다. 화면에는 사용자 피부나이와 각 피부항목의 점수 등 종합 점수가 표시된 피부 건강 보고서로 표시된다[31].

글로벌 헤어전문 브랜드 로레알 프로페셔널 파리는 미용실에서 펌이나 염색 전에 가상으로 다양한 스타일링을 체험할 수 있는 디지털 디바이스 사용의 스타일링 미러와 개인용 모바일 어플리케이션으로 스타일 마이헤어를 개발하였다. 스타일링 미러는 거울기능과 가상체험을 같이할 수 있는 헤어전용디지털 기기이며, 카메라로 얼굴을 촬영한 뒤 약 2400 가지의 다양한 스타일과 컬러 중 원하는 헤어컬러나 스타일을 선택하면 바로 거울을 통해 확인할 수 있다. 커트, 염색, 펌 등 스타일링 가상체험 결과는 현재모습과 스타일링 이후 모습을 비교하여 원하는 스타일링을 선택할 수 있게 되어 있으며, 메일을 통해 친구들과 공유할 수도 있다. 또한, 가상 체험한 헤어컬러는 디자이너와 상담을 통하여 로레알 프로페셔널 파리의 컬러라인으로 시술이 가능하다. 더불어 실시간으로 헤어 트렌드나 할인혜택, 다양한 이벤트 등이 제공되어 고객들은 새로운 정보를 빠르게 확인할 수 있다[32].

4차 산업 기술을 융합한 뷰티 테크에 관심이 높아지고 관련업계에서는 다양한 제품과 서비스들을 개발하고 있으며 빠르게 확산될 전망이다. 끊임없이 변화되는 현재 뷰티 산업의 경쟁력을 강화시키기 위하여 뷰티 테크에 대한 적극적인 관심과 투자가 요구된다[33].

31 소프트웨어정책연구소 발표 자료(2016), 양병석
32 4차 산업혁명과 글로벌 뷰티시장의 변화에 관한 연구(2017), 김곡미, 한국상품문화디자인학회
33 4차 산업시대의 네일아트 연구(2019), 김수지, 한국인체미용예술학회지

13-3 K-pop 산업의 동향

한국 가수의 공연을 보기 위해 또는 한국 드라마 촬영 장소를 관광하기 위해 한국을 방문하도록 하는 것이 신한류이다. 현재의 한류는 단순한 대중문화가 아니라 고부가 가치 상품을 다양하게 재가공하는 신(新)한류로 탈바꿈하였다.

신한류는 중국, 대만, 홍콩, 싱가포르 등과 동남아시아 지역(베트남, 필리핀 등)이 그 대상이었으며 이후 일본도 포함되었다. 하지만 최근 신한류의 중화권 인기는 다소 줄고 중앙아시아(카자흐스탄, 몽골 등)와 동남아시아에서 확대되고 있다[34].

K-pop은 한류열풍의 중심으로 미국, 러시아, 유럽 등으로 확장되었다는 점에서 신한류라 한다. K-pop이 해외진출에 성공한 이유는 유튜브(Youtube)와 인터넷 SNS의 무료 유통으로 인지도와 접근성을 높여서 K-pop 콘텐츠가 한국을 넘어 세계인들에게 매력적으로 다가갔기 때문일 것이다.

그림 13-7 **콘서트**

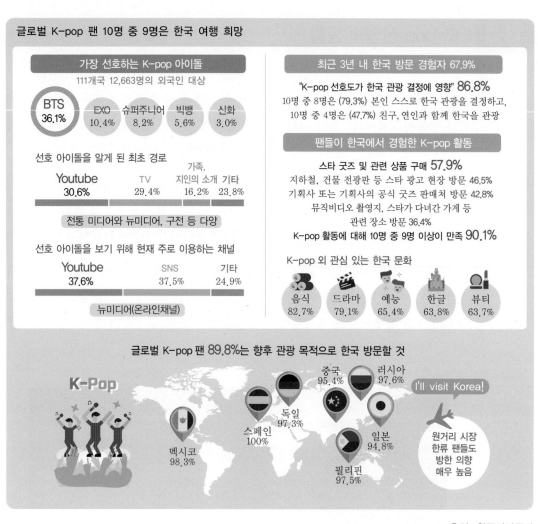

출처: 한국관광공사

그림 13-8 글로벌 K-pop 팬 한국 여행 희망

　　한류 문화의 단순한 수출이 아니라 자국의 문화가 세계에 영향을 주는 모습을 통해 국가적 자긍심을 느낄 수 있는 것에 큰 의미가 있다. 성공한 한류는 소비와 유통 측면에서 대체로 수동적인 소비를 넘어 적극적인 연속적 소비와 참여적 몰입 양상을 선보였다.

　　대표적인 예로 방탄소년단(BTS)은 2018년 미국 빌보드 차트에서 한국가수 최초로 1위를 차지하는 동시에 2년 연속 빌보드 뮤직 어워드(Billboard music awards) 톱 소셜 아티스트 상을 수상하며, 25억 회 이상 유튜브 조회, 최다 음반 판매량, 앨범트랙 디지털 판매량, 음원 스트리밍 등 중소형 기획사 소속아이돌 그룹이 K-pop의 위상을 높였다. 세계 음악시장 1위 규모의 미국 팝시장에서 K-pop을 주류로 바꿔 놓은 방탄소년단은 음악시장에서 핵심으로 자리 잡았다[35].

BTS가 이끄는 신한류 열풍은 미국 빌보드 무대를 시작으로 팝의 본고장 런던 그리고 파리에서의 공연까지 방탄소년단의 성공적인 월드투어로 한국 대중음악의 위상도 높아졌으며, K-pop에 대한 관심은 한국 문화에 대한 관심으로 이어지고 있다[36].

13-4 e-sports의 성장과 미래

e-sports는 로봇공학, 인공지능 등 첨단기술과 아울러 2019년 5대 기술 트렌드로 손꼽히고 있다. 국내의 e-sports는 블리자드사의 게임 '스타크래프트(Starcraft)'를 시작으로 현재는 폭넓은 종류의 게임과 많은 프로게이머가 활약하는 시장으로 진화하였으며, 문화산업으로 인식되기 시작하였다. 2018년 세계 e-sports 시장규모는 전년대비 38.3%의 증가를 보이며 한화 약 9,500억원(8억 4백만 달러)의 규모를 보이고 있다. 더불어 국내 e-sports 시장은 2019년 1,000억 규모이며, 성장속도는 기존 스포츠 산업시장을 위협할 수준으로 예측하고 있다. 한국은 대표적인 e-sports 강국으로 상당한 규모로 발전하였다. 더불어 많은 e-sports 팬을 보유하고 있으며, 프로게이머 배출 및 세계대회에서 부가가치를 창출할 가능성과 경쟁력이 매우 높은 것으로 보고되고 있다[37].

가상현실의 초기 스포츠 중 하나로 스크린골프가 있다. 그래픽으로 골프코스를 정교하게 구현하여 실제 라운딩과 플레이를 실내에서 즐기는 가상현실 게임으로 폭넓은 시장을 보유하고 있다. 4차 산업 관련기술의 최근 급속한 발전은 현실과 100% 차단된 그래픽 또는 가상의 영상을 시각적으로 제공하는 등 개념과 기술적 경계에 변화가 발생하였다.

---

[35] K-pop과 전통예술의 융합 사례분석을 통한 한국전통예술의 대중화 방안 연구(2019), 조영인, 한국엔터테인먼트산업학회논문지

[36] http://imnews.imbc.com/replay/2019/nwdesk/article/5352699_24634.html

[37] 가상·증강현실 기반 e스포츠의 스포츠화를 위한 입법 개선방안 연구(2019), 최정호, 이제욱

그림 13-9   e-sports 아레나, 3D 장면 렌더링

헤드마운트 디스플레이(HMD: Head Mounted Display) 사용으로 제공되는 콘텐츠와 사용자의 반응 및 반응에 대한 콘텐츠의 피드백 상호작용 또한 가상현실에서 이루어진다.

AR과 VR을 사용하여 기존의 e-sports가 가지는 내제적인 한계점을 극복하여 스포츠 패러다임에 많은 변화가 예상된다. e-sports 대회는 2016년부터 진행되었고 2017년 10월 IOC(국제올림픽위원회)는 e-sports가 젊은 각국의 세대를 중심으로 빠른 성장을 하고 있으며 올림픽이 추구하는 정신과 부합함을 밝혔다. 또한, e-sports 경기를 준비하며 수행하는 프로게이머들의 높은 강도의 훈련과 시합에서의 경쟁수준은 일반스포츠와 비슷하여 올림픽에서 정식 종목의 가능성을 언급하였다.

e-sports 게임에서 전술 형태의 종목은 전통적 스포츠 선수에게 요구되는 수준의 체력과 운동능력을 요구하기에는 기술적인 면에서 한계가 있다. 다만, 미래에 가상현실(VR) 기술이 발전하여 다이나믹한 움직임을 현실과 유사하게 구현한 게임이 등장할 것으로 보인다. 현재 PC 중심의 e-sports가 HMD 중심의 e-sports로 변모함에 따라 게임운영방식 및 조작에 있어서 플레이어에게 기본조정능력과 더불어 전통스포츠에 필요한 체력적인 부분까지 요구될 것으로 예상된다.

생산 및 유통 측면에서 게임과 같은 디지털 콘텐츠는 고정비용이 지불된 이후 추가 제작비가 거의 들지 않는 특성을 지니고 있다. 즉, 이론적으로는 무한정으로 복제 가능하기에 생산비가 많이 절약된다.

최근에는 굳이 게임 패키지를 구매하지 않고 인터넷으로 다운받는 새로운 유통 시스템이 구축되어 있다. 이러한 추세는 점차 5세대(5G) 통신망이 구축되어 한층 빠른 인터넷 속도가 실현되면 더욱 가속화될 것이다.

게임 산업은 흔히 친환경 산업으로 인식되지만 제조업 분야에서도 상당히 중요한 위치를 차지하고 있다. 먼저 게임을 즐기기 위한 컴퓨터나 게임기 등의 단말기가 필요하기 때문에 이러한 하드웨어 생산을 촉진하는 매개체가 될 수 있다. 물론 게임 패키지와 같은 소프트웨어 또한 제조 분야에 해당된다. 또한, 더욱 사실적이고 현실적인 컴퓨터 그래픽이 중요하게 취급되면서 점점 고성능화되면서 고도의 기술을 요하는 그래픽처리장치(GPU)와 칩의 개발이 끊임없이 이루어지고 있다. 일례로 암호 화폐를 채굴하기 위하여 대량의 GPU가 사용되었다는 점도 GPU의 성능과 중요성을 반영한다고 할 수 있다. 이처럼 게임의 발전이 전자기술의 발전을 선도한다고 할 수 있으며, 게임 산업은 새로운 분야의 신규 사업을 창출하는 기능도 갖추고 있다[38].

---

38 제4차 산업혁명에서 게임산업의 역할(2018), 변현수, 한국정보기술학회지

사례연구 1   **'갓튜브' 시대. 이제는 유튜브 리터러시가 필요하다.**

▶ 세계에서 유튜브를 한 달 동안 이용하는 사람은 19억 명에 달한다. 미국의 주간지 '버라이어티'에서 고등학생을 대상으로 좋아하는 연예인에 대하여 설문조사를 하였는데, 1위부터 6위까지 유튜버로 나타났다.

▶ 유튜브로 인하여 부모의 심정은 복잡하다. 외식으로 식당에서 식사를 할 때 부모들은 정신없고 바빠 아이들에게 스마트폰을 준다.

▶ 방송통신심의위원회가 1인 청소년 방송 실태조사 결과 청소년들도 인터넷 방송의 선정성, 폭력성, 부적절한 언어, 사생활 침해, 반사회적 콘텐츠 등이 심각하다고 문제를 인지하고 있었다.

▶ 유튜브가 무서운 이유는 10대 청소년들에게 '퍼스트 스크린'이라는 점에서 천천히 편견과 선입견을 일으키는 콘텐츠가 있기 때문이다.

▶ 국내에서는 '엄마 몰카사건'이 벌어지기도 하였고 어린이 유튜버들의 발언들을 선정적인 댓글로 상처를 주는 경우도 있다.

참조 • 이제는 유튜브 리터러시가 필요하다. 미디어오늘
     http://www.mediatoday.co.kr/news/articleView.html?mod=news&act=articleView&idx
     no=147192

함께 생각해 봅시다

    유튜브가 사용자 권한강화 기능으로 추천거부 기능을 새롭게 선보였다. 유튜브 구독 채널의 추천거부 기능은 영상의 설정화면을 눌러 '거부' 기능을 클릭하면 영상이 포함된 채널에 접근하거나 해당영상을 시청하지 않는 한 해당채널의 콘텐츠가 추가 추천을 못하도록 하는 것이다. 유튜브의 추천 알고리즘은 소아성애, 음모론과 허위정보, 혐오, 증오 콘텐츠 등을 부추긴다는 지적을 받았다. 미국은 이러한 콘텐츠 알고리즘 문제로 광고주의 보이콧 사태가 다수 이어졌다. 보기 싫은 유튜브 채널에 추천거부 기능에 대해 생각해 보자.

"보기 싫은 유튜브 채널 거부기능? 합리적이다 vs 아니다"

사례연구 2 게임중독, 질병으로 분류… "전쟁 끝나지 않았다"

▶ 한국에서 게임중독 질병 코드의 등록 문제가 커다란 국가적 논란이 되고 있다. 세계 게임 업계 선두에 있는 미국 엔터테인먼트소프트웨어협회(ESA)의 WHO 반대결의 정도를 제외하면 별다른 이슈가 되지 않는다고 하였다.

▶ 미국은 WHO에서 만드는 ICD(사망 및 질병통계에 사용되는 분류)를 그대로 이행하는 대신 미국 정신의학회에서 제정한 DSM5(정신장애 진단체계)라는 독자기준으로 정신과에서 다루고 있고, 일본도 WHO의 개정안에 강제성이 없어서 신경 쓰지 않고 있다.

▶ WHO에 의하면 게임중독은 의학적으로 유해성이 충분히 입증됐다고 판단하고 부정적 결과가 발생할 것을 알면서도 게임 중단 못함 등의 현상이 1년 이상 지속할 경우 게임중독으로 진단하도록 하였다.

▶ 국내 90여 개 협회, 게임학회, 기관 등은 질병코드의 도입 반대를 위하여 공동대책위원회를 만들고 'WHO의 게임장애 질병코드 지정에 대하여 강력한 유감과 더불어 국내 도입 반대를 표명한다.'는 입장을 밝혔다.

참조 • 게임중독, 질병으로 분류… "전쟁 끝나지 않았다" 게임업계 vs 의료계, 매일경제
　　　https://www.mk.co.kr/news/business/view/2019/07/498157/

함께 생각해 봅시다

　세계보건기구(WHO)는 게임중독에 대하여 질병포함 여부를 결정한다. 게임중독은 의료계에 '게임이용장애'라는 정식질병으로 인정될 가능성이 높다. 반면 게임업계는 과잉진료, 과학적 근거부족이라며 반발하고 있다. 주변 환경요인이나 다른 정신질환으로 게임중독에 빠지는 경우가 많은데, 모든 책임을 게임에만 돌리고 있다는 것이다. 이에 대해 생각해 보자.

"게임중독은 질병이다 vs 질병이 아니다"

사례연구 3 ‎ 로봇 효과, 요리하는 로봇 세상…"매출↑과 인건비↓"

▶ 외식업계에서 주문에서 요리, 서빙, 결제까지 로봇이 모두 처리하는 로봇 식당을 오픈하였다. 효율성 제고, 비용절감 등의 효과를 바탕으로 인간의 영역을 로봇이 빠르게 대체하는 것이다.

▶ 영국의 컨설팅 업체 '옥스퍼드이코노믹스'에 따르면 2030년까지 로봇이 인간을 대체할 일자리는 2000만개라 하였다. 그중 식당 및 호텔 등의 소매업과 접객업에서 로봇의 역할이 커질 것으로 전망하였다.

▶ 중국의 알리바바 '해마' 식당에서는 모든 서빙을 로봇이 한다. 알리바바 라이벌 징둥닷컴(JD.com)도 톈진에 JD X라는 무인 '미래레스토랑'을 오픈하였다. 로봇을 통한 주문이 매출을 상승시킨다는 분석도 있다.

▶ 기업들이 효율성을 높이고 비용절감으로 로봇산업에 적극적으로 투자하는 만큼 로봇의 활용은 점차 확대될 것이다. 인간의 손을 대신하는 로봇개발 및 도입이 빠르게 성장함으로 식당에서 로봇을 보는 일은 점차 흔해질 것이다.

참조 • 로봇 효과, 요리하는 로봇 세상…, 메트로서울
http://www.metroseoul.co.kr/news/newsview?newscd=2019070700100

함께 생각해 봅시다

로봇 쉐프의 주방점령을 주제로 현재 김밥전문점들에서 사용하는 김밥절단기, 포장기류 등과 로봇튀김치킨 전문매장인 디떽, 자동주문과 퇴식으로 오픈한 일본의 스시전문매장 등 외식업체에서 4차 산업이 다양하게 적용되고 있다. 혁신을 통한 편리함 속에 혹시 우리가 잃어버린 사람들과의 아날로그 감성은 없는지, 이에 대하여 생각해 보자.

"기계의 혁신 vs 인간의 감성"

토의 주제

1. SNS(social network service)의 개념 및 스마트폰에서 사용되어지는 다양한 SNS의 종류와 특징에 대하여 알아보고, 스스로 사용빈도가 높은 SNS를 세 가지씩 소개하고 사용 방법을 알아보자.

2. 인터넷 검색을 통하여 오늘날 K-pop 열풍의 계기는 무엇인지 알아보자. 또한, 앞으로 한류 열풍은 어떠한 문화나 사물로 이어갈 수 있을지, 또는 다른 무엇으로 어떻게 지속적으로 이어갈 수 있을지 알아보자.

3. 현재 우리나라 대학생을 기준으로 스마트폰 게임 중 가장 많이 이용하는 게임은 무엇인지 세 가지 조사하고 게임 내용의 성격과 장점과 단점, 그리고 스스로의 생활에 미치는 영향을 토론해 보자.

동영상 학습자료

제목	출처(URL)
1. '로봇 호텔' 시대 현실로 '성큼' (YTN사이언스)	https://www.youtube.com/ watch?v=Bk4WE5vIrG4
2. 난리난 케이팝 KPOP! 외국인들이 케이팝에 열광하는 이유! (글로벌리플)	https://www.youtube.com/ watch?v=Q9JjCB1GLmw
3. 4차 산업혁명 시대의 패션 뷰티 산업 (YTN사이언스)	https://www.youtube.com/watch?v=1iJaVSiq2oQ

제 14 장

4차 산업혁명과 플랫폼 비즈니스

14-1 플랫폼 비즈니스의 이해

일반적으로 플랫폼이라고 하면 전철역이나 철도역에서 열차를 타고 내리는 승강 장을 떠올린다. 플랫폼(platform)은 plat(평평하다)와 form(모양을 갖추다)의 합 성어이다. 승강장은 지하철, 버스, 기차 등 교통수단과 승객이 모이고 만나고 헤어 지는 장소이다. 돈을 지불하면 승객은 교통수단을 이용하여 원하는 목적지를 찾아 갈 수 있으며, 승강장 주변에는 식당, 자판기, 상점, 안내데스크 등 다양한 편의시 설이 설치되어 있다.

그림 14-1 플랫폼 경제

IT 관점에서 과거 컴퓨팅 플랫폼은 윈도와 같은 운영 체제나 특정 기술의 환경을 지칭하였으나 기술 발전과 혁신을 통해 최근에는 플랫폼이 하나의 장(場)이라는 의미로 확대되는 추세이다. 오늘날 플랫폼의 일반적 특징은 다양한 애플리케이션을 많은 사람이 쉽게 이용하고 다양한 목적으로 사용할 수 있다는 점이다.

정보통신기술이 급속하게 발전하는 환경에서 기업은 과거의 운영방식이나 비즈니스 모델로는 시장에서 더 이상 발전이나 경쟁우위를 확신할 수 없다. 특히 구글, 애플, 아마존 등 세계적인 기업들이 자신만의 플랫폼에 기반을 둔 사업운영 방식으로 시장 내 강자로 부상하자 플랫폼 비즈니스에 대한 관심이 집중되고 있다.

또한, 공유경제[1]라는 이름으로 등장한 Airbnb, Uber 등의 비즈니스 모델이 성공하면서 플랫폼 비즈니스에 대한 관심은 더욱 증폭되고 있다. 과거 모바일 산업과 IT 산업을 중심으로 전개되어 온 플랫폼 비즈니스는 차츰 교육, 의료, 관광, 금융 등으로 영역이 확장되면서 다양한 산업에서 혁신이 본격적으로 진행되고 있다.

플랫폼은 생산자와 소비자를 끌어모으는 시장에 인프라와 규칙을 제공한다. 이 생태계 구성원들은 4가지 주요 역할로 분류되지만 그 역할은 순식간에 뒤바뀔 수 있다. 생태계 안팎의 관계를 이해하는 것이 플랫폼 전략의 핵심이다.

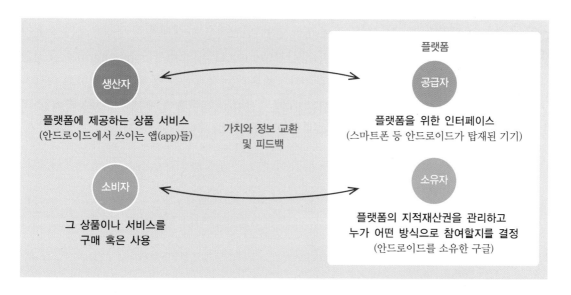

그림 14-2 플랫폼 생태계의 구성 요소

---

1 한 번 생산된 물품을 소유의 개념이 아닌 여럿이 대여해주고 빌려쓰는 경제활동을 의미한다.

이전에도 이와 유사한 플랫폼 구조가 있었으나 최근에는 IoT, 인공지능, 빅데이터 등 보다 정교하고 스마트한 기술을 기반으로 생산자와 소비자 간의 신속한 상호작용이 가능하다[2].

비즈니스 차원에서 플랫폼은 '생산자와 소비자가 만나는 공간'이다. 플랫폼 비즈니스는 생산자와 소비자가 만나서 상호작용을 통해 가치를 창출하고 높일 수 있는 비즈니스를 의미한다. 이를 위해 플랫폼은 여러 구성원 간에 신속하고 정확한 상호작용이 가능케 하는 개방적이고 참여 지향적인 기반시설과 환경을 조성한다. 플랫폼의 목적은 이용자의 최적 조합을 파악하여, 제품과 서비스 등 특정 가치의 교환을 촉진함으로써 모든 참가자의 가치를 창출하는 것이다.

플랫폼에 대한 관심이 증가하는 주요 원인은 다음과 같다.

첫째, ICT 시장을 선도하는 기업들이 플랫폼을 통해 수익을 확대하거나 시장을 주도하는 거대 기업으로 급성장하고 있다.

둘째, 정보통신기술의 급속한 발전과 진화에 힘입어 플랫폼을 구축하고 활용하는 것이 더욱 용이해졌다.

셋째, 산업과 학문의 장벽이 무너지고 경계가 모호해져서 융복합이 가능하며 서로 다른 산업 간에 결합이 플랫폼을 통해 더욱 활발하게 진행되고 있다[3].

플랫폼은 다양한 형태로 존재하지만, 일반적으로 생태계의 구성요소는 소유자(owner), 공급자(providers), 생산자(producers), 소비자(consumers)로 구성된다는 점에서 동일한 구조를 갖는다[4]. 소유자는 플랫폼을 통제 및 관리하고 공급자는 사용자와 인터페이스를 제공한다. 생산자는 플랫폼에 제공물을 제공하며 소비자는 제공물을 구매 및 사용하는 등의 역할을 수행한다.

---

2 플랫폼 비즈니스의 개념 및 확산(2016), 이경남, 정보통신방송정책

3 네이버 지식백과, https://terms.naver.com/entry.nhn?docId=2275870&cid=42238&categoryId=51182

4 "플랫폼 생태계 부상에 따른 새로운 전략의 규칙(2016), 마셜 밴 앨스타인 외, HBR Korea

14-2 플랫폼 비즈니스와 전통적 비즈니스의 차이

플랫폼 비즈니스 모델의 가치 창출 과정은 전통적인 가치 사슬 모델과 비교하여 설명할 수 있다. 가치 사슬 모델은 원자재 조달, 제품 생산, 운송, 마케팅, 물류, 서비스, 그리고 소비자에 이르는 과정이 단방향 선형 단계를 거치면서 가치가 창출된다. 즉, 생산자와 소비자 간에 가치 창출과 이동이 단계적으로 발생한다. 이에 반해 플랫폼 비즈니스 모델은 생산자, 소비자 그리고 플랫폼이 서로 다차원적이며 복잡한 상호작용을 일으키면서 다양한 가치가 창출된다. 다양한 방식으로 변경되고 진화하는 가치는 상호 교환되거나 소비된다.

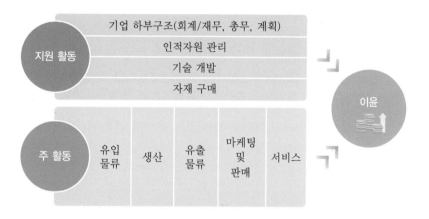

그림 14-3 마이클 포터의 가치사슬 모델

플랫폼 비즈니스는 IT 기술과 관련된 운영 시스템, 커뮤니케이션, 게임, 미디어 산업을 중심으로 전개되다가 이제 교육, 의료, 여행, 숙박 그리고 행정 등 적용범위가 광범위해지는 추세이다. 플랫폼 모델이 다양한 산업으로 확산되면서 전통적 선형 비즈니스 모델을 넘어서는 현상이 나타나고 결과적으로 파이프라인 비즈니스와의 경쟁에서 우위를 점하고 있다.

플랫폼 모델이 가치사슬 모델과의 경쟁에서 앞서는 요인은 플랫폼이 가져온 비즈니스 혁신 요소에서 찾을 수 있다. 첫째, 전통적인 게이트키퍼[5]의 역할을 시장의 피

---

5 파이프라인 기업에서 게이트키퍼(gate keeper)란 생산자에서 소비자에게 흘러가는 가치 흐름을 통제하는 사람을 지칭한다. 예를 들면, 소매업에서 바이어, 출판업에서 편집자가 이에 해당한다.

드백으로 대체한다. 게이트키퍼가 사라지면서 소비자들은 개별적 선택권을 갖고 직접 고를 수 있다. 둘째, 새로운 가치창출의 원천과 공급이 가능하다. 플랫폼은 개인 참여자들에게 가치 창출에 직접 참여하는 기회를 확대하고 관리 및 거래 비용을 감소시킨다. 셋째, 기업 활동의 초점이 내부에서 외부로 이동한다. 기업 내부에서 수행하던 주요 기능들이 외부 자원들과 협업하고 관계를 맺는 형태로 변화하고 있다[6].

플랫폼 비즈니스 모델의 확산은 궁극적으로 자원을 관리 · 통제하는 관점에서 다양한 자원을 조율 · 조합하는 관점으로의 전환, 내부 자원의 최적화에서 외부와의 상호 작용을 통한 네트워크 효과 제고, 고객 가치 중심에서 생태계 가치 중심으로의 전환의 필요성을 부각시키고 있다. 기업들이 이러한 변화에 적절히 대응하기 위해서 기업의 전략수립 단계부터 생산, 마케팅, R&D, 인적 자원 관리 등 경영 전반의 변화를 모색할 필요가 있다.

비즈니스 플랫폼을 만들고 지속 가능하기 위해서는 '만나고(meet)', '머무는(stay)', '자가발전(self growth)'이라는 3요소를 갖추어야 한다. 우선, 만남이 형성되기 위해서는 만나는 이유가 있어야 한다. 서로 간에 부족한 부분을 채워주는 만남의 행동 촉발 요인을 발견하는 것이 플랫폼 비즈니스의 출발점이다.

표 14-1 비즈니스 플랫폼의 유형

유 형	설 명	사 례
온라인 거래 시장	물리적 유통, 서비스 등을 통해 유형의 제품이나 서비스를 판매하기 위한 온라인 장터	Amazon, Apple, eBay, Alibaba, Taobao, 배달의 민족, 요기요 등
소셜 미디어, 사용자 생산 콘텐츠	사용자가 콘텐츠를 게시할 수 있는 온라인 공간 제공	Facebook, YouTube, Twitter, 아프리카 등
공유경제	유휴자산이나 서비스. 예를 들면 자동차, 방, 주방 등의 거래를 위한 시장	Uber, 디디추싱, 다방, Airbnb, Kitchentown, Kitchen united 등
크라우드 소싱	기업의 다양한 활동에 불특정 다수의 노동과 노하우를 참여시키기 위한 시장	TaskRabbit, Amazon Mechanical Turk 등
크라우드 펀딩	기부, 대출, 투자 등을 위한 시장으로 전통적인 금융서비스 이자율보다 높음	Crowdy, Crowdnet Kickstarter, Indiegogo, Lending Club 등

---

[6] 플랫폼 레볼루션(2017), 마션 밴 앨스타인 외 저, 이현경 역, 부키

다음으로 머무는 이유에도 주목해야 한다. 머무르는 이유를 지속적으로 제공하고 변화시키면서 차별화하는 것이 핵심 요소이다. 마지막으로 성공적인 플랫폼이 되려면 만나고 머무는 동안의 경험을 고객이 스스로 타인에게 전파하는 구조가 되어야 한다. 즉, 자가발전 구조를 갖추어야만 성공적인 비즈니스 플랫폼이 될 수 있다[7].

기업 관점에서 플랫폼 비즈니스 모델을 이용하면 우선, 재무적 성과에서 지렛대 효과를 유발할 수 있다. 제품의 개발과 생산과정을 플랫폼으로 만들고, 누구나 참여와 탈퇴가 가능한 플랫폼의 유연성이 확보된다면 생산 및 운영 효율성을 극대화할 수 있다. 예를 들면 애플은 플랫폼을 개방하여 앱의 개수를 급속히 증가시켰다. 기업은 플랫폼 개방으로 네트워크 효과(network effect)[8]를 창출하고, 이를 기반으로 시장에서 경쟁우위를 점하고 있다. 둘째, 네트워크 기반의 비즈니스 모델은 선발 진입자와 후발 진입자 간의 격차를 더욱 벌어지게 만들고 진입장벽 효과를 갖는다. 시장 개척에 성공한 선발 진입자는 저가 정책, 기술 개방, 다양한 서비스를 제공하여 사용자 저변을 확대하고 네트워크 효과를 더욱 공고히 할 수 있다.

14-3 글로벌 플랫폼 비즈니스 기업

기업들은 급변하는 시장 환경에서 살아남기 위해 정보통신기술과 인터넷 기반 시스템을 구축하는 등 지속적으로 다양한 노력을 시도하고 있다. 최근 글로벌 시장에서 더욱 두각을 나타내는 기업에 주목할 필요가 있다. 현재 인터넷 기반의 혁신을 주도하는 기업은 구글, 애플, 페이스북, 아마존이며, 이들은 가장 경쟁력을 갖춘 기업으로 손꼽힌다. 미국 구글의 회장 에릭 슈미트(Eric Emerson Schmidt)는 지금의 성공과 경쟁력의 원천은 자기만의 강력하고 확실한 플랫폼을 갖고 있다는 점을 지적하였다.

플랫폼은 시장에서 주도권과 성패를 좌우하는 핵심 요인으로 인식되고 있다. 예로 과거 '윈도+인텔'로 대표되는 IT 산업계 주도권은 스마트폰 시장의 성장과 더불

---

7   이미 일어난 스마트시대의 미래(2019), 원석연, 코코넛북스
8   어떤 상품에 대한 수요가 다른 사람의 상품 선택에 영향을 미치는 현상을 말한다. 즉, 상품이나 서비스의 질 보다는 얼마나 많은 사람이 사용하느냐가 중요하다.

어 애플과 구글로 넘어갔다. 이와 함께 과거 휴대전화 시장점유율 세계 1위를 차지하며 절대 강자로 위세를 떨치던 노키아 역시 몰락하였다.

자기만의 플랫폼을 갖고 있느냐 없느냐는 IT 업계에 있어 생존을 좌우하는 시대가 되었다. 스마트폰 운영체제의 경우 애플의 iOS와 구글의 안드로이드가 플랫폼으로써 시장을 양분하며 절대적인 영향력을 발휘한다. 반면, 휴대폰 제조사들의 입지는 과거에 비해 상대적으로 그 위상이나 영향력이 많이 약화되었다. 플랫폼 운영자가 어떠한 정책을 운영하는가는 하드웨어 제조사와 콘텐츠 개발사는 물론 통신사업자까지 막대한 영향을 미치고 판도에도 변화를 야기할 정도이다.

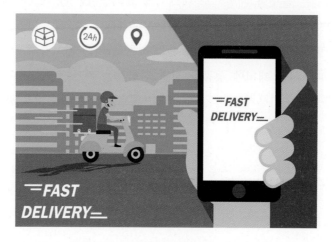

그림 14-4　다양한 플랫폼 비즈니스 출현

미국의 브랜드 컨설팅 전문업체인 인터브랜드(Interbrand)가 발표한 글로벌 브랜드 평가에서 1위는 애플이 차지했으며 다음으로 2위는 구글이 선정되었다. 이들 기업의 공통점은 대표적인 플랫폼 기업이라는 점이다. 브랜드 가치가 전년 대비 크게 향상된 페이스북(48%), 아마존(20%) 또한 플랫폼 기업이다. 기업 브랜드 가치가 우수하거나 증가세가 빠른 기업들이 주는 시사점을 통해 최근 많은 기업들이 경쟁적으로 플랫폼을 표방하며 새로운 시장을 창조하고 선점을 시도한다.

1 구글

구글은 세계 최대의 검색 엔진이며, 나스닥에 상장되어 있는 미국의 거대 기업이다. 미국 스탠퍼드 대학교에서 박사과정을 진행하고 있던 래리 페이지와 세르게

이 브린이 인터넷 검색엔진을 만들면서, 1998년에 창업한 인터넷 검색 서비스 회사이다.

구글은 10의 100제곱을 뜻하는 'googol'에서 영감을 얻었으며, 설립자들은 엄청난 규모의 검색엔진이라는 목표를 갖고 회사를 설립하였다. 설립 초기에는 수익모델이 여의치 않아 고전했지만, 2001년에 키워드 경매방식인 검색광고 애드워즈(Adwords)를 도입하면서 인터넷 광고 시장에서 점유율을 넓혀 나갔다. 2003년에는 배너광고를 관련 콘텐츠와 연동시키고, 발생하는 매출의 일정 비율을 나누어 보상하는 애드센스(Adsense)를 도입하면서 성장세를 지속하였다.

구글은 우리가 입력한 검색어에 대해 독특한 문제, 욕망, 목표가 있는 한 개인으로 인식하게 만들었다. 똑똑해지는 인식 능력 덕분에 구글은 광고 사업에서 더 정확하고 개별화된 맞춤형 광고로 시장과 소비자에 더욱 가깝게 다가설 수 있게 되었다. 하루에 약 35억 개의 검색이 이루어지는 구글의 큰 강점은 이렇게 얻은 검색들을 사용하여 소비자 행동과 관련된 통찰을 얻는다는 점이다. 이러한 통찰을 사용하여 구글은 더 많은 정보를 수집하며 더 똑똑한 대답을 해줄 수 있다. 사람들은 더 자주 더 많이 구글을 이용할 것이며, 다시 더 많은 정보를 얻고 더 성장할 것이다.

그림 14-5 구글과 검색엔진

구글은 개방형 플랫폼 정책을 발표하면서 시장에 뜨거운 반응을 일으켰다. 앱의 등록과 심사절차가 상대적으로 간단하며 개발비 부담을 줄일 수 있다는 장점이 있다. 특히, 개발 지원을 위해 모든 역량을 투입하고, 외부 자원과 협력을 통해 부족한 부분을 채웠다. 이외에도 개발자 수익 보존을 위해 광고 서비스를 제공하였다.

하지만 구글의 안드로이드 마켓이 장점만 있는 것은 아니다. 구글은 안드로이드 마켓에서 유통되는 앱의 품질에 대해서는 책임지는 것이 별로 없다. 이것은 개발자에게는 개발비를 상승시키는 원인이 되고 있다.

구글은 야심찬 전략을 진행 중이다. 전 세계에 산재되어 있는 모든 정보를 자기들만의 방식으로 묶는 것이다. 그들의 목적은 현재 인터넷상에 떠도는 정보는 물론 앞으로 생성될 모든 정보를 포착하고 관리하는 데 있다. 그리고 평범한 데이터를 새롭고도 가치 있는 정보 자원으로 바꾸고자 노력할 것이다. 인터넷에 존재하는 평범한 데이터를 보다 가치 있는 자원으로 변화시키는 작업을 이미 시작하였다. 이러한 전략이 성공적으로 추진될 수 있는 것은 모든 정보에 접근하는 길목의 문지기가 될 수 있기 때문이다. 그런 다음 위치 정보(구글맵[9]), 천문학정보(구글스카이[10]), 지리(구글어스[11]와 구글오션)로 나아갔다. 조용하게 지속적으로 구글은 전 세계 정보를 빨아들이고 축적하였으며, 이제는 세상의 지식을 통제하는 단계에 이르렀다. 다른 한편으로 구글은 경쟁자가 쉽게 침범할 수 없는 구글 제국을 위한 거대한 진입장벽을 쌓았다. 견고한 장벽은 일정기간 지금의 상태를 유지할 것이다.

스스로 발전이 가능한 선순환 알고리즘을 사용해 구글은 사용할수록 제품의 가치는 더 높아진다. 때문에 시간이 흐를수록 구글은 더 정확하게 우리의 생각과 의도에 근접할 것이다. 앞으로 구글은 더 똑똑해질 것이고, 지금보다 더 빠르게 진화할 것이다. 마치 나이를 거꾸로 먹듯이 구글은 세월이 흐를수록 명석하고 민첩하게 반응할 것이다.

② 애플

애플은 컴퓨터 및 소프트웨어, 전자제품을 개발·판매하는 미국 기업으로, 나스닥에 상장되어 있다. 1976년 4월 1일 스티브 잡스와 론 웨인, 스티브 워즈니악이 창업한 회사인 애플은 세계 최초로 개인용 컴퓨터를 개발하고 개인용 컴퓨터의

---

9   구글맵(Google Maps, https://www.google.com/maps)은 지역정보 검색, 스트리트 뷰, 거리 파노라마 뷰, 실시간 교통 상황, 그리고 도보, 자동차, 대중 교통의 경로를 제공한다.

10 구글스카이(Google Sky, https://www.google.com/intl/ko/sky)는 우주 탐험 프로그램으로 허블 우주 망원경에서 볼 수 있는 멀리 떨어진 은하계의 탄생을 보면서 하늘에 별자리와 별자리의 위치를 찾을 수 있다.

11 구글어스(Google Earth, https://www.google.com/intl/ko_ALL/earth)는 전 세계의 모습을 위성 사진으로 볼 수 있는 프로그램으로 수백 개의 도시를 3D로 감상할 수 있다.

시대를 열었다. 현재는 아이폰, 아이팟, 아이패드, 맥북, 애플워치 등의 하드웨어와 이를 구동할 수 있는 맥OS 그리고 그 위에서 작동하는 여러 소프트웨어들도 개발·판매하고 있으며, 개인용 스마트기기 산업에 미치는 영향이 강력한 기업이다.

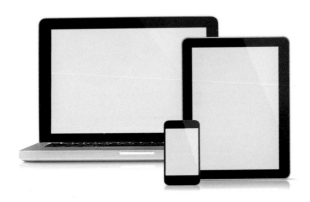

그림 14-6 애플사의 다양한 컴퓨터 기기

애플은 'Think Different'라는 플랫폼 사고를 바탕으로 애플 스토어, 아이폰, 아이튠스로 연계되는 차별화된 플랫폼을 구축해 스마트폰 시장에서 경쟁 우위를 점하며 질주하고 있다. 애플은 다양한 형태의 제품을 만들지만 그 제품은 모두 애플의 전략적인 플랫폼에 연동되어 누구나 간편하고 편리하게 사용할 수 있다. 이 점이 애플 사용자의 브랜드 충성도를 높이며 재구매를 유도하는 원인 중의 하나이다.

사실 애플이 세상에 내놓은 모든 제품이 최초는 아니었다. 경쟁사 제품과 비교하여 세련된 디자인, 단순한 조작법, 차별화된 사용자 경험 등을 앞세웠지만, 다른 한편으로는 자신의 게이트웨이(아이팟, 아이폰, 아이패드, 애플 워치 등 애플의 단말기)가 만날 수 있는 플랫폼이 이미 구축되어 있었다. 이와 같은 플랫폼 비즈니스 덕분에 애플은 시장에서 장기간 경쟁우위를 점하고 있으며, 경쟁사 대비 높은 수익을 창출하고 있다.

애플은 자신의 플랫폼에 출입하는 데 필요한 게이트웨이를 외부에 개방하지 않고 스스로 만든다. 제품의 적은 파편화는 소비자에게 빠르고 간편한·구매를 가능케 하지만 폐쇄적이며 독단적인 정책에 비판적 의견이 있다. 하지만 혁신적인 소프트웨어 플랫폼을 출시하여 생태계를 선도하고, 개방적인 웹 플랫폼으로 기술 플랫폼의 폐쇄성을 비켜가는 것이다. 외부 개발자와 신뢰 관계를 형성하도록 기본에 충실하며, 버전이 바뀔 때에도 기존 규칙을 가능한 한 유지하면서 약간의 수정을 요구한다. 결국 애플은 이중적 전략, 즉 독점적인 기술 플랫폼과 개방적인 웹 플랫폼 전략을 구사하면서 경쟁력을 유지하고 생태계에서 협력관계를 형성할 것이다[12].

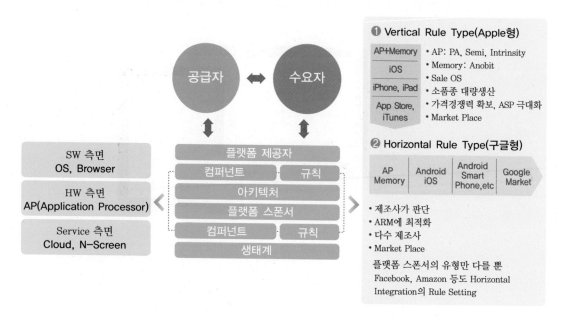

그림 14-7 애플과 구글의 플랫폼 비교

애플의 가장 큰 장점은 애플만이 가지고 있는 우상화된 기업의 이미지이다. 애플은 혁신의 상징이자 우상이라는 기업의 이미지를 만들기 위해 노력했으며 그 결과로 애플의 로고는 부와 서구적 가치관의 상징되었다. 애플 고객들은 비싼 가격에 거부감 없이 기꺼이 애플의 제품들을 구입한다. 애플이 내세운 가격 정책이 성공을 거두었다는 것을 의미한다. 이로 인해 애플은 저비용 제품을 높은 가격에 판매한다는 이상적인 목표를 달성하였으며 결국 경쟁사 보다 높은 수익성을 갖게 되었다.

애플을 비롯한 네 개의 플랫폼 비즈니스 기업은 서로 다른 비즈니스 영역에서 출발하였다. 애플은 퍼스널 컴퓨터, 아마존은 전자상거래, 구글은 검색엔진 그리고 페이스북은 소셜 네트워크 서비스로 각각 사업을 시작하였다. 사업초기에 이들이 경쟁상대가 될 것이라고 누구도 생각하지 않았다. 현재 이들은 서로의 시장에서 경쟁하고 상대 시장을 노리는 시도를 해왔다. 하지만 애플은 다른 경쟁기업으로부터 심각한 수준의 도전을 비켜 갈 수 있을 것으로 보인다. 그 이유는 애플만이 갖고 있

는 독특한 브랜드 특성과 차별화된 플랫폼 때문이다. 오늘날 기업들은 최첨단 경쟁
이 펼쳐지는 시장에서 언제 다른 파괴적 기술이나 혁신적 기업에게 자리를 비켜줄
지 모른다. 그러나 애플은 어떤 위기도 극복할 잠재력을 지니고 있다.

③ 페이스북

페이스북은 소셜 네트워크 서비스(이하 SNS)를 제공하는 기업이며 가장 많은 사
용자를 보유하고 있다. 나스닥에 상장되어 있는 미국 기업으로 규모만 보면 페이스
북은 역사적으로 가장 성공한 기업이라 할 수 있다. 페이스북은 하버드대학교의 신
입생이었던 마크 저크버그가 자신의 기숙사에서 개설하고, 같은 대학 학생들을 대
상으로 운영하였다. '페이스북'이라는 이름의 유래는 학기 초에 학생들에게 서로를
알아가도록 하려는 목적으로 학교에서 나눠주는 책에서 시작하였다.

그림 14-8 사회적 관계를 형성하는 SNS

페이스북의 강점 중 하나는 이용자 수이다. 2020년 12월 기준, 월 실사용자 수
는 28억 명으로 전 세계 인구 3명 중 한 사람이 페이스북을 이용한다. 페이스북의
모바일 앱 '페이스북'과 메신저 기능을 갖춘 앱 '페이스북 메신저'는 모바일 앱 시장
의 상위권에 항상 이름을 올리는 앱들이다. 사람들이 페이스북에서 소비하는 시간
또한 큰 장점이다. 사람들은 평균적으로 하루에 35분을 페이스북 사용하는 데 소비
한다. 페이스북이 인수한 인스타그램과 왓츠앱까지 포함하면 하루에 60분을 페이
스북이라는 회사에 소비한다. 우리에게 주어진 하루 중에 60분이라는 시간은 적지
않은 가치를 내포하고 있다[13].

---

[13] 플랫폼 제국의 미래(2017), 스콧 갤러웨이 저, 이경식 역, 비즈니스북스

페이스북과 구글은 역사상 어떤 기업보다 미디어 시장에서 막대한 수입을 창출할 가능성이 높다. 이들 두 기업이 전 세계 모바일 광고 시장에서 약 51%를 장악하고 있으며 더욱이 시장 점유율은 하루가 다르게 증가하는 추세이다.

페이스북의 성장을 지원하는 핵심자원은 무엇일까? 페이스북의 기본 자원은 사용자의 신상정보 내용인데 이것을 쉽고 빠르게 파악할 수 있다. 사용자가 작성해서 올려놓은 자기소개에 담긴 정보는 페이스북이 가장 손쉽게 벌수 있는 돈이다. 사람들이 좋아하거나 싫어한다는 본심을 실시간으로 클릭과 '좋아요' 포스팅으로 표현하면, 이들을 상대로 제품과 서비스를 판매하는 것이 한결 수월해진다.

페이스북의 성공요인은 실명성이 확보된 신뢰할 수 있는 정보의 선순환 구조를 만든 것이다. 다양한 기능을 통해 서로 간의 상호작용을 신뢰도 있게 촉진시키며, 사용자의 정체성과 활동 내용을 자연스럽게 공개하도록 유도하였다. 페이스북은 개방을 통해 고속 성장을 달리고 있다. 즉, 오픈 플랫폼 정책을 통해 자신의 플랫폼과 그 안에 남겨진 사용자들의 데이터를 열어 놓았다. 페이스북 커넥트는 새로운 사이트 가입 시에 페이스북 연동만으로 개인정보 입력 없이 가입할 수 있게 해주는 기능이다. 오픈 그래프 API(Application Programming Interface)[14] 기능을 추가해 친구들이 로그인 상태에서 이루어지는 모든 행동을 수집하고 보여준다.

사용자들이 남긴 흩어진 데이터를 모으고 가치를 부여함으로써 기업 규모를 껑충 키운 페이스북은 비즈니스 플랫폼의 필수인 '만나고', '머물고', '자가발전 하는' 체계를 성공적으로 구현한 대표적인 SNS 플랫폼이다. 이곳은 언제든지 친구를 만날 수 있고 머무는 동안 수많은 정보를 공유하며 새로운 친구를 데려오는 선순환 구조를 갖추고 있다. 페이스북은 앞으로도 우리가 생각하는 것 이상의 발전을 거둘 확률이 높다. 전 세계 사용자를 기반으로 거의 무한대에 가까운 정보 자원 동원 능력과 강력한 인공지능 기반의 데이터 분석 능력을 갖춘 페이스북은 구글과 함께 전통적 미디어와 현재의 디지털 미디어 시장을 완전히 대체할 가능성이 높다. 새로운 미디어 시장의 출발을 알리는 축포는 기존 미디어의 생존을 위협하는 신호탄으로 다가온다.

---

14 특정 서비스를 제공하는 업체가 자신들의 서비스에 쉽게 접근할 수 있도록 그 방법을 외부에 공개하는 것으로 API를 공개하면 프로그램을 손쉽게 개발할 수 있다.

4 아마존

아마존은 세계적 전자상거래 회사이자 세계 최대의 온라인 쇼핑 중개자이며 현재 나스닥에 상장되어 있는 미국의 기업이다. 1994년에 온라인 서점으로 시작했으며 점차 제품의 다양성을 넓혀가며 지금의 아마존이 되었다. 책, 주방 기구 등의 소매품 뿐만 아니라 스마트폰, 태블릿 같은 전자 제품까지 대부분의 물건들을 아마존에서 사고 팔 수 있다. 이외에도 비즈니스를 IT 분야로 확장하여 클라우드 컴퓨팅 서비스인 아마존 웹서비스(Amazon web services), 전자책 킨들, 테블릿 PC 등을 제조·판매하고 있다.

아마존은 역사상 최초로 Last Mile 인프라에 막대한 규모를 투자했는데 여기서 말하는 Last Mile이란 고객접점 서비스 영역, 즉 최종 소비자까지 1마일 내외의 구간을 뜻한다. 아마존은 안전한 성공을 목표로 삼는 다른 일반적인 기업들과 달리 성공을 하더라도 더 큰 성공을 얻기 위해 공격적인 투자를 서슴지 않는다. 이러한 아마존의 전략은 아마존의 경쟁자가 될 법한 기업들을 모두 집어삼켜 아마존은 현재 마땅한 경쟁자가 없는 상황이다.

소매유통업에서의 소비자들은 '세상에서 가장 큰' 같은 단순한 슬로건을 매력적으로 받아들인다. 이런 심리를 이용해 아마존은 '세상에서 가장 큰' 마켓을 만들겠다는 목표를 세우고 성장했으며 결국 그 목표를 달성하였다. 아마존의 가장 큰 강점이자 경쟁력은 위와 같이 소비자에게 가장 효과적으로 어필할 수 있는 일종의 타이틀을 쟁취했다는 것이다.

아마존의 전략은 온라인에서 축적된 많은 자원을 활용해 오프라인 소매유통점을 정복하는 것이다. 차세대 소매 유통업의 승자로 남기 위해서는 온라인과 오프라인의 통합이 성공의 관건이다. 때문에 아마존은 2017년 오프라인 460개 체인점을 보유한 홀푸즈마켓을 인수하였다. 그동안 온라인에서 성공을 거두지 못한 식료품 판매에 긍정적인 영향을 미칠 것이다. 이를 통해 가급적 빠른 시간 내에 부유층 소비자를 회원으로 끌어드릴 것이다. 많은 것을 고려해 볼 때 아마존은 이 시대의 유통을 지배할 것이라고 가정할 수 있다.

아마존은 지금 제로클릭 주문 시스템을 완성하기 위해 많은 노력을 기울이고 있다. 인공지능, 고객의 구매이력, 미국 인구의 45%가 거주하는 곳에서 30km 이내에 위치한 물류창고, 음성 인식기(알렉사[15]), 클라우드 · 빅데이터 서비스, 오프라인 매장 등은 노력의 일부분이다. 이러한 끊임없는 도전과 노력은 시가총액 1조 달러를 넘어서는 세계 최초의 기업이 될 수 있는 이유라 할 수 있다.

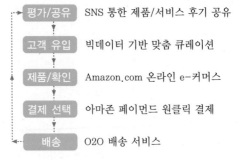

플랫폼 방향

다양한 선택 제공
- 온라인 서점으로 출범해 소매, 단말기, 식료품 등 영역 확장
- 오픈형 '셀 온 아마존(Sell on Amazon)'을 통한 상품 판매 다양화

합리적 소비지원
- 알고리즘 기반 상품, 서비스 추천 브라우저인 '실크(Silk)'로 최적 소비 지원

빠른 배송, 고객경험 혁신
- 물류센터 혁신을 통한 빠른 배송
- 아마존 홈서비스, 플렉스, 프레시 등 다양한 온디맨드 O2O 확장

온디맨드 서비스

온디맨드 배송 서비스
- 트레저 트럭: 인기 상품 당일만 판매, 배송
- 아마존 프레시: 일반 마트 주문 식료품을 당일 배송
- 아마존 플렉스: 운전자와 소비자 연결 배송

제품 연계형
- 아마존 대시: 일상용품 자동 주문

서비스 중개형
- 아마존 홈: 각종 홈서비스 중개

평가/공유   SNS 통한 제품/서비스 후기 공유
고객 유입   빅데이터 기반 맞춤 큐레이션
제품/확인   Amazon.com 온라인 e-커머스
결제 선택   아마존 페이먼드 원클릭 결제
배송   O2O 배송 서비스

Electronics, Contents
음원, 게임 / 책, 비디오 / 홈시어터 / 카메라, 노트북, 태블릿, PC
Sports & Outdoors
스키 / 아웃도어 / 수상스포츠 / 레저
Automotive & Industrial
산업용품 / 청소용역용품 / 자동차 / 오토바이 / 자동차 부품
On-demend Service
아마존 프레시 / 아마존 대시 / 아마존 홈서비스 / 아마존 플렉스 / 아마존 트레저 트럭
Consumption
장난감 / 주방용품 / 정원 도구 / 홈 데코 / 미용

그림 14-9   아마존 플랫폼 비즈니스 현황

14-4 플랫폼 비즈니스의 성공 요인

플랫폼 비즈니스 모델은 내부자원을 통제 및 관리하는 방식의 기존 비즈니스 모델에 비해 다양하고 개별화된 생산자와 소비자의 자원들을 조율하여 최적의 조합을 찾

---

15 아마존의 인공지능 플랫폼이다. 사용자는 아마존 에코(스마트 스피커)를 이용해 알렉사와 의사소통이 가능하며, 주요 서비스는 음악재생, 날씨정보 제공, 교통정보 제공 등이 있다. 현재 알렉사의 소프트웨어 정보가 공개되어 많은 기업들은 이를 이용하여 가전제품, 자동차 등에 도입하였다.

고, 이에 기반을 두어 가치를 창출하는 모델이다. 따라서 플랫폼은 상호작용으로 서로의 이익과 공생관계를 추구하는 생태계 시스템과 유사성이 높다. 활동 및 가치의 방향이 소비자로만 향하는 일방향이 아니라 생산자, 소비자, 제공업자 등의 시스템적 순환 구조로 얽혀있는 생태계라는 점에서 파이프라인 모델과 차별화된다.

플랫폼 비즈니스의 성공을 위해 고려해야 할 사항은 우선, 플랫폼 서비스의 가치를 인식하고 지속적으로 사용하게끔 만들어야 한다. 새로운 사용자를 창출하기 보다는 재방문, 재구매 등을 유발하는 사용자 관여가 중요하다. 둘째, 플랫폼에서 효과적인 마케팅 방식은 풀 방식이다. 파이프라인 비즈니스에서 마케팅 방식은 상품이나 서비스를 고객의 의식에 밀어 넣는 푸시 방식에 의존하였다. 반면에 플랫폼은 고객들에게 관심이나 주의를 끌어 스스로 찾고 방문하도록 해야만 한다. 셋째, 플랫폼의 지속적인 성장과 확산을 가능케 하는 강력한 방법은 입소문이다. 바이럴은 풀 방식 마케팅의 근간으로 잠재적 사용자들에게 플랫폼 네트워크에 관한 정보를 퍼뜨리고 가입과 사용을 독려한다. 때문에 바이럴은 플랫폼의 성장을 추진하는 원동력이라 할 수 있다.

플랫폼 비즈니스 모델은 IT 기술의 발전과 4차 산업혁명이 가져올 거대한 변화에 대응하기 위하여 의료보건, 교육, 관광, 금융 등 서비스 산업을 중심으로 전개되고 있다. 나아가 에너지, 중공업 및 제조업 등 다른 산업으로 확산될 가능성이 커지고 있다. 향후 플랫폼 모델이 가져다 줄 경험하지 못한 혁신의 방향성과 영향력을 주시할 필요가 있다. 특히 자원의 내부화에 기반을 둔 수직적 통합 방식으로 성장해 온 국내 산업에 플랫폼 모델의 적용을 심도 있게 고민할 시점이다. 외부의 서로 다른 자원과 어떻게 조화롭게 어우러져 네트워크를 구축하고 효과를 창출할 것인지, 전통적 기업운영 방식의 장점을 유지하면서 효과적인 플랫폼을 구축하는 방안에 대해 검토할 필요가 있다.

사례연구 1　플랫폼 노동자 안전한가?

▶ 플랫폼 노동자란 배달대행업체(배달의 민족, 부릉 등)에서 배달업에 종사하거나 우버, 그랩 같은 승차공유 플랫폼에서 노무를 제공하는 노동자를 말한다.

▶ 플랫폼 사업자들은 플랫폼을 통해 서비스를 원하는 사람들을 중개하는 역할을 하므로 사용자가 아니라고 주장한다. 드라이버나 승객은 모두가 고객이며 이들과 위탁 및 용역에 관한 계약을 맺고 수수료를 지급한다.

▶ O2O 플랫폼은 양질의 서비스를 제공하기 위해 승차공유는 차량상태나 운전경력 등을 따지며 근무시간을 정하는 경우도 많으니, 징계나 인사 권한을 행사한다고 볼 수 있다.

▶ 노동자성이나 사용자성 인정 여부가 중요한 이유는 근로기준법상 노동자로 인정할 것이냐 아니냐에 따라 권리에 많은 차등이 발생하기 때문이다.

▶ 한국은 사회보험 등 사회안전망이 부족한 실정인데, 플랫폼 노동자들이 사회로부터 적절한 보호를 받을 수 있는 방안을 고민할 필요가 있다.

참조 • '플랫폼 일자리' 쏟아지는데… '노동자 안전망' 어찌하나요, 한겨레
　　　http://www.hani.co.kr/arti/economy/it/866703.html

함께 생각해 봅시다

　　우버와 같은 플랫폼 사업자는 공급자와 수요자의 거래만을 중개해준다. 때문에 플랫폼 사업자를 근로기준법상 사용자로 인정하기 어렵다는 입장이다. 사용자성 · 노동자성 인정 여부가 중요한데 노동자는 근로기준법상 권리에 차등이 많기 때문이다. 최근에는 플랫폼 사업자를 사용자로 봐야 한다는 의견이 있다. 이에 대해 생각해 보자.

"플랫폼 사업자는 사용자성이 인정된다 vs 아니다"

사례연구 2 포털 사이트의 중립성 확립을 위해 규제가 필요한가?

▶ 과학기술정보통신부가 플랫폼 중립성 원칙에 대한 연구를 시작하자 국내 포털업계가 긴장하고 있다. 플랫폼의 범위는 네이버, 카카오, 구글 같은 포털 사이트는 물론, 카카오톡, 라인 같은 모바일 메신저 등 콘텐츠를 게재할 수 있는 사이버 공간을 의미한다.

▶ 포털을 규제받지 않은 권력이라고 말하는데, 이는 플랫폼 사업자가 뉴스나 영상의 노출 시간, 배치 순서 등을 차별화한다는 지적에서 그 원인을 찾을 수 있다.

▶ 포털 운영사는 검색 결과나 뉴스 배치의 기계적 중립이 불가능하다는 입장이다. 특히 모든 이용자나 사업자들이 만족하도록 검색 결과를 배치하는 방법을 찾기 어렵다는 것이다.

▶ 또한 뉴스 콘텐츠의 경우 인공지능을 이용하여 개인화된 화면을 제공하는 등 맞춤형 서비스로 진화하고 있는 과정인데 기계적 중립이 필요한지 의문이라는 의견이 있다.

▶ 과학기술정보통신부는 플랫폼 중립성 연구가 시장 상황을 파악하기 위한 것이지 플랫폼 사업자를 규제하기 위한 연구는 아니라는 입장이지만 과거 연구결과를 바탕으로 규제에 나선 사례가 있다. 방송통신위원회의 '망중립성 가이드 라인'이 그러하다.

참조 • '플랫폼 중립성' 논란 확산… "국내 포털도 규제 받아야" VS "EU의 미국 견제 수단일 뿐", 중앙일보
https://news.joins.com/article/21751844

함께 생각해 봅시다

네이버, 다음, 구글 등 정보검색 플랫폼은 자체 기준에 따라 콘텐츠 노출 순위를 정한다. 해당 기준이 특정한 목적을 갖고 편향되어 있다면 플랫폼 이용자에게 악영향을 미칠 우려가 있다. 이러한 이유로 정부 차원에서 '플랫폼 중립성' 규제가 필요하다는 의견이 있다. 규제의 필요성에 대해 생각해 보자.

"중립성을 위해 정부의 규제가 필요하다 vs 플랫폼 사업자 제재 수단이다"

사례연구 **3** 대형 유통업체의 배송 경쟁은 시장에 긍정적인가?

▶ 편의점이 배달앱과 손잡고 배달서비스 전국적 확대를 모색한다. 특히 실시간으로 가맹점 재고를 연동하여 전국적으로 편의점 배달을 본격적으로 운영하겠다는 계획이다.

▶ 편의점 업계는 점포 확장이 어려워졌고 백화점이나 호텔 등에서 배달에 뛰어들면서 쳐질 수 없다는 입장이다.

▶ 소비자들의 눈길을 사로잡기 위한 배송 경쟁이 치열해지면 쇼핑의 편리성을 강조하는 편의점의 차별성이 떨어질 수 있다는 위기의식이 작동하고 있다.

▶ 편의점의 배송 경쟁에 대한 부정적 시선도 있다. 편의점의 객단가가 4000~5000원 수준인데 1500~3000원에 달하는 배송비를 지불할 소비자가 얼마나 될지 미지수라는 것이다.

참조 • 편의점도 배달앱으로…유통업계 배송경쟁 가열, 한겨레
http://www.hani.co.kr/arti/economy/consumer/877847.html

함께 생각해 봅시다

　　대형 유통사들의 경쟁적인 배달서비스는 지역의 영세 상인에 부정적인 영향을 끼칠 수 있으며, 빠른 식료품 배송 덕분에 음식점도 힘들어질 것이라는 의견이 있다. 반면에 플랫폼을 이용한 편의점의 배달 서비스 확대는 소비자의 선택권과 편익을 증대한다는 목소리도 있다. 이에 대해 생각해 보자.

"유통 대기업의 배달 서비스를 제한해야 한다 vs 필요하지 않다"

토의 주제

1. 최근 신문이나 방송에서 공유경제(shared economy)에 관한 이슈를 자주 다루고 있다. 인터넷 검색을 통해 공유경제의 개념 및 주요 특징이 무엇인지 알아보자.

2. 인터넷 검색을 통해 에어비앤비(www.airbnb.com)와 우버(www.uber.com)가 수십억 달러의 가치를 지니게 된 비결이 무엇인지, 또 이들 기업이 각각 동종 업종의 경쟁사들과 비즈니스 모델 면에서 어떻게 다른지 조사해 보자.

3. 앞에서 소개한 4개의 기업들은 기업 가치가 1조 달러를 달성했거나 머지않아 달성할 기업들이다. 향후 기업 가치가 1조 달러 이상을 달성할 기업들을 예측해 보자.

동영상 학습자료

제목	출처(URL)
1. '없어도' 성공하는 새로운 비지니스 모델 (체인지 그라운드)	https://www.youtube.com/watch?v=9Bi6_eoHAto
2. 플랫폼 비즈니스의 성공방정식 열 가지 (아웃스탠딩TV)	https://www.youtube.com/watch?v=JQYP1lSHHpE
3. 플랫폼 비즈니스 시대! 네이버와 카카오가 그리는 빅 피처는? (스브스뉴스)	https://www.youtube.com/watch?v=Avesb8JRpQ0

제 **4** 부

4차 산업혁명 시대의
미래사회변화

제15장

4차 산업혁명과 스마트 생태계 구현

15-1 스마트 홈

스마트 홈(smart home)이 나타나기 이전에 먼저 개발된 홈오토메이션은 기본적으로 집안에서 사용하는 기기의 필요 기능들을 자동으로 동작하게 하는 기술이었다. 홈오토메이션의 시초는 북미 쪽에서 먼저 개발되었는데, 집에서 따로 떨어져 있는 차고지의 차를 자동으로 시동 걸 수 있도록 해주는 기능이었다. 대표적인 예로, 아파트 현관에서 사람이나 움직이는 동물이 지나가면 자동으로 켜지는 전등, 집안에서 인터폰 카메라로 문 앞에 서있는 사람을 확인한 후에 현관문을 열어주는 인터폰, 화재 감지기 등이 있다. 스마트폰이 나타난 근래에는 집 외부에서도 집안에 있는 에어컨이나 세탁기를 작동시킬 수 있는 원격 기능을 가진 홈오토메이션이 발달되었다. 또한, 사물인터넷이 등장하면서 홈오토메이션은 더욱 진화해서 현재의 스마트 홈으로 거듭나게 되었다.

스마트 홈은 집안에서 사용하는 다양한 가전 기기들이 무선망으로 연결되어 고객이 원하는 서비스를 해주는 집을 말한다. 이러한 집은 IoT와 인공지능과 같은 최신 정보통신기술(ICT)을 이용하여 편리하고 건강한 환경 친화적인 삶을 영위하게 해주는 새로운 주거형태라고 말할 수 있다. 집주인은 집밖에서 주택 내의 온습도계 자동조절, 가스기 원격제어, 냉난방 제어, 조명등 제어 등의 가전 기기들과 소통을 할 수 있다.

IoT 기술은 인간이 중간에 개입하지 않고 데이터를 실시간으로 주고받으며 사물과 사물 간의 소통을 가능하게 해주는 기술이다. 사물에 부착되는 블루투스, NFC(Near Field Communication) 등 감지기를 통해 무선으로 여러 가지 명령을 수행할 수 있다.

그림 15-1 스마트 홈의 구성요소

　다시 말하면, 모든 사물들이 서로 통신 가능한 기술을 뜻한다[1]. 스마트 기기들이 자동으로 동작하기 위해서는 아직 사람이 개입을 하고 있지만 머지않아 기술이 더욱 발전하게 되면 인간의 도움을 받지 않아도 기기들 간의 소통이 가능할 것으로 보고 있다. 예를 들어, 집주인이 집 밖으로 외출했을 때 온도조절기는 자동으로 집안의 온도를 유지시켜주고, 조명등은 마치 집안에 누군가 있는 것처럼 이따금씩 깜빡깜빡거리는 기능을 생각할 수 있다.

　스마트 홈은 기존 서버와 함께 클라우드 센터 서버를 같이 사용한다는 점에서 홈 네트워크와 차이가 있다. 클라우드 센터 서버는 사물 인터넷 기술을 사용하여 집주인에게 집안의 현 상태를 보고해주며, 집 안 기기를 무선으로 작동하게 해주는 역할을 담당하고 있다. 기존 서버에 연결된 가전제품 외의 기기, 이사할 때 새로 구입한 가전제품인 커피포트, 공기청정기, 에어컨 등도 사용자가 편히 조작할 수 있게 해준다는 특징이 있다. 홈네트워크와의 큰 차이점은 집 내부와 바깥 정보를 모두 모아서 인공지능이 판단한 후에 특정 행동을 사용자에게 제안도 해준다는 것이다. 예를 들어, 조명등을 켜놓고 나간 사용자에게 '외출하신 것 같은데 조명을 끌까요?'라고 제안을 하거나 기상청 자료를 수집해 '비가 올 예정인데 우산을 들고 나가시는 것이 어떨까요?'하는 등 상황에 따른 행동을 자동으로 해준다.

1　맥킨지앤컴퍼니(McKinsey&Company)(2011)

그러나 집 안의 데이터가 IoT 기기와 연동되면서 보안에 취약해지고 해킹으로 인한 사생활 노출로 보안문제가 발생할 수 있으며, 아직 스마트 홈의 기술 표준화가 이루어지지 않아 다양한 서비스를 원활히 제공할 수 없다는 문제점이 있다. 다시 말하면 한 회사의 가전 기기를 다른 회사의 스마트 홈과 연결하기 어렵다는 점이다. 이와 같이 광범위한 협력 체계 없이는 스마트 홈 시장에서 살아남을 수 없기에 스레드 그룹(Thread Group), 퀄컴(Qualcomm), 올신 얼라이언스(Allseen Alliance), OIC, 원엠투엠(oneM2M), 홈키트(Homekit) 회사 등은 시장 플랫폼 마련과 기술 표준화에 관한 연구에 집중하고 있다

국내 LG유플러스는 가스락, 스위치, 열림 감지 시스템, 도어락, 에너지 미터 등 다양한 제품을 IoT@home 스마트 홈서비스로 소개하고 있다. SKT는 경동나비엔, 위닉스, 아이레보 등 홈기기 관련 회사들과 협업을 통해 제습기, 보일러, 가스밸브 차단기, 에어컨, 공기청정기, 조명 기기, 스마트 스위치 등과 연계한 개방형 플랫폼 '모비우스'를 출시하였다.

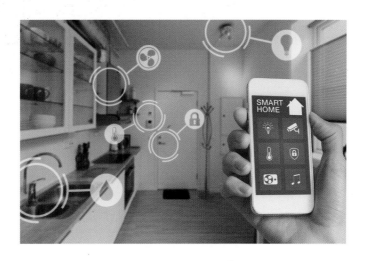

그림 15-2 스마트 홈

애플(Apple)은 아이폰 기반의 음성 명령 프로그램인 시리(Siri)를 사용해 스마트 홈 기기를 제어할 수 있는 플랫폼 '홈킷' 서비스를 발표하였다. 홈킷의 기능에는 원격제어, 스마트 스위치, 애플워치, 스마트 도어록 등이 있다. 애플 워치는 아이폰을 통해 스마트 홈 데이터를 수신할 수 있으며, 홈 기기를 제어할 수 있는 기능이 있어 사용자가 기기의 상태를 수동 설정하거나 자동 설정할 수 있다.

아마존(Amazon)은 음성으로 다양한 음악 감상, 전자책, 아마존 쇼핑 등의 가전 제품에 명령하는 것이 가능한 '에코(Echo)'를 개발하였다. 에코는 온도계, 전등, 냉장고, 자동차 등 250여 개가 넘을 정도의 기기를 연동시킬 수 있다. '에코'의 개발과 함께 아마존은 스마트 홈 시장을 세계적으로 주도해 나가고 있다.

그림 15-3   스마트 도어록

15-2 스마트 워크

스마트 워크(smart work)란 이전의 사무실 형태가 아니라 시공간을 벗어나 언제 어디서나 시간에 구애됨이 없이 네트워크 환경에서 회사 업무를 편리하게 처리할 수 있는 가상의 근무환경을 말한다. 스마트 폰, 태블릿 PC, 스마트 TV 등 새로운 기기가 전 세계적으로 퍼져나감에 따라 나타나게 된 새로운 업무 환경이라고 할 수 있다.

요즈음 젊은 세대들은 삶과 일에 대한 균형을 중요시하고, 유연한 근무환경을 좋아하기 때문에 앞으로 스마트 워크 환경이 더욱 발전하리라 내다보고 있다. 스마트 워크는 우리 사회의 고령화, 경단녀, 저출산 등의 문제를 해결할 수 있으므로 대다수 공공기관과 대기업들은 스마트 워크를 많이 도입하고 있다.

그림 15-4   스마트 워크 근무 환경

스마트 워크는 일하는 방식의 시간과 장소를 기준으로 모바일 오피스, 재택근무, 스마트 워크 센터 등 세 가지로 구분할 수 있다. 재택근무는 회사가 아니라 자택에서 실감형 텔레프레즌스, 기가 인터넷 시설 등을 이용하여 근무하는 것을 말한다. 모바일 오피스는 휴대형 단말기와 무선인터넷망을 이용하여 언제 어디서나 네트워크에 접속해 전자결재, 영상회의 등 다양한 업무처리를 할 수 있는 이동근무 환경을 말한다. 스마트 워크 센터는 집 주변 가까이에 원격 업무 시스템을 갖추어 놓고 그 사무환경을 사용할 수 있게 해주는 물리적 공간을 말한다.

스마트 워크 센터가 지원하는 스마트 팟 환경은 원격 업무 처리 시스템, 사무공간, 네트워크, 회의공간, 보안시설 등을 갖추어야 하며, 사용자가 원격으로 업무를 볼 수 있도록 대형 터치스크린, 여러 센서, 카메라 등을 준비해야 한다. 현장근무와 이동근무를 지원해주는 모바일 근무는 이미 많은 기업들이 도입하고 있다.

1995년 스마트 워크를 국내 최초로 실시한 한국 IBM은 전체 직원의 60% 이상이 모바일 오피스 환경에서 근무하고 있다. 그러나 스마트 워크 센터 근무나 재택근무 등 원격 근무 방식은 모바일 근무 방식보다는 여전히 활용율이 낮은 상황이다[2,3].

2   스마트워크 관련 국내외 동향과 활성화 방안(2012), 민경식, 경남발전

3   스마트워크, 모바일오피스 실태와 추진전략(2010), 데이코 산업 연구소

표 15-1 일하는 방식의 차이점

방식	기존 방식	재택근무	모바일 오피스	스마트 워크 센터
특징	– 서류위주 업무 – 탁상 업무 – 일처리 중복	– 자택에서 회사와 연결된 정보 통신 기기를 통하여 집에서 회사 업무를 보는 것	– 모바일 이동 근무 – 구성원간 실시간 소통체계 – 사내시스템과 연동	– 자택인근 ICT 환경에서 스마트폰으로 즉시처리 – 복무관리 용이 – 업무 생산성 향상
장점	– 면대면 업무 – 근태 관리 용이 – 신속한 의사결정	– 사무공간 불필요 – 교통비 감소 – 제도정비 필요 – 근무형태 유연화 – 취업기회 확대 – 근무시간 및 비용감소	– 대인업무 및 이동이 많은 근무환경에 유리	– 본사와 유사한 사무환경 센터에서 근무 – 보안성 확보용이 – 업무 집중도 향상 – 실시간 문제 해결
단점	– 장애자, 고령자, 기혼여성 등은 취업 제한	– 직무 만족도 저하 – 보안성 저하 – 일부 업무만 제한적 수행	– 위치 추적 및 직원 감시 체제 – 보안 취약 등	– 별도의 사무공간 비용 추가 – 제도정비 및 관리조직 필요 – 시스템 구축 필요

스마트 워크 시스템은 스마트 워크 서비스 클라우드 기술, 스마트 워크 네트워크 기술, 보안 기술, 스마트 워크 사용자 플랫폼 기술 등 네 가지 요소의 기술로 나누어진다. 스마트 네트워크 기술은 감지기가 부착된 네트워크를 통해 연결된 사물들이 능동적으로 정보를 송수신하면서 상황에 알맞은 서비스를 제공해준다. 클라우드 기술은 전자 우편 서비스나 웹하드 서비스처럼 웹상에 있는 서버, 소프트웨어, 저장장치, 플랫폼 등에 각 개인에게 소중한 각종 정보를 저장해놓고 필요하게 될 때 이동기기나 컴퓨터에 접속해서 업무처리를 하는 웹기반의 소프트웨어 서비스 기술이다. 모바일 플랫폼은 윈도우즈 폰, 안드로이드, iOS 등과 같은 운영체제를 말한다.

원격지에서는 회사와 동일한 업무환경을 지원하기 위하여 영상 및 음성을 지원하는 전화뿐만 아니라 영상회의 브로드 캐스팅, 실감형 텔레프레즌스, 통합 커뮤니케이션 등 사용자 간의 통신수단도 필요하다.

그림 15-5는 스마트 워크 시스템의 환경 구성도를 나타내고 있다[4].

---

4 스마트워크를 소개합니다, 유대희, 정보화 추진처, 흙사랑 물사랑 4월호

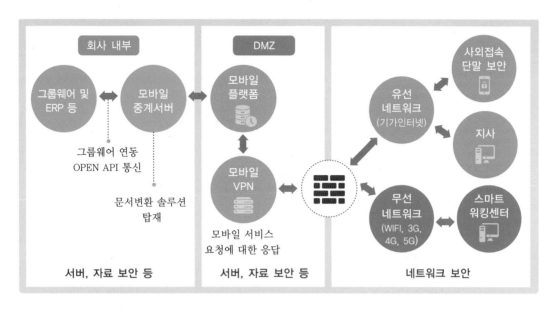

그림 15-5   스마트 워크 시스템의 환경 구성도

스마트 워크를 운영하게 되면, 기업측면에서는 업무시간을 단축시킬 수 있으며, 사무실 미운영에 따른 관리비 절감 등의 장점을 가진다. 개인적인 측면에서는 육아와 가사 시간 확보, 출퇴근 시간 절약, 비용 절감 등의 장점을 가지고 있다. 또한, 우리 사회에서 문제화되고 있는 고령화, 장애인 문제를 능히 해결할 수 있으며, 기업의 효율성을 높일 수 있고, 국가 생산성을 향상시킬 수 있다. 이와 반대로 스마트 워크는 일하는 업무 시간과 개인적 시간의 구분이 모호해지고, 사생활 침해, 고용 불안정, 소외감, 정보 보호, 근태관리 등의 문제점도 발생할 수 있다.

그러나 이러한 문제점이 다수 존재함에도 불구하고 우리나라는 서울 시청에서 80년대 후반에 재택근무를 도입하였으며, 행정안전부에서는 2015년부터 방통위와 공동으로 전체 노동 인구의 30%까지 스마트 워크 근무율을 높이고, 스마트 워크 센터를 설치 확대해나가고 있다. 민간부문에서도 KT, SK, 삼성, 포스코 등과 같은 사업장의 규모가 큰 회사는 모바일 이동 근무를 확산시키는 추세이다. 따라서 가까운 미래에는 시공간을 초월하여 일할 수 있는 스마트 워크 시대가 본격적으로 도래할 것으로 기대되고 있다.

15-3　스마트 시티

　　스마트 시티(smart city)란 다양한 유형의 전자적 데이터 수집 감지기를 사용해서 정보를 수집하여 자산과 리소스를 효율적으로 관리하는 데 사용하는 도시 지역을 말한다. 더불어, 텔레 커뮤니케이션을 위한 기반시설이 인간의 신경망처럼 도시 구석구석까지 연결되어 있는 도시를 말한다.

　　스마트 시티의 주요 목적은 거주 적합성(livability)이 뛰어난 도시를 만드는 것으로 스마트 농업, 스마트 주차, 스마트 교통, 스마트 헬스케어, 스마트 정부, 스마트 에너지를 보유한 도시를 유지하는 것이다.

　　우리나라 스마트 시티 사업은 2003년에 시행한 U시티 사업을 생각해 볼 수 있다. U시티 사업은 정보통신망에 신도시 공간과 재원을 결합하는 형태로 확산되었다. 국내 통신·방범 등 초기 인프라 구축망에 조성된 U시티는 송도, 동탄, 김포 등 신도시 기반 U시티 건설을 시작으로 전국적으로 70여 곳에 이른다.

　　경기도 고양시는 스마트 쓰레기 수거 관리 솔루션을 구축하고 거리의 쓰레기통에 감지기를 부착해서 쓰레기가 넘치기 전에 쓰레기차가 수거해 간다. 이 솔루션은 미국에도 수출이 되었다.

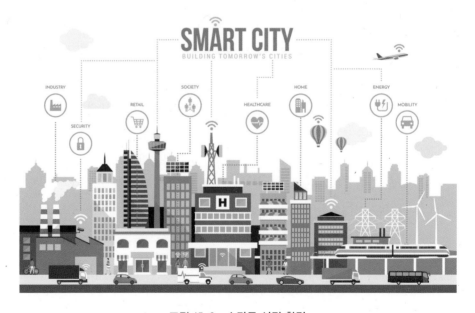

그림 15-6　스마트 시티 환경

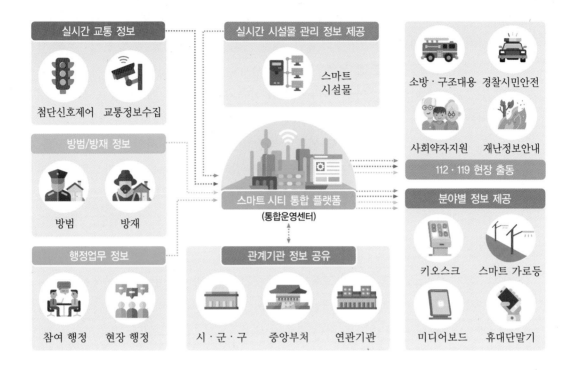

5대 연계 서비스

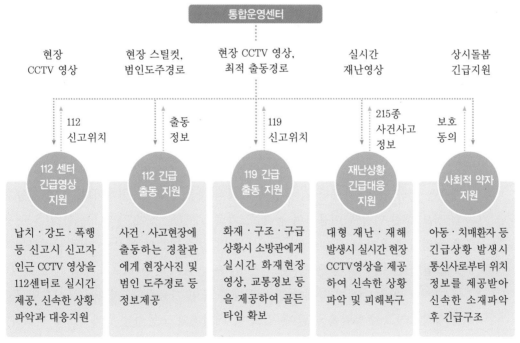

출처: 국토교통부

그림 15-7 스마트 시티 통합 플랫폼

부산 강서구는 대규모 공단이 밀집되어 있는 곳이라 IoT 환경 감지기를 여러 대 설치하고 국내 최초로 악취 오염원, 발생 지점 및 가스 누출 등을 실시간으로 감시할 수 있는 스마트 환경 오염 모니터링 서비스를 실시하였다. 이 감지기들을 통해 수집된 데이터들은 스마트 시티 센터로 전송되고, 오염된 데이터를 수신한 환경부서는 신속하게 다른 유관 기관들과 협력하여 위험 상황에 대처할 수 있다.

인천 송도국제도시는 송도 센트럴 파크 근처에 설치한 사인보드와 CCTV를 통해 치안과 교통 상황을 모니터링하고, 대기 질과 교통 정보를 실시간으로 전광판과 디지털 사인보드에 전달해준다. 대기 질에 대한 정보는 현장에 사람이 없어도 공기 질을 검사할 수 있도록 스마트폰 앱이나 U시티 관제 센터로 전송되어 시민들이 다양한 서비스를 받아볼 수 있다.

이와 같이 스마트 시티가 교통, 환경, 주거, 시설과 관련된 도시 문제를 해소하고 도시의 기능을 최적화하는 대안으로 떠오르면서, 우리나라뿐만 아니라 세계 각국에서도 지자체마다 스마트 시티 구축에 본격적으로 나서고 있다. 우리나라는 2019년부터 2023년까지 중장기 정책 방향을 제시하는 종합 계획을 세우고 통합 플랫폼 마련과 보급, 스마트 시티 서비스를 확산하는 데 초점을 맞추고 있다. 통합 플랫폼은 방재, 교통, 방범 등 분야별 정보 시스템을 연계 및 활용하기 위한 기반 소프트웨어를 말하며, 이미 개발되어 전국 지자체(부산, 송도 등)에서 잘 사용하고 있다.

15-4 스마트 팜

스마트 팜(smart farm)은 농업, 임업, 축산업, 수산업 등의 분야에서 생산되는 제품을 생산 단계, 가공단계, 유통 단계에서 사물 인터넷, 빅데이터, 인공 지능 등의 정보 통신 기술을 이용하여 농작물, 가축, 수산물 등이 자라나는 환경(온도 등)을 적정하게 유지 및 관리하고, 원격으로 PC와 스마트폰 등으로 자동 관리하는 기술을 말한다. 이 기술은 온도, 습도, 햇빛, 토양 등의 환경 정보와 생육 정보 데이터를 가지고 생육 단계별 상세한 관리와 예측 등이 가능하다. 따라서 농작물의 품질을 향상시키고 수확량을 늘릴 수 있으며, 에너지와 노동력을 효과적으로 관리하여 생산비를 줄일 수 있다.

표 15-2 세대별 스마트 팜 비교표

구분	1세대	2세대	3세대
상용화시대	현재	2030년	2040년
목표 효과	편의성 향상	생산성 향상	지속가능성 향상
주요 기능	원격시설 제어	정밀 생육관리	전 주기 지능, 자동관리
핵심 정보	환경정보	환경정보, 생육정보	환경정보, 생육정보, 생산정보
핵심 기술	통신기술	통신기술, 빅데이터, 인공지능	통신기술, 로봇, 빅데이터, 인공지능
의사결정/제어	사람/사람	사람/컴퓨터	컴퓨터/로봇
대표 예시	스마트폰 온실제어 시스템	데이터 기반 생육관리 소프트웨어	지능형 로봇 농장

출처: 과학기술정보통신부

옛날에는 농작물에 물을 줄 때 직접 밸브를 열고 모터를 작동시켰지만, 스마트 팜에서는 전자 밸브가 설정값에 맞추어 자동으로 물을 공급할 수 있다. 또한 소, 돼지와 같은 축산물에는 상세한 생산 이력 정보를 새겨서 소비자의 신뢰도를 높여 줄 수 있다.

그림 15-8 스마트 팜 환경

15-5 스마트 팩토리

스마트 팩토리(smart factory)는 공장자동화 부문에서 기계를 점검하고, 제품을 조립하고, 제품을 포장하는 전체 생산과정에 디지털 자동화 솔루션을 적용하여 생산성과 품질을 향상시키는 것을 말한다. 모든 기계와 설비에 사물인터넷과 카메라를 설치하여 실시간으로 데이터를 수집하고, 플랫폼에 데이터를 저장하고, 분석한 데이터를 기반으로 스스로 기계를 통제할 수 있게 만든 지능형 공장이라고 할 수 있다.

스마트 팩토리 환경에서는 각 공장에서 모아진 수많은 데이터를 분석하여 나온 결과를 가지고 현장에서 발생하는 문제, 즉 돌발 장애 등의 원인을 해결할 수 있다. 또한 숙련자가 경험으로 얻은 노하우를 데이터로 저장해 놓으면, 현장에서 갑자기 문제가 발생하더라도 비숙련자가 이에 빠르게 대처할 수 있도록 원격지에서 가이드를 해줄 수 있다.

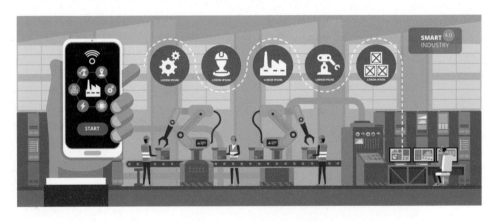

그림 15-9   스마트 팩토리 환경

사례연구 1 **'인공지능 돌봄 서비스'를 어떻게 생각하는지요?**

▶ SK텔레콤은 스마트 홈의 도입 시범 사업으로 '인공지능 돌봄 서비스'를 선보이면서 독거 어르신 들에게 외로움 해소와 정보 격차를 줄이는 데 도움을 주고 있으며, 인공지능 스피커 '누구'를 통해 인공지능 돌봄 서비스를 사용한 패턴을 분석하였다.

▶ 서울에 홀로 거주하는 만 83세 김 모씨는 새벽 3시 경 두통과 함께 혈압이 오르는 것을 느꼈다. 김 모씨는 AI 스피커 '누구'에게 '아리아, 살려줘'라고 외쳤다. 집에 설치되어 있던 인공지능 스피 커 '누구'는 김 모씨의 위급 신호를 인식하고 야간 관제를 맡은 ADT 캡스에 알렸다. 김 모씨는 급 하게 출동한 119를 통해 응급실로 이송되어 치료를 받을 수 있었다.

▶ 새벽에, 잠에서 깬 조 모씨(만 71세)는 허리가 아파 한 발짝도 움직일 수 없었다. 주위에 도와줄 사람이 아무도 없어서 휴대폰마저 손이 닿지 않는 곳에 있는 절망적인 상황에서 그는 인공지능 돌봄 서비스의 'SOS 긴급 알림'을 기억해 냈다. 인공지능 돌봄 서비스의 야간 관제를 맡고 있는 ADT 캡스는 AI 스피커를 통해 전달된 조 모씨의 긴급 알람을 119에 알렸고, 119는 조 모씨를 병 원으로 안전하게 후송하였다.

▶ 해외의 경우 중국에서는 노인의 몸에 센서를 부착해 주택이나 활동하는 영역에서 위치 추적, 건 강관리, 실신, 생활 활동 등의 정보를 실시간으로 기록하고 이를 가족, 간호사, 병원, 119 등에 전 달하는 'IoT+양로' 서비스를 실시하고 있다.

▶ 일본에는 센서가 부착된 액자를 통해 이상을 감지하고 이를 가족이 확인할 수 있게 하는 '미마모 리' 서비스 등이 사용되고 있다.

참조 • SKT 스마트 홈으로 독거노인 돌봄 서비스, 전기신문
　　　http://m.electimes.com/article.php?aid=1562733415182408091

함께 생각해 봅시다

'인공지능 돌봄 서비스'에 대해 생각해 보자.

"인간에게 유용하다 vs 아니다"

사례연구 2   공유 오피스 기업인 위워크를 살펴보고 걸맞은 문화를 만들자

▶ 위워크 역삼역점인 24층짜리 고층빌딩 '캐피탈 타워' 안에 들어서면, 넓은 로비에서 수십 명의 사람들이 회의를 하며 커피를 마시거나 처리할 업무를 위해 팀원 미팅을 준비하고 있다. 로비에서 승강기를 타고 5층으로 올라가면 위워크의 오피스 공간이 모습을 드러낸다. 위워크의 오피스 공간은 미국의 실리콘 밸리의 문화를 고스란히 계승하고 있다. 실리콘 밸리는 자본의 흐름에 따라 수시로 조직이 개편되는 기업들을 모아놓은 집합체처럼 여겨진다.

▶ 위워크 역삼역점에서 만난 하나금융티아이 임원은 위워크는 '순환'이라는 장점을 가지고 있다고 자랑했다. 하나금융그룹의 IT 기술을 담당하고 있는 하나금융티아이 회사는 첨단 디지털 기술인 빅데이터, 인공지능, 블록체인 등 4차 첨단 산업기술 역량을 키우기 위해 작년 말 '디티랩(DT Lab)'이라는 독립 기업을 CIC(Company In Company) 형태로 만들었다.

▶ 디티랩이 입주해 있는 위워크 사무실에 있는 사원들은 흔히 생각하는 금융회사의 사무실에 있는 사원들과는 분위기가 완전히 다르다. 투명한 유리창 너머로 보이는 입주 기업들의 직원들 중에 넥타이와 셔츠, 검은 정장을 차려 입은 사람은 한 명도 없었다.

▶ 디티랩 사무실에는 직원들이 스무 명 정도인데. 이날 사무실에는 열 명 정도가 있었다. 나머지 직원들은 사무실 밖에서 외근을 하거나 외부 전문가와의 미팅으로 나가 있었다. 엔지니어들은 높낮이를 조절할 수 있는 원목 데스크에 서서도 일할 수 있으며, 반팔 차림으로 업무에 집중하고 있었다. 공유 오피스의 장점은 공간에 얽매이지 않고 자유롭게 일할 수 있는 분위기와 외부 기업이나 인력과도 수시로 협업할 수 있는 것이다.

참조 • 한국 대기업의 위워크 – 공유오피스, 이코노미 조선

http://economychosun.com/client/news/view.php?boardName=C00&t_num=1360438

함께 생각해 봅시다

'공유 오피스를 늘려 걸맞은 문화에 앞서자' 이에 대해 생각해 보자.

"급격히 늘 것으로 예측된다 vs 아니다"

사례연구 3   **4차 산업혁명 스마트 시티 구축을 통한 시민 활용 방안**

▶ 정부는 스마트 시티로 도시 문제를 효율적으로 관리하고 신산업을 창출하기 위한 혁신 성장 동력을 확보하기 위해 4차 산업혁명 위원회에 스마트 시티 특위를 구성해 스마트 시티의 확산 방안을 마련한다는 구상을 세웠다.
첫째, 세계적 수준의 스마트 시티의 신규 조성
둘째, 스마트 도시 재생 뉴딜 시범 사업 추진
셋째, 스마트 시티의 성과 고도화와 대내외 확산 방안

▶ 스마트 시티 신규 조성은 민관 공동 참여로 빅데이터 기반의 도시 운영 체계를 구현해야 효과가 높다. 스마트 시티에서 시민들은 사물인터넷, 빅데이터, 인공지능 등 정보기술이 초고속의 초연결 플랫폼을 기반으로 전 과정이 지능화되고 긴밀하게 상호작용하는 새로운 삶의 변화를 누리게 될 것이다.

▶ 국내외 재난안전 분야에 있어 다양한 스마트 시티 사례를 살펴본다.

▶ 미래학자 제레미 리프킨은 2030년대 즈음에는 ICT, 에너지, 산업, 경제가 모두 인터넷으로 연결되면서 개인이 소유한 물품이나 자원을 타인과 나누어 이용하는 공유 경제가 확산될 것이라고 하였다. 초국경 경제활동을 고려해 볼 때 새로운 공유 경제 시장은 상상을 초월하는 경제적 가치를 창출하게 될 것임이 분명하다.

참조 • 4차 산업혁명 스마트 시티 활용방안, 미니뉴스선
http://www.mimint.co.kr/article/board_view.asp?strBoardID=news&bbstype=S1N17&sdate=0
&skind=&sword=&bidx=1096405&page=1&pageblock=1

함께 생각해 봅시다

국내외 도시의 효율성을 제고하고 새로운 가치를 창출하기 위해 각 나라마다 스마트 도시를 구축하고 있다. 이에 대해 생각해 보자.

"시민들에게 유익하다 vs 무익하다"

토의 주제

1. 스마트 홈의 개념, 주요 특징, 장단점이 무엇인지 알아보자.

2. 'ICT 기술 혁신과 근무 방식의 혁신!' 스마트 워크를 지역사회에서는 어떻게 도입할 것인가에 대하여 분석해 보자.

3. 스마트 시티에서 오염물질 배출, 쓰레기 처리, 전력 수급, 수자원의 활용, 교통난 해결 등의 문제점을 개선하기 위한 방법을 알아보자.

동영상 학습자료

제목	출처(URL)
1. 미래형 혁신 주거 공간 스마트 홈 (YTN사이언스)	https://www.youtube.com/watch?v=veqviz5lzX0
2. 미래를 준비하는 새로운 업무방식, 스마트워크 (세바시)	https://www.youtube.com/watch?v=7SNGN_stO-o
3. 스마트시티 (YTN사이언스)	https://www.youtube.com/watch?v=Z2sPpoO5VGw

제16장

4차 산업혁명과 사회변화

16-1 사회와 경제의 변화

새로운 천년이 시작되며 우리 생활에는 많은 변화가 시작되었다. 특히 우리의 생활에는 그동안 마주하지 못했던 새로운 것들이 나타나고 있다. 클라우드 컴퓨팅, 인공지능, 빅데이터, 사물인터넷, 모바일 기술 등이 앞으로의 시대를 이끌어갈 새로운 기술로 등장하고 있다. 이러한 기술과 기기는 사회의 다양한 분야와 융합하여 기존에는 생각하지 못했던 가치를 실현시키고 있다. 사람과 사물이 연결되고, 사물과 사물이 연결되는 4차 산업혁명의 시대에서는 사회와 경제가 지능화되고 보다 다이나믹한 변화가 예상된다.

4차 산업혁명은 기업에서의 생산과 가정에서의 소비를 더욱 스마트한 모습으로 변화시키고 있다. 4차 산업혁명을 이끄는 기술의 확장성은 기업의 생산에 있어 소비자의 니즈와 수요를 실시간으로 반영하여 최적의 생산량을 예측해내고, 소비자는 원하는 상품을 원하는 때에 구매하거나 이용할 수 있다. 즉, 소비와 생산이 각가지 기술로 긴밀하게 연결되는 융합 혁명을 만들어낸 것이다. 산업 간, 산업과 소비자, 소비자 간의 초연결 사회가 태동하면서 앞으로는 더욱 효율적인 삶을 살게 될 것이다.

과거의 산업혁명과는 달리 4차 산업혁명은 인공 지능을 바탕으로 인간의 지능을 대체하는 영역으로 확장될 것이며, 가상의 공간에서 모든 것이 이루어짐으로써 우리 사회와 경제의 기본적인 인프라를 변화시키는 기점이 될 것이다. 따라서 기존경제를 이끌었던 산업 환경이 빠른 속도로 변화하고 변화된 환경에 알맞은 기업 활동이 필요하다. 이미 많은 영역에서 4차 산업혁명은 그 빛을 발하고 있다. 기업들은 데이터를 자동으로 손쉽게 수집할 수 있는 시스템을 확산시켰고 이를 통해 빅데이터를 만들어 냈다. 나아가 인공지능을 토대로 새로운 정보와 가치를 제공하며 보다 스마트한 사회를 만들어내는 데 일조하고 있다.

빅데이터와 인공지능의 발달은 앞으로 산업의 구조를 변화시키는 주요한 변수가 될 것이다. 생산과 소비의 관점에서부터 많은 변화가 예상된다. 생산자인 기업과 소비자는 손쉬운 정보의 수집과 방대한 데이터를 효율적으로 분석하는 기술을 바탕으로 보다 긴밀하게 상호작용을 하며 생산과 소비가 밀접한 관계를 갖게 된다. 생산자는 소비자의 욕구를 더욱 빠르고 정확하게 파악하여 적정한 상품을 기획하고 판매하는 기회를 갖게 되었으며, 소비자 역시 스스로가 잠재적으로 지니고 있던 욕구를 반영한 상품을 생산자로부터 원하는 순간 제공받을 수 있게 되었다. 물론 이러한 과정은 과거에도 이루어졌으나 이제는 그 과정에 있어 효율성 및 효과성이 과거와 비교할 수 없을 정도로 높아졌다는 것이 핵심이다. 정보의 수집과 반영이 실시간으로 진행됨에 따라 생산과 소비가 일치된 모습을 보이고 있다.

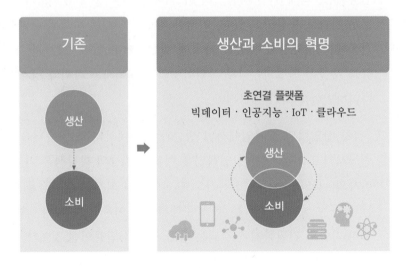

그림 16-1   생산과 소비의 혁명

모든 사물이 연결되는 4차 산업혁명의 시대에서는 사물과 관련된 데이터가 자동적으로 수집되고 저장됨으로써 사물들의 변화를 네트워크를 통해 실시간으로 조정하고 관리할 수 있게 된다. 즉, 관련되는 모든 사물을 관리하고 운영할 수 있는 초연결 플랫폼이 나타나는 것이다. 따라서 제품의 생산과 소비, 즉 경제의 흐름이 과거보다 빠르고 세분화된 모습으로 바뀔 것으로 예상된다.

파이낸셜타임스(Financial Times)의 전 편집장 피터 마시(Peter Marsh)가 예측한 '생산과 소비의 혁명'을 인용하자면 다음과 같다[1].

> 첫째, 2040년까지 새로운 산업혁명이 지속될 것이며, 21세기가 끝나는 때까지 산업혁명의 영향이 다양한 영역에 미칠 것이다.
>
> 둘째, 기업은 대량 생산에서 벗어나 특정 고객의 니즈를 충족시킬 수 있는 대량 맞춤화를 실현시켜 개개인에게 맞춤형 생산이 가능토록 할 것이다.
>
> 셋째, 상품의 생산에 있어 글로벌 공급망이 구축됨에 따라 국가마다 특정 비즈니스 기회가 만들어질 것이다.
>
> 넷째, 이제 고객은 지구상 모든 사람들이며 그 가운데 니치마켓이 생성될 것이다. 이에 따라 해당 시장에 전문성을 가진 기업들이 나타날 것이다.
>
> 다섯째, 앞으로의 기업은 지속가능경영(sustainability)을 통해 환경을 우선 고려하며, 리사이클 제도가 자리잡을 것이다.
>
> 이러한 모습은 급속도로 우리의 경제에 영향을 주기 시작하였고, 기업과 고객 모두에게 위기와 기회를 가져다 줄 것이다.

4차 산업혁명의 움직임이 시작되면서 눈에 띄는 것은 과거 기업들이 대량생산을 기반으로 활동을 해왔다면 이제는 다품종 소량생산의 시대가 왔다는 것이다. 소비자 개개인에게 초점을 두고 제품이나 서비스가 제공가능하다는 것이다. 또한 새로운 사업 영역들이 폭발적으로 나타나기 시작한다. 과거에는 생각할 수 없었던 서비스들이 생기고 우리가 그동안 보지 못했던 새로운 경제 활동들이 모습을 드러낸다.

가상의 공간에서 실제의 경제활동이 이루지기도 한다. 가상현실이 매끄럽게 구현된 게임 속 캐릭터처럼 소비자는 존재하지 않는 구현된 가상의 공간에서 정보를 선택할 수 있고 의사결정이 현실로 연결된다.

특히 최근에는 가상의 공간에서 실제로 쇼핑을 할 수 있도록 만들어진 VR 쇼핑몰이 등장하고 있다. 이러한 기술은 기업과 소비자 모두에게 특별한 경험을 제공한다는 사실과 함께 거래비용을 획기적으로 절감할 수 있는 기회이기도 하다. 또한

---

1 4차 산업혁명 시대의 생산과 소비(2017), 과학기술정보통신부 미래준비위원회, KISTEP, KAIST, 지식공감

실제 공간에 가상의 정보를 더해 보여주는 AR 기술도 적용되어 앞으로 우리의 경제 활동과 사회에 많은 영향을 줄 것으로 예상된다. 이처럼 새롭게 등장하는 기술을 바탕으로 그동안 접하지 못했던 사업 모델들이 출현하면서 기업들은 새로운 비즈니스 모델을 만들어내고 있다. 분야 간 융합이 확대될 것이고 이는 곧 새로운 분야가 탄생하는 계기가 될 것이다.

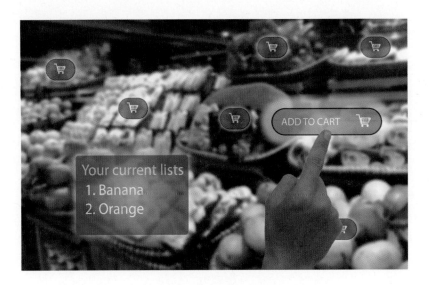

그림 16-2 가상현실 쇼핑몰

또한, 세계적으로 불확실한 미래에 대비하기 위하여 지속가능한 성장에 대한 관심이 높아지면서 사회, 경제와 더불어 환경에 대한 관심이 증대되고 있다. 인간과 환경에 이로운 활동을 위해 끊임없이 정부와 기업은 노력해야 하며 그 중심에 이제 4차 산업의 새로운 기술이 자리하게 된다.

전 세계가 하나의 네트워크로 긴밀하게 연결되고 글로벌 환경에서 국가 간 구분이 의미가 없어지게 되면서 앞으로는 전 세계가 우리의 생활권이 될 것이다. 미래 기술력이 전 세계 인구를 더 촘촘하게 묶어간다면 단일 시장에서 경제활동이 이루질 수도 있다. 생산·유통 비용이 차츰 줄어들게 되면 제조 시설의 해외 이전도 예전과 같이 활발하지 않을 전망이며 최근 서서히 나타나는 리쇼어링(reshoring)현상도 최근의 사회적 변화를 보여주는 현실적 예시라 할 수 있다.

앞으로 우리 사회는 새로운 기술과 플랫폼의 등장으로 수많은 변화가 예상된다.

의사결정이 쉬워지고 **빠르게** 진행될 것이다. 급속히 전개되는 사회의 변화속도에 맞추어 우리 스스로에게도 준비가 필요하다.

16-2 공유경제

공유경제(sharing economy)란 개인이 소유한 자원을 타인과 함께 공유하는 방식으로 소비하는 경제방식을 말한다. 즉, 내가 소유한 자원이지만 언제든지 타인에게 빌려주어 자원의 효율성을 높이고 부가적인 가치도 만들어 낼 수 있는 협력적인 소비를 말한다.

공유경제의 확산은 경제 환경의 변화로부터 시작되었다. 전 세계적인 저성장 경제 환경은 소비를 감소시킴에 따라 경제의 순환적 구조를 바꾸어 놓았다. 경제력의 상실은 소비에 대한 관점을 다르게 해석하게 하였다. 재화를 소유하여 사용하고 없애는 대상으로 바라보았던 관점에서 재사용하고 빌려서 사용하는 대상으로 바라보게 되었다. 또한 기존 재화의 부가가치 가능성(경제성)은 공유경제 활성화의 촉매제가 되었다[2].

공유경제를 기반으로 하는 기업들이 전 세계를 무대로 출현하고 있다. 공유경제를 대표하는 기업으로 일컫는 Airbnb는 기존의 경제를 이끌어 온 전통적인 기업들의 가치를 뛰어 넘고 있다. 공유경제의 도입으로 기존의 기업들은 긴장을 늦출 수 없게 되었다.

공유경제가 우리의 삶에 빠르게 확산될 수 있었던 이유는 최근 정보기술 발달의 가속에 있다. 초연결 사회를 만들어낸 정보기술은 손쉽고 빠르게 개인 간의 연결을 가능하게 하였다. 개인이 지닌 무형적 자원과 유형적 자원이 다른 누군가에게 손쉽게 알려지고 이동할 수 있게 환경이 조성된 것이다. 이로써 개인은 자신이 지니고 있는 다양한 자원을 공유하기 시작하였다. 자동차를 비롯한 교통수단은 물론이고, 숙소나 사무실로 이용 가능한 공간 등 본인이 소유한 물품을 필요한 누군가에게 제공할 수 있게 되었다. 나아가 개인이 지닌 지식이나 경험을 공유하기도 하고 크라

---

2 공유경제의 이해와 대응(2016), 함창모, 충북연구원

우드 펀딩 등과 같은 서비스나 각종 정보를 서로가 손쉽게 주고받는다.

공유경제를 바탕으로 많은 기업들이 편리한 플랫폼 서비스를 제공하고 있다. 이러한 서비스를 특성에 따라 분류해보면 크게 대여 관점, 교환 관점, 협력 관점으로 구분해 볼 수 있다[3].

표 16-1   제공서비스에 따른 공유경제 분류

관 점	자 원	업 체
대여 관점	자동차	그린카, 쏘카, 딜카
	자전거, 바이크	따릉이, 모바이크, 푸른바이크 쉐어링
	장난감대여	장난감도서관, 꿈틀꿈틀놀이터
	옷	열린옷장
	도서	국민도서관, 책꽂이
교환 관점	물물교환	Tradyo, 키플
	무료교환	당근마켓
협력 관점	공간	코자자, 비앤비히어로, 모두의 주차장
	옷	클로젯셰어
	여행	플레이플래닛
	지식	탈잉, 숨고, 크몽
	클라우드 펀딩	굿펀딩, 와디즈

대여 관점은 기업 혹은 소비자가 소유한 제품이나 서비스를 필요로 하는 누군가에게 빌려주는 방식으로 운영된다. 우리나라에서는 대표적으로 쏘카, 딜카 등이 많이 알려져 있다. 교환 관점은 소유하고 있던 제품을 필요한 사람을 위해 무료로 나누어 주거나 중고 물품을 거래하는 방식으로 운영된다. 마지막으로 협력 관점은 보다 무형적인 자원을 함께 공유한다는 의미가 깊다. 지식의 나눔이나 경험을 전가해주면서 커뮤니티 내 사용자 간의 협력을 기반으로 운영된다.

---

3   공유경제의 미래와 성공조건(2014), 경기연구원

기업 입장에서 보면 플랫폼만을 구축하고 직접적으로 공유되는 자원들은 참여하는 구성원들이 스스로 서로 거래할 수 있도록 만든 점에서 획기적인 경제 활동이라고 볼 수 있다.

공유경제라는 신경제 패러다임은 기업뿐만 아니라 정부에서도 심심치 않게 적용하여 국민의 삶의 질을 높여주고 있다. 예를 들어, 요즘은 지자체 어디에서나 공유 자전거를 운영하고 있다. 자신이 소유한 스마트폰 어플리케이션을 통해 이동수단을 언제든지 이용할 수 있다. 이처럼 공유경제는 정보기술의 급격한 발달로 인해 많은 사람들에게 확산되었고 이제는 완벽하게 하나의 산업으로 자리잡게 되었다. 물론 빠르게 공유경제 산업이 전개되면서 그에 따른 부작용도 존재하고 있다[4]. '카카오카풀' 혹은 '타다' 서비스와 같이 정부에서 공유경제에 대한 정책과 가이드를 마련해주지 않아 사회적 혼란을 야기하고 있는 영역들이 존재한다. 이미 공유경제는 우리사회 안에서 가치 있는 역할을 해내고 있다. 따라서 각 이해 관계자들은 사회 구성원에게 긍정적인 영향을 줄 수 있는 시스템으로 공유경제를 바라보고 완성도를 높이기 위한 협력적 자세를 취해야 한다.

16-3 생활의 변화

다음은 4차 산업혁명으로 변화될 우리 일상을 이야기로 구성한 것이다.

홍길동 씨는 한 대학병원의 의사로 일하고 있다. 아침에 일어나서 제일 먼저 하는 일은 로봇 비서를 통해 오늘의 일정과 준비해야 할 상황을 전해 듣는 것이다. 아침식사는 오늘 새벽에 드론 배달로 전달된 맛있는 샌드위치로 해결하고, 매일 어울리는 커피를 추천해주는 커피머신을 통해 드립 커피를 들고 주차장으로 나선다. 주차장에는 1분 전에 도착한 공유 자율 주행차가 홍길동 씨를 기다리고 있었다. 뒷자석에 앉아 밖을 바라보며 커피를 마신다. 자율 주행차가 항상 다니던 길이 공사중인 관계로 다른 길로 이동한다고 알려준다. 약 20분이 걸려 회

---

4 공유경제에 대한 경제학적 분석: 기대효과와 우려요인 및 정책적 함의(2016), 김민정 외, 한국개발연구원

사에 도착하였다. 그는 영상 판독 의사로 일하고 있다. 이제 대부분의 판독은 인공지능으로 결과가 제시되며 최종적으로 판독 결과에 착오가 없는지만 확인하는 일을 한다. 점심식사는 구내식당에서 해결한다. 식당에 들어서자마자 오늘도 서빙 로봇이 반갑게 인사를 하고 메뉴를 알려 준다. 메뉴를 선택하고 자리에 앉으면 맛있는 음식을 가져다 준다. 오후 일과를 마칠 때쯤 어플리케이션을 통해 현재의 기분을 말하고 스마트폰 위에 맥박을 잡을 수 있도록 손목을 가져다 댄다. 감정과 건강 상태를 파악하여 실시간으로 스트레스 지수 등을 알려준다.

또한 어플리케이션은 현재 건강상태를 반영하여 최적의 식단을 제시하고 저녁에 음식을 배달할지를 묻는다. 그는 오늘 별다른 약속이 없기에 배달 주문을 신청한다. 저녁에 집으로 돌아온 그는 배달된 음식으로 식사를 하고 투자관리 시스템에 접속한다. 투자 시스템은 다양한 투자처를 스스로 찾아내고 인공지능을 통해 최적의 투자 관리를 한다. 인공지능 투자 시스템을 활용하기 전에 손해를 봤던 그는 이제 막 이익을 보기 시작했다. 투자전문가인 그의 친구는 다른 직업을 찾을 것이라고 했다.

하루 일과를 마친 홍길동 씨는 목 뒤에 스티커 하나를 붙이고 잠을 청한다. 센서가 달린 스티커는 그가 수면을 취하는 동안 건강 상태를 점검하고 관련 정보들이 지정 병원으로 전송되어 데이터가 축적된다. 이러한 정보는 향후 병원을 찾았을 때 추적할 수 있고 건강관리와 치료를 위해 유용하게 쓰인다[5].

위 이야기처럼 우리 생활에도 곧 4차 산업혁명으로 인한 변화가 다가올 것이다. 뉴스에서는 종종 무인 자동차의 실용화를 이야기하고, 로봇이 다양한 영역에서 삶의 질을 높여주고 있다. 앞으로 로봇은 우리 삶의 많은 부분을 보조해 줄 것이며, 인간의 노고를 덜어 줄 것으로 기대된다. ICT와 IoT, 자동화를 통해 기업과 정부 등 조직의 생산성과 개인의 생산성 또한 증대될 것이다. 빅데이터와 인공지능을 활용한 생명공학의 발달로 인간은 더욱 건강한 삶을 영위하게 될 것이며, 이에 따라 기대 수명이 지금보다도 더 늘어나게 될 것이다.

우리의 소비 생활도 플랫폼 서비스와 ICT로 인하여 더욱 편리하고 경제적으로 바뀌어 갈 것이다. 특히 고객의 정보를 완벽하게 분석하고 최적의 상품을 개발할 수 있는 시스템이 마련되어 생산자와 소비자가 실시간으로 연결되어 아무리 작은

5 제4차 산업혁명과 경제(2017), 김병연, 지식의지평

수요라도 기업이 충족시킬 수 있는 온디맨드 경제(on-demand economy)[6]구조가 확대될 것이다.

기업은 개개인에게 최적화된 맞춤형 제품 및 서비스를 제공하게 되고 소비자는 스스로가 기대하는 최대의 만족을 얻을 수 있게 된다. 따라서 앞으로 우리 생활에 도움을 줄 수 있는 더 많은 브랜드가 나타날 것이라 기대할 수 있다. 예를 들어, 3D 프린터 기술을 통해 각 개인마다 다르게 제작되어야만 하는 임플란트 같은 제품들을 손쉽게 만들 수 있다. 누구나 3D 프린팅을 통해 공급이 가능한 상황이 되었기에 개인이라도 본인만의 브랜드를 가지고 직접 제품을 생산할 수 있다. 이에 따라 소비자들은 많은 브랜드 경험을 하게 될 것이다.

그렇다면 쏟아지는 브랜드 가운데 어떻게 최적의 선택을 할 수 있을까? 미래 기술은 이러한 걱정도 해결해준다. 수많은 정보가 제공되고 고려 대안들이 혼란을 주어도 소비자들은 이전 보다 더 현명하고 쉽게 소비 활동을 할 수 있을 것이다. 빅데이터 기술은 개인 소비자의 구매이력과 소비패턴 등을 분석하고 최신의 상품 정보와 결합하여 해당 소비자에게 가장 적합한 상품을 큐레이션(curation)[7]하여 줄 것이다. 이러한 소비 형태는 보다 수요의 세분화를 부추길 것이며, 개인 소비자들의 개성은 더욱 강하게 나타날 것이다.

이렇듯 4차 산업혁명은 경제적 변화를 바탕으로 우리의 생활상을 바꿔놓을 것이다. 다음은 과학기술정보통신부가 예상하는 4차 산업혁명이 가져올 우리의 변화된 생활상을 인용하여 나열한 것이다[8].

---

[6] 각종 서비스와 재화가 모바일 네트워크 또는 온라인 장터 등을 통해 수요자가 원하는 형태로 즉각 제공되는 경제 시스템으로, 통신기술 발달에 따라 거래비용이 줄고, 가격 결정의 주도권을 수요자가 갖는 것이 특징이다.

[7] 다른 사람이 만들어 놓은 콘텐츠를 목적에 따라 분류하고 배포하는 일을 뜻하는 말이다. 다양한 자료를 자기만의 스타일로 조합해내는 파워블로거, 각계각층의 사람들이 거대한 집단 지성을 형성한 위키피디아, 스마트폰을 통해 주제에 따라 유용한 정보를 모아 제공하는 어플리케이션 등이 큐레이션의 한 형태라고 볼 수 있다.

[8] 4차 산업혁명 시대의 생산과 소비(2017), 과학기술정보통신부 미래준비위원회, KISTEP, KAIST, 지식공감

1 의료: 개인맞춤형 스마트 헬스케어

개인이 지닌 체질과 특성 및 식습관에 따라 건강을 관리해주는 개인맞춤형 스마트 헬스케어가 활성화될 것이다. 갈수록 스마트화되는 헬스케어 기기는 개인의 체질 정보를 바탕으로 시간과 장소에 제약받지 않고 건강을 관리할 수 있도록 도와주는 방식으로 변화하고 있다. 그 결과 각 개인은 주치의로부터 건강관리서비스를 받을 수 있게 되면서 건강을 유지하기 좋은 환경으로 변화될 것이다. 나아가 개인의 기대수명까지 연장되는 효과로 다양한 사회적 비용을 절약할 수 있게 될 전망이다.

2 에너지: 에너지 프로슈머

소비자가 전력을 직접 생산하여 사용하는 시스템이 보다 활성화될 전망이다. 태양광, 풍력 등 신재생에너지를 만들고 이용하는 사례가 늘어날 것이다. 지금도 태양광을 자체적으로 사용하고 있는 가구가 존재하지만 앞으로는 에너지의 과생산분을 판매할 수 있는 플랫폼이 등장하고 판매할 수 있는 에너지 프로슈머(energy prosumer)가 늘어날 것이다. 소비자가 에너지를 공급받아 사용하고 일정한 요금을 납부하던 생활에서 벗어나 에너지를 직접 생산하고 부가가치를 창출하는 구조로 변화될 것이다. 즉, 에너지 공급망이 중앙공급형에서 분산거래형으로 전환되어 전력 손실이 줄어들고 친환경 에너지 사용이 확대될 것이다.

3 자동차: 스마트카

여러 가지 센서, 네트워크, 전자 장치가 자동차에 필수적으로 장착되어 다른 차량이나 인프라와 연결된 스마트카(smart car)가 확산될 것이다. 미래에는 자율적으로 정비 및 기능이 업그레이드되는 기능과 사고처리 기능도 부가될 것이며, 자율주행차의 도입이 점진적으로 이루어질 것으로 예상된다. 그리고 운전자 등 탑승자에게 편안한 이동과 함께 즐거운 경험을 마주할 수 있도록, 차량 내 콘텐츠, 주변 음식점 및 관광지 자동 안내 서비스가 결합되어 토탈 서비스가 자동차 안에서 제공될 것이다.

4 교통: 협업형 지능정보 교통체계

차량과 인프라 및 차량과 차량 간의 통신을 통해 안전하고 편리한 주행을 지원하는 협업형 정보교환 교통체계가 실현될 전망이다. 이 시스템은 GPS를 바탕으로 날씨, 노면 등의 차량 운행에 필요한 정보와 차량 주행 정보를 실시간으로 분석하여 언제, 어느 곳이든 원활한 교통 흐름을 만들어줄 것이다. 태양에너지, 도로변 풍력이나 빗물, 도로의 진동 등을 이용한 신개념 도로발전소가 만들어지고 이를 통해 전력을 생산하고 스마트 그리드(smart grid)와 연계함으로써, 교통 분야의 에너지 소비가 크게 감소할 것으로 전망된다.

5 자원: 도시광산

도시에서 발생하는 각종 폐기물로부터 희유금속 등 재활용 가능한 유용 자원을 회수하는 도시광산(urban mining)이 만들어질 것이다. 도시광산은 그동안 폐기물로 인식되던 부산물들로부터 광물자원을 추출할 수 있도록 기술을 발전시켜 생산과 소비에 친환경적으로 다가갈 것이다. 나아가 경제 시스템 전체에 자원의 흐름을 모니터링하고 자원 활용을 최적화하는 시스템으로 발전할 것이다.

6 식량: 식물공장

소비시장과 근접한 도시 내 곳곳에 작물 생산이 가능하도록 최적화한 식물공장(plant factory)이 생겨날 것이다. 이는 생산에서 물, 배양액, 에너지를 이용하여 생육 환경을 제어하며 자원 소모와 온실가스 발생을 최소화할 수 있도록 설계될 것이다. 식물공장은 작물을 단위면적당 높은 밀도로 연중 생산할 수 있다는 것이 가장 큰 특징이며, 도시 공간에 자연생태공간을 연출하는 기능도 할 것이다.

7 지식서비스: 인공지능 노동자

생산과 소비 전반에 지능정보기술이 활용되고 다양한 분야의 근로자를 지원하며 협업하게 될 것으로 예상된다. 지능정보기술이 분야별로 특화된 전문 지식을 과업이나 상황에 따라 인간 노동자에 제공할 것이다. 그 결과 지능정보기술에 기반한 알고리즘에 의해서 의사 결정이 이루어지고, 대신 인간 노동자는 보다 가치 지향적인 영역에서 의사 결정에 집중하는 사회로 발전할 것이다.

8 소매: 개인 간 직거래 시장

개인 간 직거래(P2P) 시장, 즉 개인 생산자와 소비자를 연결하는 시장이 활성화될 전망이다. 다양한 종류의 플랫폼이 등장할 것이며 이를 통해 개인 간의 직거래 시장이 보다 많은 영역에서 더욱 활발해질 것이다. 개인마다 특화된 수요를 개인 생산자들이 맞춤식으로 충족시켜주는 거래가 나타나면서 사회 전반적으로 효용이 크게 증가할 것으로 예측된다.

의료 | 개인맞춤형 스마트 헬스케어

- 신체정보를 실시간으로 파악해 빠른 건강 및 질병 관리 구현
- 개인별 특성에 따른 맞춤형 건강 관리법 제안

에너지 | 에너지 프로슈머

- 중앙 공급하는 에너지 시스템에서 스마트 그리드 방식으로 진화
- 민간의 전력생산 제품에 통합적이며 효율적인 운영 서비스를 겸합

자동차 | 스마트카

- 자동차 자체에서 주행 메커니즘을 최적화하며 성능 관리
- 선택 사양에 따라 기능 업데이트 및 업그레이드 가능

교통 | 협업형 지능정보 교통체계

- 자동차끼리 사물인터넷 통신을 통해 교통량 조절
- 도로 자체에서 전력을 생산하는 등 소요 에너지 효율화

자원 | 도시광산

- 쓰레기나 폐기물에서 에너지 자원을 뽑아 재활용
- 자원 흐름을 분석해 활용성과 효율성을 제고

식량 | 식물공장

- 작물에 따라 가장 효율적인 방법으로 조건을 제어
- 유해물질 배출을 줄이고 자연생태공간을 조성

지식서비스 | 인공지능 노동자

- 빅데이터에 기반해 상황과 문제에 맞는 정보를 빠른 시간에 추출해 제공
- 전문 지식을 인간 노동자에게 맞춰 공급

소매 | 개인 간 직거래 시장

- 개별적인 개인 수요에 맞춘 맞춤형 생산
- 생산자와 소비자 사이의 직접 거래가 전 세계적으로 확대

그림 16-3   4차 산업시대의 생활상

16-4 노동 및 산업구조의 변화

산업혁명은 순간마다 전 세계 산업구조의 거센 변화를 이끌었으며, 노동과 생산, 소비에 많은 영향을 미쳤다. 경제 성장에 있어 대변화를 가져온 산업혁명을 네 번째 마주하는 이 순간은 과거 어느 때 보다 변화의 폭이 크다. 지금까지의 노동의 개념이 크게 달라지는 순간이다. 새로운 기술과 인공지능의 역할로 단순한 육체적 노동은 이제 점차 찾아보기 힘들 전망이다. 단순 반복 업무와 더불어 저숙련 업무는 기계와 로봇이 담당할 것이다. 자동화가 가능한 분야에서는 변화의 속도가 매우 빠르다.

맥킨지는 로봇자동화로 인한 생산성의 증가가 앞으로 점차 증가할 것으로 예측하고 있다[9]. 특히 표준화가 쉽게 이루어질 수 있는 제조업 등에서 생산성이 높게 나타날 것이다. 다만 모든 산업에서 자동화를 적용할 수는 없다. 따라서 전문성을 갖추고 숙련도가 높은 노동자의 생산성이 앞으로 크게 높아질 것이고 이에 따라 관련 산업의 성장도 빠르게 이루어질 것으로 예상된다.

자동화로 인한 생산성의 증가는 곧 어떤 의미에서는 노동력의 상실을 의미하기도 한다. 즉, 기존의 일자리가 자연스럽게 사라지고 있는 것이다. 앞으로 우리는 불과 20년 후, 20억 개의 일자리가 없어지는 모습을 보게 될 것이다. 오스본(Michael A. Osborne) 등도 '고용의 미래(2013)'라는 보고서에서 4차 산업혁명이 진행됨에 따라 인공지능 등의 각종 기술 발달로 현재 존재하는 직업의 약 절반 정도가 소멸될 것이라고 하였다[10]. 현재를 살아가고 있는 우리 혹은 다음 세대가 선택하는 직업은 아마도 지금과 많이 달라진 모습일 것이다.

미래학자 토마스 프레이(Thomas Frey) 역시 4차 산업혁명으로 많은 기술적 변화가 직업군을 사라지게 할 것이라고 예측하였다. 그렇다면 미래 기술로 인해 사라질 가능성이 높은 직업군은 무엇일까? 표 16-2를 살펴보자[11].

---

9 A Future that Works: Automation(2017), Employment and Productivity, McKinsey

10 The future of employment how susceptible are jobs to computerisation?(2013), M. A. Osborne and C. B. Frey, Oxford University

11 Disruptive technologies and 100 typical jobs to be disappeared until 2030(2015), Thomas Frey

표 16-2 사라질 가능성이 높은 직업군

미래 기술	사라질 가능성이 높은 직업군
빅데이터	회계사, 경리, 변호사, 법률사무소 직원, 기자, 저자 및 소설가, 군사기획관, 양호전문가, 다이어트 전문가, 영양사, 방사선과 의사
인공지능	통번역 전문가, 교사, 고객서비스 전문가, 이벤트 기획사, 피트니스 트레이너
로봇기술	경비원, 미화원, 해충구제 및 산림관리자, 소매점 직원, 계산대 점원, 외과의사, 약사, 수의사
자율주행차	주차장 직원, 대리운전기사, 세차장 직원, 택시기사, 버스 및 트럭기사, 우편배달부, 교통경찰
드론(무인비행기)	해충구제 서비스, 토지현장 측량사, 지질학자, 긴급구조요원, 비상구조대원, 소방관, 경비원, 택배기사, 음식 및 피자배달, 우편배달
3D 프린터	치과 및 의료산업 노동자, 토목공학자, 기계기술자, 물류창고 직원, 보석과 신발 등 산업디자이너, 건축 건설 노동자, 자동차 노동자, 우주항공 노동자, 부동산 중개사, 복수 등 선설노동사, 홈리모델링 노동자

출처: Disruptive technologies and 100 typical jobs to be disappeared until 2030(2015), Thomas Frey

표 16-2에 의하면 4차 산업혁명을 대표하는 빅데이터, 인공지능, 로봇 기술은 회계사, 세무사, 변호사, 약사, 의사, 통역사의 자리를 넘보고 있다. 쉽게 생각해 보아도 현재 뛰어난 성능을 갖춘 통역 어플리케이션이 조금 더 발전한다면 우리는 아마 어떠한 외국인을 만나도 두렵지 않을 것이다. 따라서 앞으로 우리가 기존에 알고 있던 일자리는 점차 사라질 것으로 예상되며, 이는 어느 누군가에게는 굉장히 비관적일 수 있다. 클라우스 슈밥은 향후 20년 이내에 미국 내 직업 가운데 약 절반인 50% 가량이 자동화로 인해 사라질 것이라고 언급하였다[12].

자율주행이 가능한 자동차가 도입되면 우선 운전과 관련된 직업군이 사라질 가능성이 높아진다. 사람이 직접 운전해야 했던 자동차가 스스로 움직이게 됨에 따라 더 이상 인간이 개입할 필요가 없어질 것이다. 드론 기술 역시 마찬가지로 인간의 노동을 대체할 것으로 보인다. 특히 위험 지역으로 자유롭게 이동할 수 있기 때문에 다양한 사업에서 유용하게 활용될 것으로 판단된다.

3D 프린팅 기술은 앞으로 무궁무진한 발전을 가져올 분야이다. 무엇이든 상대적으로 복잡한 절차를 거치지 않고 생성할 수 있는 장점으로 인해 다양한 영역에서

---

12 The Fourth Industrial Revolution(2016), Schwab, K., CrownPub

쓰임새가 증가할 것이다. 이것은 건축, 토목, 건설, 보석 디자이너, 의료산업 노동자 등의 직업에 영향을 줄 것으로 보인다.

그렇다면 우리의 일자리는 하루아침에 사라지는 것일까? 노동력의 변화는 고용구조의 변화를 야기하고 결국 산업과 경제의 근간이 변화하게 된다. 과거 산업혁명 시대를 거치며 알 수 있듯이 고용구조가 흔들려 경제에 큰 타격을 주는 일은 일어날 것 같지 않다. 새로운 산업혁명의 출현은 새로운 발전 체계를 만들어 낸다. 즉, 앞서 이야기했던 직업의 소멸에 대한 위험성만 존재하는 것은 아니다.

표 16-3 미래의 직업

분야		미래 산업 및 직업
금융 · 기업	신산업	스마트 금융산업, 글로벌 공급망 산업
	미래직업	금융기술 전문가, 인재관리자, 개인 브랜드 매니저, 글로벌 자원관리자, 창업전문가
IT · 로봇	신산업	인공지능 산업, 증강현실 콘텐츠 산업, 지능형 반도체 산업
	미래직업	인공지능 전문가, 인식 알고리즘 전문가, 사물인터넷 전문가, VR/AR 전문가, 스마트 그리드 엔지니어, 로봇전문가, 정보보호 전문가, 빅데이터 큐레이터
의료	신산업	차세대 바이오 산업
	미래직업	장기 전문가, 치매 전문가, 임종 설계사, 복제 전문가, 생체로봇 외과의사, 원격진료 코디네이터
환경	신산업	친환경 산업, 스마트 환경관리 산업
	미래직업	친환경소재 전문가, 바이오연료 엔지니어, 탄소배출권 전문가, 수소연료 전문가, 환경관리 컨설턴트, 날씨조절 전문가, 유전자공학 작물재배자
문화	신산업	첨단 문화산업, 미래 예술 산업
	미래직업	디지털 고고학자, 특수효과 전문가, 나노섬유 의류 전문가, 공유경제 컨설턴트
생활	신산업	미래형 섬유패션산업, 밀접생활전문도움 산업
	미래직업	토탈건강케어 전문가, 결혼 전문가, 전문 구매대행 서비스업, 우주여행 가이드, 의류 신발 3D프린팅 전문가

4차 산업혁명으로 인해 새로운 산업이 생겨나고 그에 따른 신종 직업군이 나타나고 있다[13]. 새로운 기술을 바탕으로 하는 직업은 그동안 우리가 볼 수 없었던 직업군이다.

---

[13] The Policy Issues of Science and Technology Innovation for the 4th Industrial Revolution(2017), B. H. Son, J. H. Kim, and D. H. Choi, KISTEP

자동화와 로봇화로 줄어든 일자리는 새롭게 나타난 일자리가 대체할 것이다. 4차 산업혁명의 핵심기술들이 만들어 낼 미래의 산업과 직업들에 대한 연구도 활발하게 진행되고 있다. 유엔 미래보고서는 미래에 유망한 산업분야를 제시하고 이에 알맞은 신 직업을 소개하였다[14].

표 16-3에 열거된 미래의 신사업과 직업들을 살펴보면 그동안 우리가 알고 있던 직업군과는 거리가 멀다. 새롭게 등장한 기술에 의해 만들어진 직업군이기 때문에 생소하게 느껴지는 직업도 눈에 띈다. 정보와 기술의 중요성이 더욱 커지면서 새로운 분야를 지원하는 직업들이 점차적으로 많아질 것이다.

현재의 4차 산업혁명은 변화의 속도와 폭이 과거의 산업혁명과는 확연히 다르다. 급변하는 산업과 노동시장에서 4차 산업혁명 시대가 요구하는 인재가 될 수 있도록 변화에 적응하는 자세가 필요한 시점이다.

---

14 The Millenium Project, UN Future Report

사례연구 1 ‘4차 산업혁명과 개인정보보호’

▶ 우리나라의 4차 산업혁명의 발전에 개인정보보호와 관련된 규제가 상당한 걸림돌이 되고 있다.

▶ IT 분야의 조기 발전으로 우리나라는 다른 어떤 선진국보다 널리 인터넷이 보급되어 있고, 이로 인해 온라인 업체마다 소비자들에 대한 광범위한 데이터 베이스가 형성되어 있지만 개인정보보호와 관련된 규제는 어떤 나라보다도 강하기 때문에 보고(寶庫)와 같은 이 데이터 베이스는 쉽사리 활용할 수가 없다.

▶ 과도한 규제는 우리가 갖고 있는 잠재력을 사장시키는 것이다. 과연 소비자 개인 정보가 철저히 통제되었다면 소비자에게 마치 바로 옆에서 필요한 물품을 공급하는 것과 같은 아마존의 체제가 가능했을까?

▶ 단순한 통계 자료를 얻기 위해 개별 정보 주체를 익명화한 후 식별이 되지 않게 특정작업을 한다면, 즉 암호화한다면 개인의 사적인 정보가 새어 나간다고 할 수 없다. 이러한 자료들은 정보주체의 동의 없이도 얼마든지 제3자가 활용할 수 있도록 하는 것이 바람직하다.

참조 • 4차 산업혁명과 개인정보보호 한계, 법률신문
　　　https://www.lawtimes.co.kr/Legal-Opinion/Legal-Opinion-View?serial=147780

함께 생각해 봅시다

　4차 산업혁명을 통해 새로운 기술들이 등장하며 우리의 삶을 편리하게 하고 경제 발전에 도움을 주고 있다. 클라우드 서비스, AI 스피커, 스마트 워치 등 4차 산업혁명 기술들은 개인정보를 수집해 활용하고 있으며, 앞으로 기업들의 경영활동에 개인정보는 필수적인 요소로 사용될 것이다. 동시에 개인정보의 유출, 변조, 해킹 등의 위험에 노출될 가능성이 커짐에 따라 우리나라는 개인정보 보호법을 제정하여 이를 보호하고 있다. 하지만 위의 기사처럼 개인정보의 과도한 규제는 정보의 활용도를 떨어뜨리고 기업 활동의 효율성을 저해하고 있다는 주장도 있다.

“개인정보의 보호는 보다 강력하게 규제되어야 한다 vs 아니다”

사례연구 2 '숙박공유: 지속가능한 사업모델로 자리 잡을 수 있을까'

▶ 공유경제 관심이 높아지면서 개인들이 운영하는 숙박공유가 크게 늘었다.

▶ 에어비앤비에 등록된 숙소 수가 2014년 8월, 1722개에서 2018년 3월, 6만876개로 35배가 넘게 증가하였다. 그런데 비거주주택이거나 오피스텔을 이용한 불법 숙박공유가 많은 것으로 드러났다.

▶ 기존 사업자가 아닌 일반 개인이 하는 공유경제는 거래내역이 은폐되고 안전, 위생 등의 문제가 발생할 가능성이 높다. 규제되지 않는 불법 숙박공유는 기존 업종과의 마찰이 불가피하며 오히려 전체 경제 규모를 축소시킬 위험성이 있다.

▶ 공유경제가 대규모 플랫폼 사업으로 진화되었지만 여전히 공급과 수요는 개인들이 담당한다. 어떤 면에서는 1인 자영업 또는 임시 근로자의 변형된 모습이기도 하다.

▶ 공유공제의 안전, 위생, 세금 등의 문제를 개인 간 선의에만 맡길 수는 없다. 앞으로도 새로운 공유경제는 속속 나타날 것이다. 어떤 형태의 공유경제든 적절한 규제가 마련되어야 지속가능한 사업 모델이 될 수 있다.

참조 • "1명이 206개 에어비앤비 등록"… 불법성 숙박공유 범람, 머니투데이
　　　http://news.mt.co.kr/mtview.php?no=2018110911292626436

함께 생각해 봅시다

　　공유경제 시스템이 우리의 소비 활동에 자연스럽게 이용되면서 소비자가 아닌 공급자로서 공유경제에 참여하는 기회도 많아지고 있다. 공유의 목적보다는 수익 창출을 목적으로 한 개인 공급자가 점차 늘어남에 따라 기존 사업자와의 마찰이 빈번하게 발생하고 있으며, 개인 공급자는 사업자가 아닌 경우가 많아 세금, 안전 등의 문제점이 이슈가 되고 있다. 공유경제의 범위는 앞으로 더욱 넓어질 것이 분명하다. 소비자와 개인공급자, 기존사업자가 상생할 수 있는 방안은 무엇인지 생각해 보자.

사례연구 3 '키오스크의 명과 암'

▶ 2017년 6월 23일 미국 뉴욕 증시에서 맥도날드 주가가 장중 역대 최고가인 155.45달러까지 치솟았다. 미국 내 2,500개 매장에 키오스크(Kiosk)를 도입하기로 했다는 소식이 전해졌기 때문이다.

▶ 맥도날드가 '미래의 경험'이라며 내세운 키오스크가 결국 일자리를 빼앗는 미래를 말하는 것 아니냐는 비판이 비등하였다.

▶ 정보기술혁명은 키오스크의 의미를 다시 한 번 확장시켰다. 매장이나 공공장소에 설치된 터치스크린 방식의 무인정보 단말기로 진화한 것이다. 최근 급격한 최저임금 인상과 근로시간 단축의 여파로 패스트푸드 매장, 영화관을 넘어 분식점, 맥주전문점 등 전 업종으로 빠르게 확산되고 있다.

▶ 무인화 시대가 거스를 수 없는 대세이기도 하다. 그럴더라도 고용 감소는 고민이다. 편리성, 비용 절감과 일자리 문제를 다 잡을 수 있는 솔로몬의 지혜는 없는 것인가.

참조 • [만파식적] 키오스크, 서울경제
　　　https://www.sedaily.com/NewsView/1VE4YJ5YlB

함께 생각해 봅시다

　키오스크는 4차 산업혁명의 상징으로 자리 잡으며 우리 산업에 빠르게 확산되고 있다. 특히 사람을 대신하여 기계가 고객들을 맞이하는 비대면 서비스가 증가하면서, 사용자 측면에서는 경제적 효과를 가져왔지만 동시에 사회적인 문제도 등장하게 되었다. 여러 문제들 가운데 가장 큰 이슈는 무인매장의 운영으로 인한 노동자의 일자리 감소이다.

"일자리를 위해 키오스크 도입 비율을 규제해야 한다 vs
규제가 필요한 부분이 아니다"

토의 주제

1. 시대별 산업혁명의 특징과 산업혁명이 생산과 소비 영역에 미친 영향을 알아보자.

2. 우리 생활에 밀접하게 연관된 온디맨드 경제(on-demand economy)는 무엇이 있는지 알아 보자.

3. 4차 산업혁명 시대에 유망한 직업 및 직무 그리고 인재상을 파악하고 현재 우리는 무엇을 어 떻게 준비해야 할지 토의해 보자.

동영상 학습자료

제목	출처(URL)
1. 경제번역기.시사경제용어사전 – 공유경제 편 (기획재정부)	https://www.youtube.com/watch?v=LiXaTKWZSpg
2. '무인화의 역습' 키오스크 시대 명 과 암 (MBC)	https://www.youtube.com/watch?v=6UP6LJweDIQ
3. 미래직업, AI 시대에도 인기있을 직업 Top 15	https://www.youtube.com/watch?v=tvsUm3sCmaQ

찾아보기

저자 약력

윤경배 (1장, 2장, 11장)	• 인하대 대학원 컴퓨터공학과 공학박사 • 김포대 산학협력처 · 단장, 경찰경호행정학과 교수 • 동부정보기술(주) 기술연구소 • ㈜LG-EDS 기술연구소
조휘형 (1장, 3장, 14장)	• 중앙대 대학원 경영학과 경영학박사 • 김포대 마케팅경영학과 교수, 미래경영연구소장 • ㈜대한항공 정보시스템실
권혁중 (14장)	• 안양대 대학원 경영학과 경영학박사 • 김포대 교양과 "창업과 기업가정신" 출강 • 글로벌뉴스통신 발행인
김남근 (13장)	• 세종대 대학원 조리외식경영 이학박사 • 김포대 한류문화관광학부 교수 • Renaissance Seoul Hotel • Marriott MEA Seoul Hotel
김선희 (8장, 9장, 12장)	• 이화여대 이학박사, 고려대 대학원 보건학박사 수료 • 김포대 보건행정학과 교수 • 중소기업기술정보진흥원 R&D과제 평가위원장 • 산업통상자원부 기술표준원 TC133 전문위원
김치곤 (16장)	• 호서대 벤처대학원 융합공학과 공학박사 수료 • (주)삼보케미칼 대표이사 • 한국품질재단(KFQ) CEO아카데미자치협의회 회장 • 한국포장수출입협회(KOPTA) 회장
류구환 (1장, 4장)	• 안양대 대학원 경영학과 경영학박사 • 김포대 교양과 "4차 산업혁명의 이해" 출강 • 금성계전 연구소장/부사장
박경북 (5장, 12장)	• 호서대 대학원 융합공학과 공학박사 • 김포대 보건행정학과 교수, 환경보건연구소장 • 한국소비자원 전문위원
백영태 (6장, 7장)	• 인하대 대학원 컴퓨터공학과 공학박사 • 김포대 멀티미디어과 교수 • 대상정보기술(주) 기술연구소 • 초경량비행장치 지도조종자(무인멀티콥터)
신길만 (13장)	• 조선대 대학원 식품영양학과 이학박사 • 김포대 호텔제과제빵학과 교수 • 한국조리학회 부회장
양승돈 (1장)	• 동국대 대학원 경찰행정학과 경찰학박사 • 김포대 경찰경호행정학과 교수 • 경찰대 연구지원실 연구원
오정아 (8장)	• 연세대 대학원 주거환경학과 이학박사 • 김포대 인테리어디자인과 교수 • Gensler, Chicago branch office • DeStefano Partners
이종원 (16장)	• 한양대 대학원 경영학과 경영학박사 • 김포대 마케팅경영학과 교수 • 글로벌경영학회 이사
전형도 (15장)	• 경희대 경영대학원 경영학과 경영학석사 • (주)경호케미칼 대표이사 • 한국포장수출입협회(KOPTA) 자문위원

4차 산업혁명의 이해

2020년 2월 25일 1판 1쇄
2024년 1월 25일 4판 1쇄

감수 : UKP 미래경영연구소

저자 : 윤경배 · 조휘형 · 권혁중 · 김남근 · 김선희 · 김치곤 · 류구환
박경북 · 백영태 · 신길만 · 양승돈 · 오정아 · 이종원 · 전형도

펴낸이 : 이정일

펴낸곳 : 도서출판 **일진사**
www.iljinsa.com

04317 서울시 용산구 효창원로 64길 6
대표전화 : 704-1616, 팩스 : 715-3536
이메일 : webmaster@iljinsa.com
등록번호 : 제1979-000009호(1979.4.2)

값 28,000원

ISBN : 978-89-429-1919-2